UTB **3483**

W0174899

**Eine Arbeitsgemeinschaft der Verlage**

Böhlau Verlag · Köln · Weimar · Wien
Verlag Barbara Budrich · Opladen · Farmington Hills
facultas.wuv · Wien
Wilhelm Fink · München
A. Francke Verlag · Tübingen und Basel
Haupt Verlag · Bern · Stuttgart · Wien
Julius Klinkhardt Verlagsbuchhandlung · Bad Heilbrunn
Lucius & Lucius Verlagsgesellschaft · Stuttgart
Mohr Siebeck · Tübingen
Nomos Verlagsgesellschaft · Baden-Baden
Orell Füssli Verlag · Zürich
Ernst Reinhardt Verlag · München · Basel
Ferdinand Schöningh · Paderborn · München · Wien · Zürich
Eugen Ulmer Verlag · Stuttgart
UVK Verlagsgesellschaft · Konstanz
Vandenhoeck & Ruprecht · Göttingen
vdf Hochschulverlag AG an der ETH Zürich

Michael Epkenhans

# Geschichte Deutschlands

Von 1648 bis heute

**Ferdinand Schöningh**

Der Autor:
Michael Epkenhans ist Leiter des Militärgeschichtlichen Forschungsamtes in Potsdam. Er hat zahlreiche Bücher zur deutschen Geschichte veröffentlicht.

Bibliografische Information der Deutschen Nationalbibliothek

Die Deutsche Nationalbibliothek verzeichnet diese Publikation in der Deutschen Nationalbibliografie; detaillierte bibliografische Daten sind im Internet über http://dnb.d-nb.de abrufbar.

2008 © Konrad Theiss Verlag GmbH, Stuttgart
Lizenzausgabe für:
© 2011 Verlag Ferdinand Schöningh GmbH & Co. KG
Jühenplatz 1, 33098 Paderborn

ISBN 978-3-506-77137-7

Printed in Germany.
Herstellung: Ferdinand Schöningh, Paderborn
Einbandgestaltung: Atelier Reichert, Stuttgart

UTB-Bestellnummer: 978-3-8252-3483-6

# Inhalt

## Ein deutsches Panorama: Zeit der Brüche, Zeit des Wandels

## Im Westen angekommen

# Einleitung

*360 Jahre deutscher Geschichte in einer sich immer schneller wandelnden*
*Zeit mit vielen Brüchen und Umbrüchen, Erfolgen und Niederlagen gilt es*
*im Folgenden zu beschreiben, um Antworten anzubieten auf Fragen, die viele*
*von uns bei der Suche nach der eigenen sozialen Identität beschäftigen.*

Mehr als 350 Jahre deutscher Geschichte auf 224 Seiten darzustellen, ist
eine Herausforderung und ein Wagnis zugleich. Die Geschichten anderer europäischer Staaten in diesen Jahrhunderten verliefen zwar auch
alles andere als geradlinig – man denke nur an die englischen Revolutionen des 17. Jahrhunderts oder die für ganz Europa folgenreichen Umbrüche in Frankreich zwischen 1789, dem Jahr des Sturms auf die Bastille,
und 1871, als der Commune-Aufstand wie ein Fanal dessen Rolle als Hort
der Revolution bestätigte, sowie last but not least an den Sturz des Zaris-
mus in Russland 1917 und die gleichermaßen welthistorisch bedeutsame
Machtübernahme der Bolschewiki – die deutsche Geschichte in der Neuzeit weist aber bei aller »gemeineuropäischen Normalität« (Thomas Nipperdey) doch besondere Züge auf. In einer Zeit, in der die anderen Staaten
sich auf den Weg machten, sich von »mittelalterlichen« Staatswesen zu
modernen Nationalstaaten weiterzuentwickeln und sich selbst eine Verfassung zu geben, die die Beteiligung der Bürger am Gemeinwesen regel-
te, zerfiel dieses zunächst, um dann, »verspätet«, von oben, ohne Mitsprache der Bürger, gegründet zu werden. Diese »Verspätung« wiederum
war einer der Gründe dafür, dass dieses Reich seit 1900 versuchte, das europäische Staatensystem, das sich seit dem ausgehenden 17. Jahrhundert
herausgebildet hatte und dessen Grundprinzipien ein Jahrhundert später in Wien noch einmal bestätigt worden waren, zu revolutionieren. Am
Ende dieses Versuchs stand der Erste Weltkrieg, der Europa, aber auch

Feierlicher Einzug
des Reichsverwesers
Erzherzog Johann in
Frankfurt am Main am
11. Juli 1848.

Teile der außereuropäischen Welt verwüstete und der mit einer katastrophalen Niederlage endete. Die damit einhergehende Revolution sollte ein Neubeginn sein, Deutschland zu einem demokratischen Staat machen. Die Belastungen eines Friedens, der als »karthagisch« empfunden wurde, Verwerfungen im Innern und die Auswirkungen einer Wirtschaftskrise begünstigten schließlich die Zerstörung dieser von vielen ungeliebten Republik von Weimar. An deren Stelle trat eine Diktatur, die die eigene Bevölkerung »verführte« (Hans-Ulrich Thamer) und dabei zugleich entrechtete, die vor allem aber zur Verwirklichung ihrer »Lebensraumpolitik« Europa in einen neuen, weitaus brutaleren und zerstörischen Zweiten Weltkrieg stürzte. Das Resultat dieses Wahns war die Zerstörung des Reiches, die Abtretung größerer Gebiete im Osten und dessen Teilung in zwei weltanschaulich unterschiedlich geprägte Staaten, die wiederum zwei bald bis an die Zähne bewaffneten Machtblöcken angehören sollten. Erst die friedliche Revolution von 1989, die von Leipzig und Ost-Berlin ausging, trug dazu bei, zunächst die Teilung Deutschlands, dann die Europas zu überwinden.

Nun wäre es falsch anzunehmen, dass die deutsche Geschichte seit 1648 so verlaufen musste, wie sie verlaufen ist. Geschichte wird von Menschen gemacht, auch wenn soziale und wirtschaftliche Wandlungsprozesse, vor allem aber auch Ideen wie die der Aufklärung, des Liberalismus oder des Sozialismus ihre Handlungen beeinflussen. In manchen Situationen spielen dabei »Ausnahmeerscheinungen« eine besondere Rolle – Friedrich der Große und Otto von Bismarck, Friedrich Ebert, Konrad Adenauer oder Helmut Kohl seien hier stellvertretend genannt.

Die großen Linien, die diese vergangenen 360 Jahre geprägt haben, die Männer und Frauen, die sie gestaltet haben und die Ereignisse, die im Guten wie im Schlechten im kollektiven Gedächtnis haften geblieben sind, will dieses Buch lebendig werden lassen. Zugleich will es zeigen, was Deutschland war, welche »Gestalt« es im Laufe der Jahrhunderte annahm, wie seine Herrscher, Regenten und Präsidenten, aber auch die Menschen, die erst Ständen, dann Klassen und schließlich Schichten angehörten, lebten. Was bedeutete Arbeit für sie, was Freizeit, warum verließen so viele ihre Heimat, und warum sind in der gleichen Zeit viele nach Deutschland gekommen? Und schließlich: Wie hat sich das Verhältnis zwischen den Geschlechtern entwickelt, und was ist im Bereich Kultur in Deutschland geschehen? Um den Duktus der Erzählung nicht überzustrapazieren und dennoch wichtige Fakten und Entwicklungen nicht zu übergehen, sind zahlreiche Exkurse zu Themen eingestreut, die eigentlich eine viel ausführlichere Behandlung verdient hätten. Und wenn im Verlauf der Erzählung – selbst in den größeren Kapiteln – manches nur angerissen werden kann, will das Buch doch versuchen, Neugierde zu wecken und den Leser anspornen herauszufinden, wie wir wurden, was wir sind. Mehr kann ein Historiker nicht verlangen.

Das Niederwalddenkmal oberhalb von Rüdesheim am Rhein wurde nach den Entwürfen des Bildhauers Johannes Schilling errichtet und am 28. September 1883 eingeweiht. Die Statue der Germania symbolisiert die »Wacht am Rhein« und soll an die Gründung des Deutschen Reiches 1871 erinnern.

# Irrwege und Umwege: Deutschland vom Westfälischen Frieden bis heute

*Die Weg Deutschlands in die Moderne seit dem Ende des Dreißigjährigen Krieges war voller Umwege und Irrwege. Warum dies so war, ist seit langer Zeit Gegenstand der Forschung. Auch große Teile der Öffentlichkeit interessieren sich dafür bei der Suche nach Antworten auf die Frage, wie wir wurden, was wir sind.*

## ■ Das Reich und seine Territorien (1648–1789)

Am 24. Oktober 1648, um 21.00 Uhr, brachten die kaiserlichen Boten die geprüften und von den Gesandten des Kaisers, Frankreichs und Schwedens unterzeichneten Friedensverträge in den Bischofshof am Münsteraner Domplatz. Dort warteten die Vertreter der Reichsstände, um sie unter dem Geläut der Kirchenglocken und dem Donner von 70 Kanonen ebenfalls zu unterschreiben. Der Krieg, der 1618 mit dem »berühmten« Prager Fenstersturz begonnen hatte, war damit beendet.

### »Die Äcker sind Wald geworden ...«

Die Folgen des Krieges waren verheerend: »Die Äcker sind Wald geworden. [...] Von den 2245 Hufen, die der Kurfürst in Niederbarnim hat, genießt er nicht das geringste. [...] Ein Bote, der von Kursachsen nach Berlin eilt, ging vom Morgen bis zum Abend über unbebautes Land, durch anschließendes Nadelholz, ohne ein Dorf zu finden, in dem er rasten konnte«, berichtete ein brandenburgischer Amtsmann. Höfe, Dörfer, ja ganze Landstriche waren nach dreißig Jahren Krieg, Hunger und Seuchen entvölkert und verwüstet. Bettler und entlassene Söldner durchzogen das Land. Hinzu kamen noch die Besatzungstruppen, die teilweise erst zu Beginn der 1650er Jahre das Land wieder verließen. Kaum etwas ist so geeignet, die Dramatik der Situation zu vermitteln wie der Rückgang der Bevölkerung: Hatten 1620 ca. 16 Millionen Menschen auf dem Gebiet des Reiches

Mit einem Sprung über den Stacheldraht flüchtet der 19jährige Volkspolizist Conrad Schumann am 15. August 1961 an der Bernauer Staße in voller Uniform in den Westen der Stadt Berlin.

gelebt, so waren es um die Mitte des Jahrhunderts nur noch 10 Millionen. In Sachsen, um ein Beispiel zu geben, war die Bevölkerung zwischen 1630 und 1650 von 920 000 auf 535 000 zurückgegangen. Dieser Rückgang hatte bis zur Jahrhundertmitte einen Preis- und Geldverfall zur Folge, der wiederum dafür verantwortlich war, dass die Preise für Ländereien um die Hälfte, wenn nicht noch mehr sanken. Zwar gilt es dabei, erhebliche regionale Unterschiede zu berücksichtigen, und auch stiegen die Preise

Westfälischer Friede, 24. Oktober 1648: Friedenstraktat von Münster, Exemplar des Kurfürsten von Sachsen.

seitdem wieder leicht an, den Vorkriegsstand erreichten sie gleichwohl nirgends mehr. Parallel dazu brach auch der internationale Warenaustausch zusammen. Vor allem die Transporte aus dem Baltikum versiegten während des Krieges und nachfolgender Konflikte. Endgültig kompliziert wurde die Lage durch das gleichzeitige Stagnieren der Löhne im Handwerk und der Preise für Gewerbeprodukte. Daraus resultierte wiederum die besondere Anziehungskraft der Stadt, die den wirtschaftlichen Wiederaufstieg der Landwirtschaft stark behinderte. Maßnahmen der Landesfürsten, dem Einhalt zu gebieten, hatten zunächst wenig Erfolg.

### Staatliche Wirtschaftsförderung: »Das Gesetz von Fläche und Zahl«

Die desolate Lage am Ende des Dreißigjährigen Krieges und der Wille der Landesfürsten, politisch in Zukunft mitzureden, zwang diese, sich der Politik der Mächte im Westen Europas anzupassen. Anders als zuvor entschieden nicht mehr Kaisernähe bzw. Kaiserferne oder Konfession über die Stellung eines Staates in der Geografie des Reiches und – in der Ver-

längerung – Europas, sondern die Größe seiner Fläche und seiner Bevölkerung, seine dementsprechende Wirtschafts- und Wehrkraft. Nur wem
es gelang, wie England oder Frankreich, seine Ressourcen an Menschen,
Kapital und Rohstoffen zu mobilisieren und einzusetzen, konnte auf Dauer mitreden. Die Mittel- und Kleinstterritorien gerieten nun eindeutig ins
Hintertreffen, ob es sich um die zahlreichen geistlichen wie Köln, Mainz
oder Trier mit ihren gerade einmal 10 000 km² und 200 000–400 000 Einwohnern oder die Grafschaften wie Steinfurt mit 650 km² und nicht mehr
als 1000 Einwohnern handelte. Im Vergleich zu den »Schwellenländern«
(Heinz Schilling) von der Größe Bayerns (um 1700: 35 200 km² mit ca. einer
Million Einwohnern) oder Hannovers (1720: 28 000 km² und ca. 700 000
Einwohner) waren sie nahezu chancenlos. Dies gilt erst recht, wenn man
die beiden großen Flächenstaaten Österreich (1740: 730 000 km² mit sechs
Millionen Einwohnern) und Preußen (120 000 km² mit ca. 2,4 Millionen
Einwohnern) mit einbezieht. Hieraus erklärt sich einerseits das Streben
nach Gebietsgewinnen, sei es durch Heirat oder Erbschaft, aber auch
durch Kriege, die selbst kleine Fürsten glaubten führen zu müssen. So
verbündete sich beispielsweise der Fürstbischof von Münster, Christoph
Bernhard von Galen, Anfang der 1670er Jahre mit Ludwig XIV., um mit
dessen Unterstützung Vormacht in Nordwestdeutschland zu werden – ein
Versuch, der allerdings misslang.

Hugenotten auf dem
Weg in die Mark Bran-
denburg. Holzstich um
1860.

Auffahrt der Gesandt-
schaften vor dem
Regensburger Rathaus
anläßlich einer Reichs-
tagssitzung. Im Reichs-
tag zu Regensburg
versammelten sich die
Reichsstände als Ver-
tretung gegenüber dem
Kaiser (Kupferstich von
Andreas Geyer).

In gleicher Weise wie das »Gesetz von Fläche und Zahl« die Außenpolitik beeinflusste, wirkte sie auch auf die Innenpolitik der Staaten, die
wiederum nach dem Vorbild Ludwigs XIV. – versuchten, ihre Länder zu
modernisieren. Auch sie begannen, die heimische Wirtschaft gezielt zu
fördern. So warben sie zum Beispiel Siedler an, allen voran die aus Frankreich, später dann die aus Salzburg vertriebenen Hugenotten durch Preußen und andere Territorialfürsten wie den Kurfürsten von Hessen. Sie alle
benötigten Menschen, die ihre Länder bevölkerten und diese so stärkten.
Damit einher ging der Ausbau des Landes. Verkehrswege wurden ange-
legt, Kanäle gebaut und Sümpfe trockengelegt. Aber so groß die Erfolge
dieser Politik im Einzelnen auch waren, im Endergebnis waren sie doch
»bescheiden«.

### Das Reich – zum Zerfall verdammt?

Im Gegensatz zu England und Frankreich war Deutschland kein einheitliches Staatswesen. Die Friedensschlüsse von Münster und Osnabrück
hatten zunächst den Krieg beendet. Das war schon sehr viel und entgegen landläufiger Meinung keineswegs ein nationales Unglück. Indem die

daran beteiligten Staaten sich schließlich zu Kompromissen bereit fanden, legten sie die Grundlage für die Herausbildung eines modernen Völkerrechts. Zugleich stellten sie eine Machtbalance und eine Form der Zusammenarbeit zwischen den Reichsständen, dem Kaiser und den Institutionen des Reiches her. Die Auffassung, dieser Friede habe »Reichsidee und Kaisertum« zerstört, indem er den Fürsten ihre »Libertät« bestätigt, ihnen das »ius foederis« endgültig gewährt habe, ist nach heutiger Auffassung das »krasseste aller kursierenden Fehlurteile« (Axel Gotthard).

An der Spitze des Reiches stand weiterhin der Kaiser. Er war der oberste Repräsentant, der höchste Lehnsherr und auch oberste Richter. Die Kurfürsten des Reiches wählten den Kaiser, der mit Ausnahme des bayerischen Kurfürsten Karl VII. (1742–1745) aus dem Hause Habsburg stammte. Diese Wahl zeigte, dass die Macht des Kaisers bei allem äußerlichen Glanz keineswegs unumschränkt war. Bei allen Entscheidungen, ob es sich nun um Reichskriege, Reichsfrieden, Fragen der Außen- oder Finanzpolitik handelte, war er auf die Zustimmung der Reichsstände angewiesen. Diese versammelten sich im Reichstag, der seit 1663 in Permanenz in Regensburg tagte. Geleitet vom Kurkanzler, dem Erzbischof und Kurfürst von Mainz, berieten die Gesandten der Stände in ihren jeweiligen Gremien – dem Kurfürstenrat, dem Fürstenrat und dem Städtekollegium – über alle Fragen der Außen- und Finanzpolitik, schließlich auch im Bereich des Münz- und Geldwesens, der Justizreform, der Wirtschaftspolitik, der Gesellschaftsordnung und des Sozialwesens. Angesichts der Schwäche der Zentralgewalt, die nach dem vorübergehenden Ansteigen der »kaiserlichen Konjunkturkurve« (Axel Gotthard) unübersehbar war, spielten auch die mittelalterlichen »Reichskreise« eine nicht unerhebliche Rolle. Diese zehn Kreise setzten die Politik des Reichstages um, wenngleich nicht zu übersehen ist, dass dies im Süden, wo es zu vielfältigen gemeinsamen Maßnahmen bei der Wirtschaftsförderung, bei Polizei- und Straßenbaumaßnahmen kam, weitaus besser funktionierte als im Norden. Die Reichskreise vollstreckten auch die Urteile der beiden Reichsgerichte – des wegen der Länge seiner Verfahren viel verspotteten Reichskammergerichts in Wetzlar und des Reichshofrats in Wien. Diese Vielfalt der Institutionen musste nicht zwangsläufig eine Schwächung der Reichsgewalt, d. h. des Kaisers, zur Folge haben. Gerade führungsstarke Kaiser konnten sich mithilfe der vielen kleinen, tendenziell eher kaiserhörigen Reichsstände profilieren, sie für ihre eigenen Ziele mobilisieren und damit verhindern, dass das Reich wurde, wie mancher im Innern oder auch manche auswärtige Macht es wünschte, was es de facto aber nicht war: eine »confoederatio«, ein lockerer Staatenbund. Erst in der zweiten Hälfte des 18. Jahrhunderts sollte der »Reichspatriotismus« der Kleinen erlahmen, und das Reich tatsächlich zu einem immer morscheren Gebilde werden.

Einen weiteren wichtigen Aspekt der Ordnung von 1648 gilt es noch festzuhalten: Im Gegensatz zum 16. und zur ersten Hälfte des 17. Jahrhunderts waren es seit 1648 nicht mehr konfessionelle Streitigkeiten, die die Staaten des Reiches Krieg führen ließen – sei es gegen äußere Feinde, sei es alleine oder mit diesen gegen Rivalen im Innern. Der Westfälische Frieden hatte den Ausgleich der drei Hauptkonfessionen – der katholischen, der lutherischen und der reformierten – herbeigeführt. Einzelne Territorien gingen sogar noch weiter und duldeten jetzt auch kleinere Minder-

Die deutschen Territorien nach dem Friedensschluss von 1648.

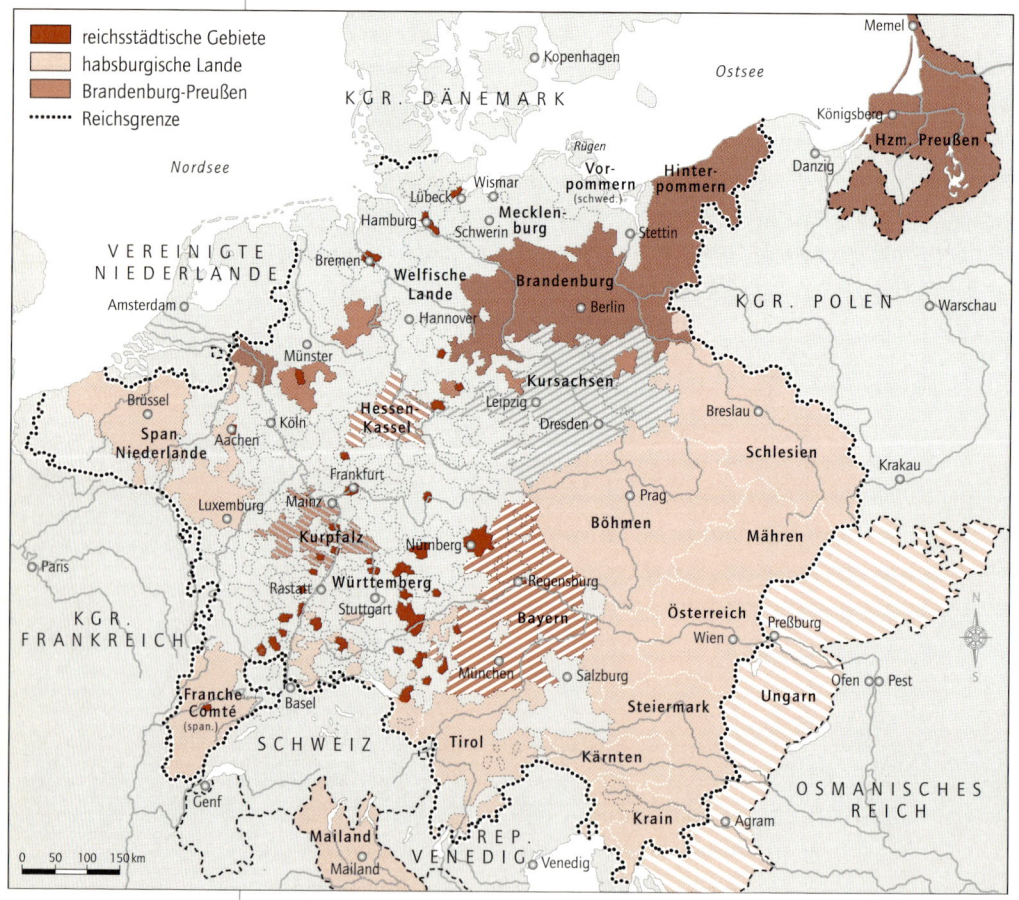

heiten wie die Juden oder die Mennoniten. Dies schloss freilich nicht aus, dass manche Stände Minderheiten auch auswiesen. So mussten beispielsweise die Salzburger Protestanten 1732 Haus und Hof verlassen.

### Kriege nach außen …

Zwei Herausforderungen von außen waren es, denen das Reich sich im letzten Drittel des 17. Jahrhunderts stellen musste: Die französischen Ansprüche an der Westgrenze und das erneute Erscheinen der Heere des Sultans im Südosten. Seit den 1670er Jahren versuchte Ludwig XIV. unter immer neuen Vorwänden den Status quo in Europa zu seinen Gunsten zu verändern. Zum einen ging es ihm darum, die Seemächte, England und die Niederlande, zu schwächen. Zum anderen wollte er das schon jahrhundertealte Ringen mit Habsburg entscheiden. Ludwigs Rechnung, sich dabei des Misstrauens der Reichsstände gegenüber Habsburg bedienen zu können, ging anfänglich sogar auf. Im Ersten Rheinbund schlossen sich 1658 zahlreiche Reichsstände mit Frankreich und Schweden, den Garantiemächten des Westfälischen Friedens, gegen Wien zusammen – gleichsam als Warnung an den jungen Kaiser Leopold, sich gegen die »teutsche Libertät« zu versündigen. Diese Funktion hat der Rheinbund zunächst auch erfüllt, wie die von Leopold unterschriebene Wahlkapitulation wie auch dessen Zugeständnis, in den Krieg zwischen Frankreich und dem habsburgischen Spanien nicht zugunsten der Verwandten einzugreifen, deutlich machten.

Im Prinzip, dies wird man nicht übersehen können, war der Rheinbund ein Beispiel dafür, wie leicht es einer klugen, allerdings auch großzügig mit Geld agierenden Macht wie Frankreich gelingen konnte, zumindest partiell Einfluss auf das Geschehen im Reich zu nehmen. Erst die Reunionspolitik ließ die Reichsstände wieder enger zusammenrücken. Der Sonnenkönig hatte versucht, zwischen 1679, nach dem für ihn eher unbefriedigenden Frieden von Nimwegen, und 1681, als die Reichsstadt Straßburg besetzt wurde, die Gebiete heimzuholen, die irgendwann einmal in einem Abhängigkeitsverhältnis zu Frankreich gestanden hatten. Vor allem diejenigen, die sich nicht hatten kaufen lassen, stellten sich nun hinter den Kaiser und unterstützten den Abschluss einer Reichskriegsverfassung. Dies war umso notwendiger, als gleichzeitig erstmals wieder türkische Heere die Grenzen des Reiches bedrohten. Zwar hatte es bereits in den 1660er Jahren Scharmützel gegeben, mit der Niederlage des Türkenheeres bei St. Gotthard an der Raab 1664 schien diese Gefahr aber zunächst gebannt. 1682/83 drängten die türkischen Heere jedoch erneut ge-

Die Belagerung Wiens
durch die Türken im
Jahre 1683

gen die Grenzen des Reiches und belagerten Wien. In einer gemeinsamen
Kraftanstrengung der christlichen Monarchen – ausgenommen Ludwig
XIV. – schlugen diese buchstäblich in letzter Minute die türkischen Heere in die Flucht. Dass das Abendland damit davor bewahrt wurde, wie
die Balkanstaaten zu einem türkischen Tributärstaat zu werden, ist allerdings eine Legende, der epochale Charakter dieses Ereignisses ist aber unübersehbar. Seitdem befand sich das Osmanische Reich auf dem Rückzug
aus Europa, die Habsburgermonarchie hingegen begann in dieser Zeit ihren Vormarsch auf dem Balkan und leitete damit eine Entwicklung ein,
die schließlich 1914 in die Katastrophe führen sollte. Doch auch aus der

Perspektive des Reiches war dieser Sieg ein Fanal. »Habeat et Germania metas« (»Auch das Reich hat Grenzen«) ließ der Landgraf von Hessen-Kassel auf den Siegestaler schlagen, als die von seinen Truppen verteidigte Festung Rheinfels oberhalb von St. Goar den französischen Truppen, die erneut auf Reichsgebiet vorgedrungen waren, noch Widerstand leisteten. Damit gab er einer Stimmung Ausdruck, die seit 1683, seit dem Sieg über die Türken, zunehmend deutlicher geworden war: Nicht nur dem Eroberungsdrang der Türken, sondern auch dem der Franzosen sollte endlich Einhalt geboten werden. 1688, anlässlich des Pfälzischen, und 1702, aus Anlass des Spanischen Erbfolgekrieges erklärte das Reich Frankreich den Reichskrieg. Viele sahen in diesen Jahren den alten Glanz des Kaisertums wiederkehren, glaubten das Reich auf dem Weg zur Erneuerung. Der Versuch des bayerischen Kurfürsten Max Emmanuel, auf die französische Karte zu setzen, um das seinem verstorbenen Sohn versprochene spanische Erbe antreten zu können, schlug in grandioser Weise fehl. Aber auch wenn das Reich 1713/14, als der Spanische Erbfolgekrieg mit den Friedensschlüssen von Utrecht und Rastatt zuende ging, nicht alle Ziele erreicht hatte und der Kaiser das spanische Erbe nicht antreten konnte, so hatte sich die machtpolitische Konstellation im Vergleich zu der am Ende des Dreißigjährigen Krieges doch zu verändern begonnen. Dies gilt umso mehr, wenn man berücksichtigt, dass zur gleichen Zeit Schweden, neben Frankreich die andere Garantiemacht des Westfälischen Friedens, seine Machtstellung in der Ostsee zugunsten des aufstrebenden russischen Reiches unter Peter I. in einem desaströsen Zweiten Nordischen Krieg (1700–1721) verlor.

## ... und »Konkurrenz« im Innern

Die Veränderung der europäischen Mächtekonstellation seit den Friedensschlüssen von 1713/14, deren Kennzeichen die Herausbildung der europäischen Pentarchie im Zeichen der von England, der neuen Hegemonialmacht in Europa, begründeten »Balance of power« war, ging einher mit einem zunächst eher wenig beachteten Wandel der Politik im Innern: dem Aufbrechen des Dualismus zwischen Österreich und Preußen. Dass Österreich einen Aufschwung erlebt hatte, ja zu Beginn des 18. Jahrhunderts innerhalb der europäischen Ordnung so glänzend wie nie zuvor dastand, war unübersehbar. Gleiches galt freilich auch für Preußen. Sicher, auch andere deutsche Territorialfürsten, Kurfürst Georg von Hannover, Kurfürst Max Emmanuel von Bayern und selbst der Erbprinz von Hessen-Kassel betrachteten in diesen Jahren um die Wende des 17. zum 18. Jahr-

# ABSOLUTISMUS UND AUFKLÄRUNG

»Der Staat bin ich«, so das vielzitierte Motto Ludwigs XIV., der wie kaum ein anderer Herrscher als Symbolfigur absoluter Herrschaft angesehen wird. Seinen Ursprung hatte der Absolutismus in den Auseinandersetzungen zwischen Krone und Ständen des 16. und frühen 17. Jahrhunderts. Ziel dieser Politik war es, alle staatliche Macht – Exekutive, Legislative und Judikative – in einer Hand zu vereinigen. Zu den entscheidenden Säulen absoluter Herrschaft gehörten ein stehendes Heer, eine straff organisierte, allein dem Monarchen verantwortliche Verwaltung und Justiz sowie eine durchorganisierte Form der Steuererhebung. Die höfische Kultur band zugleich den Adel an den Hof, machte diesen letztlich von ihm abhängig, da er nur durch königliche Privilegien und die Übertragung einträglicher Ämter den erforderlichen aufwändigen Lebensstil finanzieren konnte. Mit der Durchbildung des absoluten Staates war eine gezielte und zentral gelenkte Politik der Wirtschaftsförderung verbunden. Durch Steigerung des Exports bei Vermeidung von Importen, Ausbau von Verkehrswegen, und – wo möglich – die Gründung von Kolonien sollten die zur Finanzierung von Heer, Verwaltung und kostspieliger Hofhaltung notwendigen staatlichen Einnahmen gesteigert werden.

So geschlossen dieses System auf den ersten Blick zu sein scheint, so unfertig war es letztlich doch. Auch der französische Absolutismus Ludwigs XIV., Vorbild aller Monarchen auf dem Kontinent, war in der Praxis »weit entfernt von monolithischer Geschlossenheit, durch ein komplexes nebeneinander neuer und alter, absolutistischer und ständisch-feudaler Institutionen, Tendenzen, Motive« charakterisiert (Ulrich Muhlack).

Die Gegenfigur zum absoluten Herrscher vom Typus eines Ludwig XIV. war der aufgeklärte Monarch. Dieser verstand sich nicht als Inbegriff des Staates, sondern – wie Friedrich der Große oder Joseph II. – als dessen »Erster Diener«. Grundlage ihres Handelns waren die Ideen jener Philosophen, die wie John Locke und Charles de Montesquieu, Voltaire oder Immanuel Kant in der Auseinandersetzung mit dem Absolutismus ausgehend vom Naturrecht dafür eintraten, die »Vernunft« zur Grundlage allen Handelns zu machen. Äußerliches Kennzeichen war eine einfachere Hofhaltung. Wichtiger jedoch war die ganz im Zeichen der Aufklärung stehende Tendenz, »ein starkes, innovationsfreudiges Bürgertum und ein kräftiges, selbstbewusstes Bauerntum zu schaffen, mit deren Hilfe der wirtschaftliche Rückstand gegenüber den prosperierenden Seemächten, den Wirtschaftsriesen der damaligen Zeit, aufgeholt werden sollte« (Heinz Duchhardt). Die Reformen, die eingeleitet wurden, um dieses Ziel zu erreichen, blieben jedoch angesichts der Widerstände des Adels oder auch des Klerus häufig ein

Vogelschauplan von Karlsruhe mit einem Medaillonportrait des Markgrafen Karl Wilhelm und figürlicher Wappenkartusche. Kupferstich 1739 von Joh. Math. Steidlin nach Christian Thran.

Torso. Spätestens hier rächte sich, dass die Monarchen bei der Durchbildung ihrer Staaten im Zuge der Durchsetzung ihrer absoluten Herrschaft dem Adel als Ersatz für den Verzicht auf überlieferte ständische Rechte die Herrschaft über ihre Bauern überlassen hatten. Dennoch, so begrenzt häufig die Reformen der aufgeklärten Herrscher waren, so wiesen sie damit doch einen Weg in die moderne Gesellschaft, dessen Bedeutung nicht überschätzt werden kann. Der Aufgeklärte Absolutismus legte mit den von ihm eingeleiteten Reformen der Gesellschaft, beim Aufbau staatlicher Steuerverwaltungen bei gleichzeitiger Abschaffung überkommener Privilegien und bei der Sensibilisierung der Menschen dafür, dass der Erhalt des Status quo nicht das alleinige Ziel der Politik sei konnte, die entscheidenden Fundamente für die Transformierung von Staat und Gesellschaft am Ende des 18. und zu Beginn des 19. Jahrhunderts.

hundert das Reich nur noch als Provinzbühne. Sie strebten danach, im »Theatrum Europaeum« mitzuspielen. Wirklich gelungen ist dies jedoch nur einem Staat: dem Preußen Friedrich Wilhelms I. und Friedrichs II.

### »Modell« Preußen?

Verantwortlich dafür, dass Preußen diese Rolle überhaupt spielen konnte, war die Politik des Soldatenkönigs, Friedrich Wilhelm I. Ganz im Gegensatz zu seinem Vater, Friedrich I., der sich zwar die Königswürde in Preußen hatte sichern können, aber in zeittypischer Weise nach dem Vorbild

Der Soldatenkönig vor seinen »Langen Kerls« in Potsdam. Die Grenadiere dieses Regiments mussten mindestens 6 preußische Fuß (1,88 Meter) groß sein.

des Sonnenkönigs das Land mit seiner Politik und seiner Hofhaltung an den Rand des Staatsbankrotts geführt hatte, versuchte er, durch entsprechende Reformen einen modernen, effizienten und starken Staat herauszubilden. Unbedingte Disziplin aller, Leistung, Sparsamkeit und Unbestechlichkeit waren seit seiner Regierungsübernahme Bestandteile eines Programms, das den Staat sanieren und damit zugleich die Grundlage für den Aufbau einer schlagkräftigen Armee schaffen sollte. Zwar war ein stehendes Heer ein Attribut, das sich alle absolutistischen Herrscher »zulegten«, keiner tat es aber mit der Konsequenz und mit dem Erfolg wie der preußische König. Zwei Drittel der Staatseinnahmen verschlang die Armee schließlich, und mit 83 000 Mann war sie nahezu dreimal so groß wie die des Großen Kurfürsten bei seinem Tode. »Andere Staaten besitzen eine Armee, Preußen ist eine Armee«, spottete am Ende des Jahrhunderts Graf Mirabeau, einer der Bewunderer des Preußenkönigs, Friedrichs II. Mit der Schaffung dieser Armee, die aufgrund ihres Aufbaus (»Kantonsystem« statt Zwangsrekrutierung) und ihrer Ausrüstung (»Eiserner Ladestock«) zu den schlagkräftigsten ihrer Zeit gehörte, einher ging der Versuch einer alle Bereiche der Gesellschaft erfassenden Sozialdisziplinierung, die auch vor dem Adel nicht haltmachte. Dessen Rückgrat hatte bereits der Große Kurfürst gebrochen; zur »Kriegerkaste«, und das hieß, zum Grundpfeiler einer »staatlich disziplinierten Militäraristokratie« (Theodor Schieder) ist er jedoch erst unter dem »Soldatenkönig« geworden. »Es war ein säkularer Vorgang mit Ausstrahlungen weit über Preußen hinaus, wie über das Militär und den Hof Dienst bzw. Gehorsam für den Adel standesgemäß wurden« (Barbara Wunder). Auch Wirtschaft, Verwaltung und Kirche, Binnenkolonisation und Bevölkerungsvermehrung, Ausbau der Getreidemagazinierung und selbst der faktische Schulzwang standen im Dienst einer Politik, die Preußen unter der Führung eines selbst regierenden Monarchen zur unabhängigen Großmacht, gestützt auf seine Armee, machen sollte.

## Das Aufbrechen des Dualismus

So groß seine Armee auch war, so wenig wollte der »Soldatenkönig« sie letztlich einsetzen. Nur ein einziges Mal, im Polnischen Thronfolgekrieg (1733–1735), war dies kurzzeitig der Fall. Erst sein Sohn, Friedrich II., nutzte die mit einer starken Armee sich bietenden Möglichkeiten, die eigene Macht offensiv und in wechselnden Bündnissen mit anderen Großmächten zu erweitern, skrupellos. 1740, unmittelbar nach der Thronbesteigung, verweigerte er die Anerkennung jener »Pragmatischen Sanktion«, die die Thronfolge Maria Theresias, der Tochter des letzten Kaisers, Karl VI., hatte sichern sollen. Mit seinem Schlesienunternehmen, einem der »sensationellsten Verbrechen der neueren Geschichte« (John P. Gooch), läutete Friedrich II. eine Ära der Kriege um die Vergrößerung Preußens auf Kosten Habsburgs ein, die erst 1763, im Zustande gegenseitiger Erschöpfung enden sollte. Der Erfolg, so teuer erkauft er am Ende war, schien ihm Recht zu geben. Nach drei Kriegen (1740–1742, 1744/45 und 1756–1763) hatte Preußen sich nicht nur behauptet, sondern auch seinen anerkannten Platz in der Pentarchie der Mächte gefunden. Österreich hatte sich seit der Jahrhundertwende ebenfalls zu einem eigenen, nach Südosten ausgerichteten, eigene Akzente setzenden Staat entwickelt. Spätestens jetzt wurde deutlich, dass Preußen wie Österreich nicht mehr so recht in das Gehäuse des Reiches passten. Reichspolitik wurde daher zur »Nebensache«, so sehr dies einige Mittel- und Kleinstaaten, die diesen Weg nicht hatten gehen können, auch bedauern mochten. Dass ausgerechnet Friedrich II., der sich um die Reichseinheit wenig geschert hatte, am Ende seines Lebens, im Bayerischen Erbfolgekrieg 1777/78, im Kampf gegen die reichspolitische Offensive des Kaisers, Josephs II., als deren Hüter, als Wahrer der »teutschen Libertät« gegen die »Despotie« der Habsburger aufzutreten versuchte, entbehrt nicht einer gewissen Ironie. Der von ihm mitgetragene Fürstenbund (1785) war bei Licht besehen nichts anderes als der Versuch, den Tausch- und Expansionsplänen des Habsburger Rivalen einen Riegel vorzuschieben und den Dualismus unter anderem Namen virulent zu erhalten. Dies ist dem Preußenkönig auch gelungen. Und das Reich? Ob es ohne den Ansturm Napoleons reformiert und am Leben hätte erhalten werden können, ist eine kaum zu beantwortende Frage. Das Erlahmen des Reichspatriotismus auch der Mittel- und Kleinstaaten im Zuge des Dualismus der beiden großen, für die der Reichsverband einfach zu klein geworden war, die ihn nur noch als Objekt ihrer Interessen verstanden, lässt vermuten, dass die französischen Revolutionsheere und Napoleon am Ende nur strangulierten, »was ohnehin kaum mehr geatmet hat« (Axel Gotthard).

## ▌ Zusammenbruch ohne Erneuerung?
## ▌ Das Ende des Alten Reiches (1789–1815)

### Die französische Revolution – eine »Wohltat«?

Die Französische Revolution 1789 und die napoleonische Herrschaft erschütterten die deutsche Staatenwelt zutiefst. Ohne diese Ereignisse hätte jedoch weder die territoriale Neugestaltung Deutschlands stattgefunden, noch wäre es zu jenen Reformen gekommen, die die Grundlage für die Herausbildung eines modernen, bürgerlichen Nationalstaates im Verlaufe des 19. Jahrhunderts bilden sollten.

Der Sturm auf die Bastille wurde von vielen Zeitgenossen in den deutschen Staaten mit großer Anteilnahme verfolgt. Geradezu elektrisiert reagierte die politische Öffentlichkeit, die sich inzwischen in Lesegesellschaften, Klubs und dergleichen gebildet hatte und in denen Angehörige des Adels und des Bürgertums seit der amerikanischen Revolution rege über Grundfragen der Politik diskutierten, auf die Vorgänge in Paris. Die Macht absolutistischer Monarchen, deren Symbol seit Ludwig XIV. der französische König gewesen war, schien gebrochen, das Volk, der eigentliche Souverän, wie es die Aufklärer gelehrt hatten, endlich an dessen Stelle treten zu können. Ein regelrechter Strom von Revolutionspilgern machte sich daher bereits unmittelbar nach dem Eintreffen der Nachricht von den Ereignissen des 14. Juli 1789 in Deutschland in die französische Hauptstadt auf, um dort vor Ort die Ereignisse mitzuerleben, von der Revolution zu lernen und die neuen Ideen mit nach Hause zu nehmen. Anfang 6. August 1789, am Tag der Erklärung der Menschenrechte durch die französische Nationalversammlung, schrieb der Schriftsteller und Verleger Johann Heinrich Campe voller Überschwang aus Paris: »Je aufmerksamer ich die Knospen, die Blüte und die Früchte der jungen französischen Freiheit betrachte und je länger ich das hier angefangene Kreißen des von praktischer Philosophie geschwängerten menschlichen Geistes

beobachte, welcher gerechte und weise Staatsverfassungen, allgemeine Aufklärung und Völkerglück gebären zu wollen verheißt, desto inniger und fester wird meine Überzeugung, dass diese französische Staatsumwälzung die größte und allgemeine Wohltat ist, welche die Vorsehung seit Luthers Glaubensverbesserung der Menschheit zugewandt hat [...].«

Viele Intellektuelle teilten diesen Optimismus, allein Johann Wolfgang von Goethe betrachtete die Entwicklung in Frankreich mit Skepsis. Erst das Umschlagen der Revolution in den Terror, der Ersatz des Freiheitsbaumes durch die Guillotine als Symbol des Neuanfangs, löste bei vielen Revolutionsenthusiasten Ernüchterung aus. Nicht der radikale Bruch mit der Vergangenheit, sondern die rechtzeitige Reform schien allein geeignet, Staat und Gesellschaft zum Wohle aller zu verändern. Je radikaler die Revolutionäre in Frankreich vorgingen, umso mehr wurde die Revolution zum Alptraum, ja zum Trauma ihrer Befürworter in Deutschland.

Gleichwohl versuchte eine kleine Minderheit, zu deren bekanntesten Vertretern der Mainzer Schriftsteller Georg Forster gehörte, dem französischen Beispiel zu folgen und die Ziele der Revolution auch in Deutschland in die Tat umzusetzen. 1792 gründeten sie nach der Eroberung der Pfalz durch revolutionäre französische Truppen in Mainz ganz nach dem Vorbild des Pariser Jakobinerclubs eine »Gesellschaft der Freunde der Freiheit und Gleichheit«, riefen im März 1793 sogar die so genannte »Mainzer Republik« aus, die jedoch kaum mehr als ein historisches Intermezzo blieb.

### Unruhen, aber keine Revolution in Deutschland

Der Enthusiasmus der Intellektuellen darf nicht darüber hinwegtäuschen, dass die Lage in den Territorien des Reiches nicht mit der in Frankreich vergleichbar war. Sicherlich gärte es auch hier in diesen Jahren. An zahlreichen Stellen kam es zu Bauernrevolten oder es brachen alte Konflikte zwischen Stadtherren und Bürgern, städtischen Patriziern und Handwerkerzünften, Obrigkeit und Volk auf. Im Rhein-Mosel-Gebiet, in Teilen Sachsens oder auch in Kurhessen war dies besonders verbreitet. In Schlesien schließlich konnten Bauernunruhen, Gesellen- und Weberaufstände, an denen sich schließlich ca. 20 000 Menschen beteiligten, 1793 erst unter dem massiven Einsatz von Truppen beendet werden. Sowenig man die Verhältnisse in Deutschland idealisieren darf, so wenig darf man von einer revolutionären Situation im Reich sprechen. Im Gegensatz zu Frankreich hatte es in den deutschen Einzelstaaten bereits vorher Reformen gegeben, so unzulänglich diese im Einzelnen auch gewesen sein mochten. Dennoch, so hat es Horst Möller zu Recht formuliert, auch in Deutschland war »die letzte Stunde des Absolutismus« gekommen, zwang die Lage in Frankreich zu weiteren Reformen, »nur wussten es die absoluten Monarchen noch nicht, wie es ihre Außenpolitik gegenüber dem revolutionären Frankreich dokumentierte«.

## Revolutionskriege und napoleonische Herausforderung

Die französische Revolution bedrohte aufgrund ihrer Prinzipien »Freiheit, Gleichheit, Brüderlichkeit« aber nicht nur die innere Ordnung der deutschen und der anderen europäischen Staaten, sondern auch in ganz anderer Form das bisherige Gleichgewicht zwischen ihnen. Bisher hatten Kriege in der Regel ihre Ursache in Erbfolgestreitigkeiten oder dem Streben nach Machtgewinn; mithilfe von Allianzen hatte man sie gewinnen oder den Frieden erzwingen können. Dabei war meistens seit dem Frieden von Utrecht 1713, als dieser Gedanke des Gleichgewichts nach dem Ende des Krieges gegen Ludwig XIV. erstmals zur Richtschnur europäischer Politik geworden war, die Balance zwischen den Mächten gewahrt worden. Jetzt aber drohte ein ganz anders motivierter Krieg, der ideologische Krieg mit dem Ziel, anderen Völkern die Segnungen der französischen Revolution zu bringen. Doch wie sollte man so Frieden schließen, nach dem Prinzip der Konvenienz sich einigen können?

Diesen Zusammenhang, d. h. den Unterschied zwischen einem Krieg zwischen Fürsten und Völkern haben die Monarchen des Ancien Régime freilich erst relativ spät erkannt. Zunächst glaubten sie, mit der Verschärfung der Zensur und anderen polizeistaatlichen Maßnahmen die Revolution einhegen, im Übrigen aber ihren üblichen Geschäften im Innern und auf dem diplomatischen Parkett nachgehen zu können. Sie zeigten daher wenig Neigung, in Frankreich zu intervenieren. Dies gilt selbst für den österreichischen Kaiser, Joseph II., wie auch für dessen Bruder, Leopold II., deren Schwester Marie Antoinette immerhin die Königin von Frankreich war.

Französische Freiwillige in Holzschuhen in der Schlacht von Valmy, 1792. Die französischen Truppen war zwar mitunter schlecht ausgerüstet, aber berüchtigt für ihren Kampfgeist.

Als es 1792 dann doch zum Krieg zwischen Österreich, dem Preußen zur Seite trat, und Frankreich kam, mussten beide Mächte bald lernen, dass die Epoche der Kabinettspolitik und der Kabinettskriege endgültig vorüber war. Frankreich, das nach dem Sturz der Monarchie vor allem aus innenpolitischen Gründen den alten Mächten den Krieg erklärt hatte, erwies sich als ein Gegner ganz anderer Art. Die Erwartung, in einer Art Polizeiaktion die Revolutionäre schlagen und die alte Ordnung wiederherstellen zu können, erwies sich schneller als erwartet als Illusion. Bei Valmy zwangen die Revolutionäre die preußischen Truppen zum Rückzug, bei Jemappes besiegten sie die Österreicher und wenig später zogen sie siegreich in Mainz ein. Die von den Revolutionären gebildeten Volksheere, die nach dem berühmten Aufruf zur »Levée en masse« gebildet worden waren und die nach völlig neuen militärischen Prinzipien auf dem Schlachtfeld kämpften, erwiesen sich den stehenden Heeren aus häufig zum Dienst gezwungenen Soldaten, die konventionell an ihrer starren Lineartaktik festhielten, als eindeutig überlegen.

Mit dem Ersten Revolutionskrieg, der von 1792 bis 1797 dauern sollte, begann eine Zeit der Kriege. Der zweite folgte bereits 1799 bis 1802, der dritte 1805, der vierte 1806/07. Daneben gab es weitere Kriege und Auseinandersetzungen und ebenso viele Friedensschlüsse, die manchmal schon hinfällig waren, ehe die Tinte trocken war.

## Das Ende des Alten Reiches

Das wichtigste Ergebnis dieser Kriege war das Ende des Alten Reiches. Ob es zwangsläufig hätte kommen müssen, sei dahingestellt. Entscheidend ist, dass die deutschen Staaten ungeachtet der äußeren Bedrohung ihre Eigeninteressen weiterverfolgten und sich so gegenseitig schwächten. Berühmt-berüchtigtes Beispiel hierfür ist der preußische Sonderfrieden von Basel 1795 mit Frankreich. Um freie Hand bei der Dritten und letzten Teilung Polens zu haben, überließ Preußen Frankreich alle Gebiete links des Rheins. Kaum etwas hat dem politischen Prestige Preußens so geschadet wie dieser Friede, der Österreich, England und Holland vor den Kopf stieß. Zeitgenossen und Historiker bezeichneten ihn deshalb bereits als Verrat, verkannten dabei freilich, dass die Motive der preußischen Staatsmänner vielschichtiger waren. Sie glaubten – nicht zuletzt aus eigener Schwäche heraus –, damit nicht nur einen Sonderfrieden schließen, sondern auch einem allgemeinen Frieden den Weg ebnen zu können. Für Preußen ging diese Hoffnung zunächst sogar auf, nicht aber für die anderen Mächte.

Die Abtretung deutscher Territorien im Frieden von Basel und den darauf folgenden Friedensschlüssen leitete einen Prozess ein, der das alte Reich zunächst fundamental umgestaltete. Als Entschädigung für die verlorenen Gebiete links des Rheins erhielten die betroffenen Fürsten nunmehr im Rahmen des Reichsdeputationshauptschlusses von 1803 die geistlichen Territorien im Bereich ihrer Herrschaftsgebiete zugesprochen (Säkularisierung). Auch die bisher selbstständigen Reichsstädte verloren ihre Selbstständigkeit. Reichsritter und Reichsfürsten konnten sich zwar vorläufig noch retten, 1806 wurden jedoch auch sie mediatisiert. Gewinner waren, nicht zuletzt aufgrund französisch-russischen Drucks, die Mittelstaaten Bayern, Württemberg und Baden; aber auch die beiden Großmächte, Österreich und Preußen – dieses erhielt für den Verlust seiner linksrheinischen Gebiete immerhin das Fünffache –, kamen keineswegs schlecht dabei weg. Wie groß der Druck Frankreichs war, das seit 1799 von Napoleon beherrscht wurde, machte dessen Forderung nach Auflösung des Alten Reiches im Sommer 1806 deutlich. Napoleon, seit 1804 aus eigenem Recht Kaiser der Franzosen, nutzte seinen Sieg über Österreich und Russland in der Dreikaiser-Schlacht von Austerlitz 1805, um seinen Einfluss in der Mitte Europas zu vergrößern. Im Juli 1806 gründete er den – Zweiten – Rheinbund, um die bestehenden Abhängigkeitsverhältnisse zu formalisieren und seine Politik der Expansion nach altem europäischem Muster durch dynastische Verbindungen zu flankieren. Diesem Bund schlossen sich sukzessive 16 deutsche Mittel- und Kleinstaaten an, allen voran Bayern, Württemberg und Baden, die teilweise eine beträchtliche, symbolische Rangerhöhung erfuhren; abgesehen von Österreich und Preußen sollten ihm zeitweilig alle deutschen Staaten angehören. Kaiser Franz II., der als Antwort auf Napoleons Kaiserkrönung schon 1804 sein eigenes österreichisches Kaisertum begründet hatte, legte wenig später, durch ein Ultimatum Napoleons dazu gezwungen, die Reichskrone nieder. Seit dem Austritt der Rheinbundstaaten aus dem Reich war dieses ohnehin nur noch eine Farce. Nach mehr als 900 Jahren hörte das Heilige römische Reich deutscher Nation auf zu existieren. Dass es dazu kam, lag allerdings nicht allein an dem gewaltigen Druck Frankreichs oder dem »Verrat« der Rheinbundstaaten. Österreich wie auch Preußen hatten im Jahrhundert zuvor den Mittel- und Kleinstaaten durch ihre egoistische Politik, die sich im Zweifel nicht um die Reichsinteressen scherte, ein schlechtes Beispiel gegeben, das diese dann allerdings im eigenen Interesse skrupellos nachahmten. Preußen hatte sich ein Jahrzehnt lang aus den Kriegen mit Frankreich herausgehalten, glaubte aber nun, es herausfordern zu können. Das zeigt einmal mehr, mit welchen Illusionen die Politiker des Ancien Régime immer noch glaubten, Frankreich gegenübertreten zu können. Die Niederlage – Sinnbild hierfür ist die Schlacht von Jena und Auerstedt im Herbst 1806 – konnte verheerender kaum sein: Preußen verlor alle Gebiete im Westen sowie alle Gewinne aus der Zweiten und Dritten polnischen Teilung. Hinzu kamen weitere schmachvolle Bedingungen, die das Land Friedrichs des Großen seines Großmachtstatus' beraubten.

## Napoleon und die Deutschen

Mit dem Sieg über Preußen, besiegelt im Frieden von Tilsit 1807, hatte Napoleon den Zenit seiner Macht erreicht. Glanzvoll ließ er sich 1808 auf dem Erfurter Fürstentag feiern. Aus deutscher Perspektive war dies zweifellos ein schmachvolles Ereignis – vergleichbar mit jenem Akt 1804, als er sich in Aachen als Nachfolger Karls des Großen hatte feiern lassen. Die Siege Napoleons zerschlugen zwar das Alte Reich und veränderten dessen Landkarte; diese Entwicklung hatte jedoch durchaus auch positive Aspekte.

# PREUSSISCHE REFORMEN

»Mit dem Martini-Tage Eintausend Achthundert und Zehn (1810)«, so hieß es in dem bald berühmt gewordenen »Oktoberedikt« des Freiherrn Karl vom und zum Stein aus dem Jahre 1807, »hört alle Gutsuntertänigkeit in Unseren sämtlichen Staaten auf. Nach dem Martini-Tage 1810 gibt es nur freie Leute [...].« Selten haben derartig »trockene« gesetzliche Regelungen einen so großen Nachklang gehabt, wie dieser einleitende Satz des § 12 des »Oktoberedikts«. Nach der demütigenden Niederlage Preußens im Krieg gegen Napoleon ging kein Weg mehr an einer Modernisierung von Staat, Gesellschaft und Wirtschaft in der Form einer »Revolution von oben« vorbei, um eine Revolution von unten zu vermeiden und Preußen zugleich wieder zu seinem einstigen Status zu verhelfen.

Diese Politik, die sich in weiten Bereichen am Vorbild der englischen »Glorious Revolution« von 1688 orientierte, versuchte durch eine Verbindung von Tradition und Fortschritt dem Wiederaufbau den Weg zu ebnen. Die überlebten Strukturen des bisherigen absolutistischen Staates sollten aufgebrochen und ein Staat geschaffen werden, in dem Bürger am Staatsleben mitwirkten.

Zu den wichtigsten Bestandteilen dieses umfangreichen Reformwerks, das seit 1807 umgesetzt wurde, gehörten ohne Frage die Agrarreformen. Sie gewährten den Bauern auf den adligen Gütern endlich jene persönliche Freiheit, über die die Bauern, die auf den königlichen Domänen und westlich der Elbe lebten, schon lange verfügten. Umzug an einen anderen Ort, Berufswahl oder Heirat waren nun nicht mehr an die Zustimmung des Gutsherrn gebunden, auch der Gesinde-

Sitzung der Reorganisationskommission in Königsberg am 25. Juli 1807: (v. l.) von Boyen, Friedrich Wilhelm III., von Gneisenau, von Scharnhorst, von Grolmann, vom Stein.

zwang wurde aufgehoben. Die Folge dieser Entscheidungen war die Kommerzialisierung der Landwirtschaft. Der Preis, den die Bauern dafür zahlten, war dennoch hoch. Zunächst entfielen mit der Befreiung alle Schutz- und Hilfsverpflichtungen des Gutsherrn. Aufgrund der Ablösebestimmungen konnten die adligen Gutsbesitzer ihren Besitz und ihr Kapitalvermögen erheblich steigern, während die Kleinbauern, die ihre Höfe meist nicht halten konnten, zu Tagelöhnern abstiegen oder in die Städte abwanderten. Dort bildeten sie das Gros der entstehenden Industriearbeiterschaft.

Kaum weniger bedeutsam war das Gewerbeedikt von 1810, das den alten Zunftzwang aufhob. Durch diese Deregulierung stieg die Zahl der Betriebe, was wiederum einen heftigen Konkurrenz- und Verdrängungswettbewerb im Handwerk auslöste. Verbunden mit einer Aufhebung der Binnenzölle schuf die Gewerbereform die Grundlagen für die spätere Entfaltung der gewerblichen und industriellen Kräfte in Preußen.

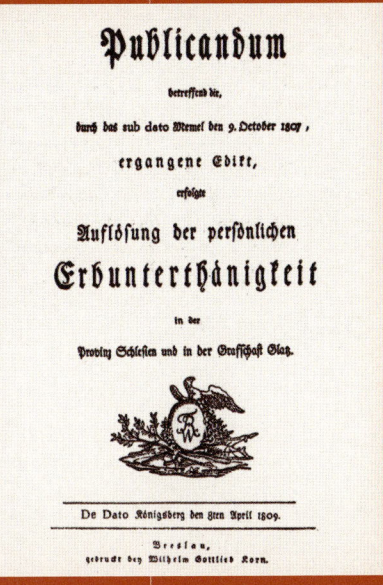

Titelblatt des Ediktes zur Aufhebung der persönlichen Erbuntertänigkeit der Bauern vom 9. Oktober 1807.

Die Heeresreform schaffte die entehrenden Strafen ab und führte zugleich (1813) die allgemeine Wehrpflicht ein, um die militärische Schlagkraft zu stärken. Die Städteordnung des Jahres 1808 brachte die kommunale Selbstverwaltung und sollte den Bürger wenigstens auf der kommunalen Ebene am politischen Geschehen beteiligen. Die Bildungsreformen, für die vor allem Wilhelm von Humboldt verantwortlich war, etablierten ein einheitliches staatliches Bildungssystem, das auf einem Volksschul-, Gymnasial- und Universitätswesen basierte. Das Emanzipationsedikt von 1812 gab der jüdischen Bevölkerung endlich die gleichen Rechte wie den anderen Staatsangehörigen, auch wenn manche Einschränkungen fortbestanden.

Trotz der unleugbaren Fortschritte, die diese Reformen in fast allen Bereichen zur Folge hatten, fällt das Urteil ambivalent aus. Sieht man einmal von der Reform der Regierung – das alte Generaldirektorium wurde durch ein nach dem Ressortprinzip klar gegliedertes Staatsministerium abgelöst – ab, so blieb zu vieles trotz des hohen, ideellen Anspruchs der Reformer angesichts massiver Widerstände des Adels in zentralen Bereichen Stückwerk. Preußen blieb – ungeachtet wiederholter Versprechungen, eine Gesamtstaatsverfassung einzuführen – auch in den folgenden Krisen von 1848/49 und 1862 bis 1866 ein monarchischer Obrigkeitsstaat, der dem 1871 gegründeten Kaiserreich nachhaltig seinen Stempel aufdrückte.

Säkularisierung und Mediatisierung schufen tatsächlich erst jene stabilen Mittelstaaten, die später die Grundlage des deutschen Föderalismus bilden sollten. Kaum weniger bedeutsam war der Modernisierungsschub, der dadurch zunächst in den Rheinbundstaaten, die zuvor aus teilweise weit zerstreuten Territorien bestanden hatten, dann auch in Preußen ausgelöst wurde. Im Zuge dieser Reformen bildete sich – vorangetrieben von Ministern neuen Typs, wie Maximilian Graf Montgelas in Bayern oder Karl August Freiherr von Hardenberg in Preußen, der moderne Verwaltungs- und – zumindest in einigen süddeutschen Staaten – auch der moderne Verfassungsstaat heraus, der tendenziell alle Bereiche des öffentlichen und gesellschaftlichen Lebens erfasste. An der Regierungsspitze wurden nunmehr durchgehend Fachministerien eingerichtet, Verwaltungs- und Steuersysteme wurden vereinheitlicht, Zivilehe und Zivilscheidung eingeführt. Hinzu kamen die Einführung der Gewerbefreiheit und die Abschaffung des überkommenen Zunftwesens sowie die Einrich-

**Einzug Napoleons** an der Spitze seiner Garden durch das Brandenburger Tor nach der siegreichen Schlacht bei Jena und Auerstedt

tung von Handelsgerichten, Handelskammern und Handelsbörsen. Damit einher gingen die Bauernbefreiung sowie die Gleichstellung der Juden. Zu nennen ist schließlich auch die Verbesserung der Infrastruktur – heute noch erkennbar an den vielen geraden Straßen, die sich nach den jeweiligen Kirchtürmen richteten –, der Bau von Kanälen, Brücken und Krankenhäusern. Gleichermaßen langfristig bedeutsam war schließlich die Vereinheitlichung des Rechts. Bis zur Einführung des bürgerlichen Gesetzbuches im Jahre 1900 galt in vielen ehemals französisch beherrschten Teilen Deutschlands der französische *Code civil*. Zum ersten Mal in der europäischen Geschichte zwang eine Hegemonialmacht den Besiegten mit dem Vordringen ihrer Armeen auch sein gesellschaftliches System, Teile seiner Normen und Ideen auf. Wie wichtig Napoleon diese Form der Durchdringung der eroberten Gebiete war, zeigt die Gründung zweier Modellstaaten: Das Königreich Westphalen und das Großherzogtum Berg, beide regiert von engen Verwandten. Auch wenn man bei diesen direkt oder indirekt von Napoleon initiierten Reformen dessen Streben nach Absicherung und Verstärkung seiner militärischen Macht nicht übersehen sollte, so wird man dennoch die positiven Aspekte nicht unterschätzen dürfen. Nicht von ungefähr haben zahlreiche deutsche Gelehrte – darunter auch Goethe und Hegel – Napoleon zeitweilig bewundert. In ihren Augen war er ein Repräsentant des Fortschritts und der Freiheit bzw. der Bezwinger der Revolution, dem es gleichwohl gelungen war, die von ihr erkämpften Werte in den neuen Staat, in die entstehende bürgerliche Gesellschaft hinüberzuretten.

> »Der Wahn, dass man der Revolution am sichersten durch Festhalten am Alten und durch strenge Verfolgung der durch solche geltend gemachten Grundsätze entgegenstreben könne, hat besonders dazu beigetragen, die Revolution zu befördern und derselben eine stets wachsende Ausdehnung zu geben,« schrieb **Freiherr Karl August von Hardenberg** im September 1807 an seinen König, Friedrich Wilhelm III. »Eine Revolution im guten Sinn, gerade hinführend zu dem großen Zwecke der Veredelung der Menschheit, durch Weisheit der Regierung und nicht durch gewaltsame Impulsion von innen oder außen – das ist unser Ziel, unser leitendes Prinzip.«

## Befreiung von der napoleonischen Hegemonie

So glanzvoll der Erfurter Fürstentag 1808 auch verlief, die ersten Erhebungen gegen Napoleons als Fremdherrschaft empfundene Stellung folgten wenig später. Seit 1809 kam es in Deutschland wie auch in anderen Teilen Europas zu Aufständen, die Napoleon immer schwerer unterdrücken konnte. Auslöser dafür waren die zunehmende Mobilisierung von Soldaten für die Kriege des Kaisers der Franzosen, die finanzielle Belastung durch die Erhebung neuer Steuern, die immer stärkere Unterdrückung der öffentlichen Meinung sowie die Beschränkungen des deutschen Handels durch die Kontinentalsperre. Parallel dazu entstand eine patriotische Bewegung, die bereit war, das eigene Vaterland, als das die Deutschen jetzt ihre Länder ansahen, gegen Napoleon zu verteidigen. Unzählige Flugschriften, darunter Ernst Moritz Arndts Schrift »Was ist des Deutschen Vaterland?«, trugen dazu bei, dieses Nationalbewusstsein, das bald über den eigenen Staat hinausging und ganz Deutschland umfasste, zu formen und zugleich Tausende für den Kampf gegen den »Erzfeind«, als der Frankreich nun angesehen wurde, zu mobilisieren.

Napoleons Niederlage im Krieg gegen Russland (1812) schließlich war der Anfang vom Ende. Schritt für Schritt musste er sich nun zurückziehen. Das war nicht zuletzt der »nationalen Erhebung« zu verdanken, zu der der preußische König, wenn auch eher zögerlich – erinnert sei an seinen Aufruf »An mein Volk« vom März 1813 –, vor allem aber Angehörige der inzwischen entstandenen Nationalbewegung aufgerufen hatten. »Jetzt ist es, bei Gott, ein würdiges Gefühl, das mich treibt, jetzt ist es die mächtige Überzeugung, dass kein Opfer zu groß sei für das höchste menschliche Gut, für seines Volkes Freiheit«, hieß es in einem Brief des gerade einmal 22 Jahre alten Dichters Theodor Körner an seinen Vater vom März 1813. In Freikorps organisierten sie sich jetzt, und auch wenn deren militärischer Wert eher marginal war, so war ihre politische und symbolische Bedeutung kaum zu überschätzen. Die Farben des Lützowschen Freikorps, dem auch Körner, der noch 1813 fallen sollte, angehörte und das unter dem Wahlspruch »Ehre, Freiheit, Vaterland« zum Kampf angetreten war, bildeten denn auch die Vorlage für die spätere Nationalflagge: schwarz – rot – gold.

Der **Wind der Verbündeten** bläst Napoleon ins Gesicht. Radierung aus dem Jahr 1813.

Die Monarchen und Feldherren nach der Völkerschlacht auf dem Marktplatz zu Leipzig am 19. Oktober 1813. Farbdruck nach einem Aquarell von Richard Knoetel um 1890.

Nach der Völkerschlacht von Leipzig im Oktober 1813, in der die verbündeten Österreicher, Preußen, Russen und Schweden Napoleon besiegt hatten, war die Niederlage unausweichlich. Je weiter er zurückwich, umso schneller brach sein Allianzsystem zusammen. Am Ende stand nur noch der König von Sachsen zu ihm; alle anderen waren zu den Siegern übergelaufen. Napoleons Rückkehr weniger als ein Jahr nach seiner erzwungenen Abdankung im April 1814 blieb Episode, auch wenn sie den Staaten Europas einmal mehr vor Augen führte, welche Ausstrahlung von dem »Korsen« ausging und welche Kräfte er mobilisieren konnte. Zur gleichen Zeit verhandelten die Monarchen und Staatsmänner Europas und der deutschen Staaten in Wien über eine Neuordnung. Wie immer diese Neuordnung auch aussehen mochte, zunächst bleibt festzuhalten, dass das zwar Alte zusammengebrochen, zugleich aber etwas Neues auf den Weg gebracht worden war. Die Menschen, die wie in keiner Epoche zuvor politisiert und mobilisiert worden waren, forderten nicht nur die Bildung eines einheitlichen Nationalstaates, sondern auch die Gewährung politischer Mitsprache in modernen Verfassungsstaaten. Der preußische König hatte ihnen im Zuge der Befreiung vom napoleonischen Joch insgesamt viermal eine Verfassung versprochen. Ob ihre Erwartungen, die nach 23 Jahren Krieg mit all seinen Zerstörungen und dem Tod von 6,5 Millionen Soldaten und Zivilisten in ganz Europa mehr als berechtigt waren, erfüllt würden, blieb abzuwarten.

## Von der Restauration zur Revolution: Der Deutsche Bund 1815–1848

### »Restauration« – »Legitimität« – »Solidarität«

Als sich die deutschen und europäischen Staatsmänner im Herbst 1814 in Wien trafen, hofften sie, dem Kontinent dauerhaft eine neue Ordnung geben zu können. Dem »Spuk« der französischen Revolution sollte ein Ende bereitet werden. Zugleich galt es, das durch Napoleons Feldzüge aus den Angeln gehobene europäische Gleichgewicht wiederherzustellen. »Restauration«, »Legitimität« und »Solidarität« waren die »Zauberformeln«, mit deren Hilfe die Könige und ihre leitenden Minister glaubten, das Rad der Zeit anhalten zu können. Es wäre freilich falsch anzunehmen, dass damit eine vollständige Rückkehr zu den Zuständen vor 1789, dem Jahr des Ausbruchs der französischen Revolution, gemeint gewesen wäre. Daran waren die europäischen Großmächte, aber auch die deutschen Mittelstaaten nicht interessiert. So dachte beispielsweise niemand an die Wiederherstellung der ehemaligen italienischen Stadtrepublik von Venedig, deren Gebiete inzwischen großenteils zu Österreich gehörten, oder an die Rückgabe von Territorien, die wie die Kapkolonie und die Insel Ceylon inzwischen von den Niederlanden an Großbritannien gegangen waren. Gleiches galt für all jene deutschen Staaten, die im Zuge der Flurbereinigung des Reichsdeputationshauptschlusses erst zu wirklich geschlossenen Staaten geworden waren: Bayern, Württemberg und Baden, aber auch Preußen hatte davon in hohem Maße profitiert. In gleicher Weise ließ sich auch das Rad im Innern nicht mehr ohne weiteres vollständig zurückdrehen. Politik und Gesellschaft waren in Bewegung gekommen. Das zeigten die Preußischen Reformen ebenso wie die Verfassungen, die einige Staaten bereits gewährt hatten.

Unterm Strich konnte es also nur darum gehen, soviel vom Alten zu bewahren wie möglich, und vor allem einen Damm zu errichten gegen eine neue revolutionäre Welle, die das europäische Gleichgewicht wie auch die Gesellschaft der einzelnen Staaten erschüttern konnte.

Die wichtigsten Architekten dieser Politik waren der österreichische Staatskanzler, Klemens Fürst von Metternich, und der englische Außenminister, Lord Castlereagh. In langen Verhandlungen gelang es ihnen schließlich, die Mächte auf dem Kontinent so auszutarieren, dass das Gleichgewicht gesichert erschien. Dass dies keineswegs selbstverständlich war, hatten zwischenzeitlich heftige Auseinandersetzungen über die Zukunft Sachsens und Polens gezeigt. Österreich und Großbritannien, denen sich das zunächst isolierte Frankreich anschloss, standen Russland und Preußen gegenüber. Da eine zu starke Stellung der beiden Ostmächte nicht im Interesse der anderen lag, einigten sie sich schließlich auf einen Kompromiss. Russland durfte das neue Königreich Polen nur im Rahmen einer Personalunion behalten, Preußen hingegen wurde nach Westen verschoben. Aus Sicht Englands und Österreichs bot diese Lösung aufgrund der militärischen Stärke Preußens einen besseren Schutz der europäischen Mitte gegenüber Frankreich, sollte dieses erneut nach der Hegemonie auf dem Kontinent streben. Zugleich schwächte es Preußen, da dessen Staatsgebiet nunmehr in einen östlichen und einen westlichen Teil zerfiel. Dass diese Teilung in der Mitte des Jahrhunderts ein wesentliches Motiv der preußischen Politik sein würde, seine Gebiete zu vereinigen, hat zu diesem Zeitpunkt niemand vorausgesehen und gehört folglich mit zu den Ironien der deutschen Geschichte.

Um die Grundlagen der in Wien 1814/15 geschaffenen Ordnung aufrecht zu erhalten, vereinbarten die Staatsmänner regelmäßige Konferenzen, auf denen alle Probleme besprochen und einvernehmlich gelöst werden sollten. Die Rückkehr Napoleons im März 1815 hatte allen noch einmal nachdrücklich vor Augen geführt, wie wichtig es war, zusammenzustehen. Dass dieser Zusammenhalt aufgrund gegenläufiger machtpolitischer Interessen bereits in den 1820er Jahren brüchiger wurde, ist freilich Bestandteil der europäischen, nicht der deutschen Geschichte.

»Der tanzende Kongress«. Französische Karikatur zum Wiener Kongress: (v. l.) Talleyrand als Beobachter, Castlereagh zögert, die Monarchen von Österreich, Russland und Preußen schwanken, der König von Sachsen hält seine Krone fest und die Republik Genua springt für den König von Sardinien.

## Der Deutsche Bund

Wichtig für den weiteren Verlauf der deutschen Geschichte war die Gründung des Deutschen Bundes mit der Unterzeichnung der Bundesakte in Wien am 9. Juni 1815. Dieser Bund war in jeder Hinsicht ein Kompromiss. Er enttäuschte all jene, die sich im Zuge des Befreiungskampfes gegen Napoleon ein geeintes Deutschland mit einer Spitze und einen Verfassungsstaat gewünscht hatten. Diese Wünsche waren jedoch mit den Interessen der großen, aber auch der mittleren und selbst der kleineren

Staaten nicht zu vereinbaren gewesen. Die Vorstellung, Preußen würde Österreich dauerhaft die Führung und die symbolisch bedeutsame Kaiserkrone uberlassen, war genauso unrealistisch wie die Aufgabe der gerade erst wieder gewonnenen Souveränität zugunsten einer Zentrale seitens der mittleren und kleineren Staaten. Das Ergebnis der langwierigen Verhandlungen konnte daher nur ein lockerer Staatenbund sein. Mit 37 sou-

**Der** Deutsche Bund
1815–1866

# KLEMENS WENZEL FÜRST VON METTERNICH

Nach den durch die französische Revolution und die napoleonischen Kriege verursachten Umwälzungen in Europa steht der Name Metternich für eine Politik der Restauration. 1773 in Koblenz geboren und aus altem rheinischem Reichsadel stammend, war Metternich schon früh in österreichische Dienste getreten. Er hatte die Donaumonarchie zunächst als Gesandter in Dresden (1801), dann in Berlin (1803) und schließlich in Paris (1806) vertreten. Als Leiter der österreichischen Außenpolitik (seit 1809) trat er für einen realistischen Kurs gegenüber Napoleon ein. So verschaffte er der Donaumonarchie nach der Niederlage 1809 eine Atempause, hielt sich aber gleichwohl durch Kontakte mit anderen europäischen Mächten die Möglichkeit offen, gegen Frankreich vorzugehen. Als einer der Architekten der Koalition von 1813 schuf er die Grundlage, für die endgültige Niederlage Napoleons 1814/15.

Auf dem Wiener Kongress 1814 bereitete er im engen Zusammenspiel mit dem englischen Außenminister Lord Castlereagh den Boden für die Wiederherstellung des Gleichgewichts der Mächte in Europa. Damit einher ging eine Neuordnung Deutschlands, die die Interessen der liberalen Nationalbewegung ausdrücklich nicht berücksichtigte. Die Heilige Allianz wie auch der Deutsche Bund waren vielmehr Instrumente einer Politik der gezielten Eindämmung aller revolutionären und liberalen Bewegungen. Die Karlsbader Beschlüsse von 1819 und die Wiener Konferenz 1820 sowie die internationalen Konferenzen von Aachen (1818), Troppau (1820), Laibach (1821) und Verona (1822) versuchten diese Politik innerhalb des Deutschen Bundes, aber auch in ganz Europa durchzusetzen. Gelungen ist dies Metternich nur teilweise. Vor allem die Westmächte verfolgten bald eigene Ziele und ließen sich nicht vorbehaltlos auf den von ihm verfolgten Kurs festlegen.

In Deutschland hingegen prägte seine Politik bis in den Vormärz hinein das politische Klima. Er war die Symbolfigur der Reaktion. Nach Ausbruch der Revolution 1848 wurde er seiner Ämter enthoben – seit 1821 war er Haus-, Hof- und Staatskanzler – und musste nach London fliehen. Nach seiner Rückkehr 1851 versuchte er zwar noch einmal, Einfluss auf die österreichische Politik zu nehmen, jedoch ohne Erfolg. 1859 starb Metternich in Wien.

Klemens Wenzel
Fürst von Metternich
(1773–1859)

veränen Fürsten, zu denen allein drei ausländische Monarchen – der englische, der dänische und der niederländische König – gehörten, und vier Freien Städten war dieser Bund weit überschaubarer als das untergegangene Alte Reich. Die Größe der einzelnen Staaten lässt jedoch das enorme Gewicht Österreichs und Preußens in diesem Bund erkennen. Während in deren deutschen Teilen mehr als die Hälfte der Bevölkerung lebte, hatten zwanzig Bundesstaaten weniger als 100 000 Einwohner, dreizehn sogar weniger als 50 000 Einwohner.

Enttäuschend aus der Sicht der Nationalbewegung war auch das Fehlen eines einheitlichen Parlaments aus gewählten Delegierten. Mit Rücksicht auf die Souveränität der Einzelstaaten, aber auch um allen Einigungsbestrebungen von unten einen Riegel vorzuschieben, gab es nur eine Bundesversammlung, die in schwerfälliger Weise für alle Staaten gültige Beschlüsse fassen konnte. Zwar ließ die Bundesakte Verfassungen in den einzelnen Staaten zu, diese hatten dabei aber völlige Freiheit, ob sie diese Möglichkeit nutzen würden oder nicht. Wie immer sie sich auch entschieden, maßgeblich blieb der in der Wiener Schlussakte im Jahre 1820 formulierte Gedanke: »Da der Deutsche Bund, mit Ausnahme der Freien Städte, aus souveränen Fürsten besteht, so muss die gesamte Staatsgewalt in dem Oberhaupte des Staats vereinigt bleiben, und der Souverän kann durch eine landständische Verfassung nur in der Ausübung bestimmter Rechte gebunden werden.«

## Streben nach Freiheit und Einheit

Die Mitgliedsstaaten des Deutschen Bundes entwickelten sich nach 1815 höchst unterschiedlich. Im Gegensatz zu Preußen und Österreich, deren Herrscher bis 1848 keine Verfassung gewährten, taten einige süddeutsche Staaten dies bereits in der Anfangsphase. Diese Verfassungen, die sich an das Vorbild der französischen *Charte constitutionelle* von 1814/15 anlehnten, gewährten wichtige Grundrechte wie die Gleichheit vor dem Gesetz oder richteten Parlamente ein, deren Abgeordnete nach dem Zensuswahlrecht von den Bürgern gewählt wurden. Die Rechte dieser Parlamente waren zwar begrenzt, das Budgetrecht sollte sich jedoch schließlich, wie einst im Mutterland des Parlamentarismus, Großbritannien, als Hebel zur Untergrabung des monarchischen Prinzips erweisen.

Doch bis dahin war es noch ein weiter Weg. Auch wenn viele Bürger, allen voran die liberalen Burschenschaften, wie 1817 auf der Wartburg, immer wieder ihre Unzufriedenheit mit den bestehenden Zuständen deutlich machten, so hatte es zunächst doch den Anschein, als ob die alten

Gewalten den Sieg davon getragen hätten. Die Ermordung des russischen Staatsrats August von Kotzebue 1819 durch einen Studenten war für Metternich, die treibende Kraft im Deutschen Bund, der entscheidende Anlass, alle Protestbewegungen nunmehr mit polizeistaatlichen Mitteln zu unterbinden. In Karlsbad einigten sich die verantwortlichen Staatsmänner auf ein Verbot der Burschenschaften, eine strenge Zensur von Zeitungen und Zeitschriften sowie eine Überwachung der Universitäten.

## Julirevolution und Vormärz

Auch die von den Karlsbader Beschlüssen ausgehende Verfolgung konnte die Einheits- und Freiheitsbewegung nicht dauerhaft unterdrücken. Die Revolution, die im Juli 1830 in Paris ausbrach, erfasste auch einen Teil der deutschen Staaten. In einer »zweiten Welle« gewährten nun weitere Monarchen – darunter Kurhessen, Sachsen, Braunschweig und Hannover – ihren Untertanen Verfassungen. Symbolischer Höhepunkt des Aufbegehrens war das Hambacher Fest im Mai 1832. Mehr als 20 000 Menschen, neben Studenten auch Bürger und Handwerker, versammelten sich in der dortigen Schlossruine und forderten einen einheitlichen Nationalstaat und eine demokratische Verfassung. Der Versuch einiger Studenten, im Folgejahr die Frankfurter Hauptwache zu stürmen und damit gewaltsam die alte Ordnung zu stürzen scheiterte jedoch. Stattdessen kam es zu einer neuen Welle von Verfolgungen. Große Teile des Bürgertums zogen sich nunmehr ins Privatleben zurück, richteten sich im »Biedermei-

Etwa 30 000 Menschen aus allen Bevölkerungsschichten zogen am 27. Mai 1832 auf das Schloss Hambach und forderten Freiheit, Bürgerrechte, nationale Einheit und religiöse Toleranz.

er« ein. Erloschen war das Streben nach einem einheitlichen Nationalstaat damit jedoch keineswegs. Die »Rheinkrise« 1840, ausgelöst durch
französische Forderungen nach der Rheingrenze, löste eine ungeheure
Welle nationaler Begeisterung aus. Das »Lied der Deutschen« von Hoff-
mann von Fallersleben, das in dieser Zeit entstand, machte deutlich, wie
stark das Nationalbewusstsein inzwischen war. Revolutionäre Unruhen
blieben zwar aus, unterschwellig begann es in den 1840er Jahren jedoch
zu gären. Weder die Industrie, die sich noch in den »Kinderschuhen« befand, noch die Landwirtschaft waren in der Lage, der Bevölkerung, die
zwischen 1815 und 1848 von 22 auf 35 Millionen gestiegen war, genügend
Arbeitsplätze zu bieten. Missernten verschärften die innere Krise zusätzlich. Die Forderungen der Liberalen und der Demokraten, die sich 1847 in
Heppenheim und Offenburg getroffen hatten, waren ebenfalls untrüg-
liche Zeichen einer großen Krise.

### Die Revolution von 1848

Auslöser der Revolution im März 1848 waren wie 1830 die Ereignisse in
Frankreich. Dort war im Februar die »Julimonarchie« gestürzt und die
Republik proklamiert worden. Wellenartig schwappte diese Revolution,
die weite Teile Europas erfasste, nach
Deutschland über. Von Süddeutschland ausgehend, kam es nun zu massenhaften, teilweise gewaltsamen
Protesten gegen das alte Regime.
Während einige Monarchen zur Ret-
tung ihrer Herrschaft freiwillig die
»Märzforderungen« – Pressefreiheit,
Vereins- und Versammlungsfreiheit,
Geschworenengerichte, Auflösung
stehender Heere zugunsten einer allgemeinen Volksbewaffnung und, soweit noch nicht geschehen, von Verfassungen – erfüllten und liberale
»Märzministerien« ernannten, kam
es vor allem in Berlin und Wien zu
blutigen Kämpfen. Aber auch dort
setzten sich die Revolutionäre durch. Entscheidend für diesen Erfolg der
revolutionären Bewegung war deren Breite: Studenten, Angehörige des
Bildungs- und des Besitzbürgertums, Arbeiter, Handwerker und Bauern

**Straßenkampf** zwischen
Bürgern und Soldaten in
der Straße Frankfurter
Linden in Berlin.

gingen dieses Mal gemeinsam auf die Straße und verliehen damit dem Protest gegen die bestehende Ordnung trotz unterschiedlicher Ziele im Einzelnen eine ungeheure Durchschlagskraft.

## Die Nationalversammlung in der Paulskirche

Symbolisch bedeutsam für den Erfolg der Revolution war der Einzug der über 585 in freien, gleichen und indirekten Wahlen gewählten Abgeordneten in die Frankfurter Paulskirche am 18. Mai. Sie sollten eine Verfassung für ganz Deutschland ausarbeiten und damit zugleich ein gemeinsames »Dach« für den so lange ersehnten einheitlichen Nationalstaat schaffen. Parteien existierten in dieser Zeit zwar noch nicht, die meisten Abgeordneten gruppierten sich jedoch entsprechend ihren Überzeugungen und Zielen. Die Gasthäuser, in denen sie sich trafen – »Casino«, »Donnersberg« oder das »Café Milani« –, waren bald Synonyme für die jeweilige politische Richtung. Heinrich von Gagern wurde zum Präsidenten der Nationalversammlung gewählt; Reichsoberhaupt wurde der österreichische Erzherzog Johann.

Die Aufgaben, die die versammelten Abgeordneten zu lösen hatten, waren jedoch gewaltig. Da Freiheit als wichtigstes Gut nach langen Jahren der Unterdrückung galt, entwarfen sie zunächst einen Grundrechtskatalog von 14 Artikeln, der später auch in die Verfassung von Weimar und das Grundgesetz übernommen wurde. Während darüber weitgehende Einigkeit bestand, waren die übrigen Fragen schwieriger zu klären. Zwar forderte nur eine verschwindend geringe Minderheit eine Republik, doch welche Rechte der Monarch haben sollte, ob dieser gewählt werden oder ein Erbkaiser sein sollte, war lange umstritten. Auch hinsichtlich der Frage, ob das Reich ein starker Zentralstaat oder eher eine lockere Föderation sein sollte, waren sich die Abgeordneten

Die Nationalversammlung tagt in der Paulskirche in Frankfurt. Sie bot den größten und modernsten Saal Frankfurts in dieser Zeit.

lange nicht einig. Kaum weniger problematisch war die Frage der Grenzen. Sollten die nichtdeutschen Teile dazu gehören, und, vor allem, in welcher Form sollte Österreich eingebunden werden?

Nach langen Verhandlungen einigten sich die Abgeordneten schließlich im März 1849 auf eine Verfassung für ein einiges und freies Deutschland. Erbkaiser sollte der König von Preußen werden. Anstatt eines Großdeutschlands sollte es nur ein Kleindeutschland geben, da Österreich nicht bereit war, seine nichtdeutschen Gebiete aufzugeben. Der Reichstag bestand aus zwei Kammern – einem Staatenhaus, in dem die Vertreter der Bundesstaaten saßen, – und einem Volkshaus, dessen Abgeordnete in freien, gleichen, geheimen und direkten Wahlen von allen Männern über 25 Jahren gewählt wurden. Die Macht lag dabei eindeutig beim Parlament – der Kaiser hatte nur ein aufschiebendes Veto.

## Scheitern

Als die Abgeordneten in Frankfurt die Verfassung beschlossen und dem preußischen König die Kaiserkrone antrugen, war die Revolution freilich bereits gescheitert. Der preußische König Friedrich Wilhelm IV. lehnte diese Krone, der, wie er verächtlich meinte, der »Ludergeruch der Revolution« anhaftete, ab. Der Gedanke der Volkssouveränität widersprach seinen Vorstellungen vom Gottesgnadentum des Monarchen. Politisch konnte er sich diese Ablehnung – anders als im März 1848, als er vor den Revolutionären in Berlin in geradezu demütigender Weise hatte kapitulieren müssen – auch leisten. Ähnlich wie in Wien, wo im Oktober 1848 die Gegenrevolution gewaltsam gesiegt hatte, hatte er die preußische Nationalversammlung aufgelöst und eine Verfassung oktroyiert, die die alte Ordnung in ihren wichtigsten Bestandteilen sicherte. Da die Nationalversammlung die militärische Macht der Monarchen nicht angetastet hatte und daher nicht über eigene Streitkräfte verfügte, waren die in Frankfurt verbliebenen Abgeordneten, die schließlich nach Stuttgart auswichen, machtlos, als preußische Truppen alle Versuche zunichte machten, der neuen Verfassung dennoch Geltung zu verschaffen. In Sachsen, in der Pfalz und in Baden schlugen sie unter der Führung der Bruders des preußischen Königs, Prinz Wilhelm, alle Aufstände blutig nieder. Zahlreiche Menschen wurden zum Tode, Tausende zu langjährigen Haftstrafen verurteilt. Viele Tausende flüchteten zudem ins benachbarte Ausland oder wanderten in die Vereinigten Staaten aus.

Ob, warum bzw. inwieweit die Revolution scheiterte, ist bis heute umstritten. Die Fülle der Probleme wie auch die unterschiedlichen Ziele der jeweiligen Trägergruppen haben ihren Erfolg sicherlich behindert. Hinzu kam die langwierige Suche nach Kompromissen in zentralen Fragen, die es der Gegenrevolution erleichterten, sich zu reorganisieren und ihre

Kräfte rücksichtslos einzusetzen. Dennoch sollten die Erfolge nicht übersehen werden: Der Gedanke an einen einheitlichen und freiheitlichen Nationalstaat war aus dem politischen Leben der Deutschen nicht mehr wegzudenken. Es war nur eine Frage der Zeit, wann diese Ideen und die sie repräsentierenden Kräfte wieder versuchen würden, die bestehende Ordnung in ihrem Sinne zu ändern.

## ■ Reaktion, Aufbruch und Nationalstaatsgründung

Die äußeren Kennzeichen der Niederschlagung der Revolution waren die Wiedererrichtung des Deutschen Bundes und die erneute Unterdrückung aller freiheitlichen und nationalen Strömungen mit polizeistaatlichen Mitteln. Bestehende Verfassungen wurden entweder, wie in Österreich, ganz aufgehoben, oder, wie in Preußen, so geändert, dass an dem Vorrang der Krone gegenüber dem Parlament kein Zweifel bestand. Die Presse wurde einer rigorosen Zensur unterworfen, die Versammlungsfreiheit ganz aufgehoben. Auch wenn die deutschen Bundesstaaten gegenüber der liberalen Opposition unterschiedlich vorgingen, war die Stimmung in den 1850er Jahren allgemein gedrückt.

### Die »Neue Ära«

Die harte Politik der Reaktionszeit schwächte sich Ende der 1850er Jahre in allen Staaten des deutschen Bundes langsam ab. Ein Wiedererstarken der liberalen Nationalbewegung und mehr Freiräume im öffentlichen Leben zeigten diesen Wandel. Symbolisch bedeutsam war die Übernahme der Regierung in Preußen durch Prinz Wilhelm. Im Jahre 1858 hatte sich der Gesundheitszustand des preußischen Königs Friedrich Wilhelm IV. rapide verschlechtert. An der Stelle des schwerkranken kinderlosen Monarchen übernahm sein Bruder endgültig die Regentschaft. Obwohl der Prinzregent durch und durch ein preußischer Offizier war und 1848/49 aktiv an der Niederschlagung der Revolution mitgewirkt hatte, betrachteten viele Zeitgenossen dieses Ereignis als Beginn einer »Neuen Ära«. Sein Eid auf die preußische Verfassung von 1850 – gegen den ausdrücklichen Rat seines Bruders – sowie die Ablösung des »reaktionären« Ministeriums Manteuffel durch ein konservativ-libe-

»In Deutschland muss Preußen moralische Eroberungen machen, durch eine weise Gesetzgebung bei sich, durch Hebung aller sittlichen Elemente und durch Ergreifung von Einigungselementen. [...] Die Welt muss wissen, dass Preußen überall das Recht zu schützen bereit ist.« Mit dieser Erklärung vor dem Staatsministerium am 5.11.1858 weckte **Prinzregent Wilhelm**, nach den Jahren der Reaktion große Erwartungen.

Schema der Staatsstruktur in der Paulskirchenverfassung von 1849

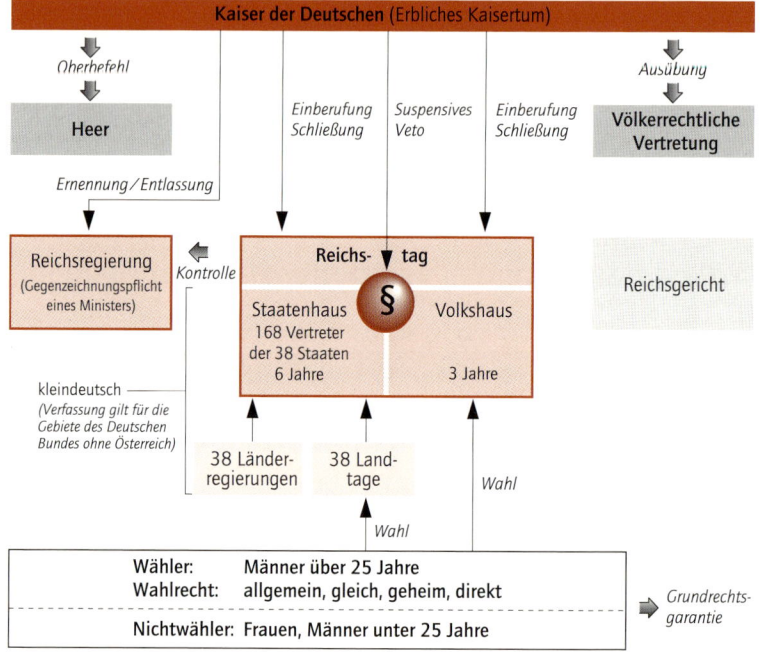

rales Kabinett schienen die Hoffnungen vieler Liberaler zu bestätigen. In einer Rede vor dem neuen Staatsministerium unterstrich der Prinzregent noch einmal seinen Willen, einen Politikwechsel vorzunehmen. Die große Mehrheit der Bevölkerung versprach sich von dem Regierungswechsel sowohl mehr innere Freiheit als auch eine Lösung der »nationalen Frage«. In ihrem Enthusiasmus übersahen sie freilich, dass der Prinzregent bei aller Bereitschaft, sich an die Verfassung zu halten und Reformen einzuleiten, ausdrücklich den Gedanken zurückgewiesen hatte, »dass die Regierung sich fort und fort treiben lassen müsse, liberale Ideen zu entwickeln, weil sie sich sonst von selber Bahn brächen.«

## Aufbruchstimmung

Zunächst überwog die allgemeine Aufbruchstimmung, die schließlich alle Staaten des Deutschen Bundes einschließlich Österreichs erfasste und teilweise weit reichende Reformen in Staat, Gesellschaft und Wirtschaft zur Folge hatte. Die Feiern zu Ehren des Dichters der Freiheit, Friedrich Schiller, im Jahre 1859, die Gründung von Parteien (Deutsche Fortschrittspartei 1861, Allgemeiner deutscher Arbeiterverein 1863) und die Entstehung eines lebendigen Vereinswesens sind weitere Beispiele für die nationale Begeisterung und die wachsende »Politisierung« in diesen Jahren.

Der österreichisch-französisch-italienische Einigungskrieg von 1859 verstärkte die allgemeine Aufbruchstimmung zusätzlich. Zwar wurde die Frage einer Unterstützung des Habsburgerreiches durch die Mitglieder des Deutschen Bundes in der Öffentlichkeit heftig diskutiert, am Ende verhielten sie sich aber neutral, bzw. taktierten – so Preußen – um eigener Vorteile willen im innerdeutschen Machtkampf so lange, bis der Krieg entschieden war. Für die deutsche Nationalbewegung war dieser Krieg jedoch Anlass, sich enger zusammenzuschließen, um den Prozess der Einigung voranzutreiben. Ein wesentliches Motiv dabei war die Sorge vor einem Übergewicht Frankreichs in Europa; nur ein geeintes Deutschland schien in der Lage, ihm wirksam entgegentreten zu können. Die große Mehrheit war überzeugt, dass eine Einigung nur unter preußischer Führung möglich sei. Einer der Motoren dieser Bewegung war der Deutsche Nationalverein, der 1859 nach dem Vorbild der italienischen »Società nazionale« in Frankfurt am Main gegründet worden war. Bestrebungen, den Deutschen Bund zu reformieren, sei es im österreichischen Sinne oder auf der Grundlage von Lösungen, die das Gewicht der Mittelstaaten stärkten und damit den virulenten preußisch-österreichisch Gegensatz entschärften, blieben letztlich erfolglos, da diese in vielerlei Hinsicht die Erwartungen der Nationalbewegung enttäuschten. Allein ein erneuertes und starkes Preußen schien – wie schon 1848/49 – geeignet, den Traum von Einheit und Freiheit zu verwirklichen; der 1862 gegründete pro-österreichische Deutsche Reformverein blieb daher ohne Bedeutung; ebenso wenig war der Vielvölkerstaat selbst in der Lage, die Nationalbewegung mit vagen Versprechungen für seine Reformpläne zu gewinnen. Nicht unterschätzt werden sollte in diesem Zusammenhang die Anziehungskraft des von Preußen dominierten Zollvereins. Ihm anzugehören versprach in der Zeit einer sich beschleunigenden wirtschaftlichen Dynamik, zumal seit dem preußisch-französischen Handelsvertrag von 1862, weitaus mehr Vorteile als die Mitgliedschaft in der mitteleuropäischen Zollunion, die das ökonomisch eher rückständige Österreich seit 1849 anstrebte.

## Heeres- und Verfassungskonflikt

Die Hoffnungen der Nationalbewegung auf Preußen wurden zunächst jedoch enttäuscht. Infolge der Auseinandersetzungen über die Reform des Heeres kam es in Preußen 1862 zu einem schwerwiegenden Verfassungskonflikt. Aus Sicht von König Wilhelm I. (seit 1861) war die Berufung Otto

## OTTO VON BISMARCK –
## EIN »WEISSER REVOLUTIONÄR«

Wie kaum ein anderer Politiker hat Bismarck das Schicksal Deutschlands im »langen 19. Jahrhundert« mitgestaltet. Am 1. April 1815, dem Jahr der endgültigen Niederlage Napoleons I., in Schönhausen an der Elbe geboren, trat er nach einer bewegten Jugend 1847 in die Politik ein, als Nachrücker kam er in den Vereinigten Landtag. Hier focht er nicht nur mit scharfer Zunge für die von den Liberalen bedrängte preußische Monarchie; nach langem Suchen fand er in der Politik sein eigentliches Betätigungsfeld. 1847 heiratete er die Frau, der er bis ans Ende seines Lebens in Liebe verbunden sein sollte: Johanna, geborene von Puttkamer. Hunderte von Briefen zeugen von großer Zuneigung zu dieser tief religiösen und bescheidenen, wenn auch unpolitischen Frau. In diesen Briefen, die zu lesen auch heute noch ein literarisches Vergnügen ist, berichtete er ihr von seinen alltäglichen Erlebnissen, Eindrücken und Gefühlen, von Politik und Religion. Der Ehe entstammten drei Kinder: Marie, Herbert und Wilhelm, der allgemein Bill genannt wurde. Der älteste, zeitweilig auch der zweite Sohn und später der Schwiegersohn, Kuno Graf von Rantzau, gehörten zeitlebens zu den engsten Beratern des »Eisernen Kanzlers«.

In der Revolution von 1848 stand Bismarck treu zu seinem König; im März 1851 wurde er schließlich für seine Verdienste mit dem wichtigsten preußischen Gesandtenposten beim Deutschen Bundestag in Frankfurt am Main belohnt. Bismarck war inzwischen jedoch nicht mehr der bornierte Verfechter rein junkerlicher Interessen, sondern im Begriff, sich zum »Realpolitiker« zu wandeln.

Nach weiteren Stationen als Gesandter in Petersburg und Paris wurde Bismarck im September 1862 zum preußischen Ministerpräsidenten berufen, um die vom Abgeordnetenhaus bedrängte Krone zu retten. Gestützt auf eine verfassungsrechtlich kaum haltbare Lückentheorie verteidigte er wie »ein kurbrandenburgischer Vasall, der seinen Lehnsherren in Gefahr sieht« – so Bismarck zu Wilhelm I. am 22. September 1862 –, die überlieferten Vorrechte der Krone gegenüber den Ansprüchen des Parlaments. Mit seinem außergewöhnlichen Gespür für Realpolitik begann er zugleich, die Interessen der Nationalbewegung mit denen Preußens zu verbinden. Eine günstige außenpolitische Großwetterlage kam ihm dabei zu Hilfe. Im Laufe von drei Kriegen – 1864 gegen Dänemark, 1866 gegen Österreich, 1870/71 gegen Frankreich – gelang es ihm, Österreich zum Austritt aus dem Deutschen Bund zu zwingen und die Staaten »Kleindeutschlands« unter preußischer Führung zu vereinigen. Der Traum von der nationalen Einheit ging damit in Erfüllung; inwieweit die Freiheit folgen würde, war zunächst eine offene Frage. Bismarck konstruierte die Reichsverfassung so, dass die Hürden für eine Parlamentarisierung und Demokratisierung nach westeuropäischem Vor-

Otto von Bismarck als Ministerpräsident.

bild hoch waren. Durch geschicktes Taktieren gelang es ihm zudem, die liberale Bewegung zu schwächen bzw. diese zu seinem Verbündeten im Kampf gegen andere, als Bedrohung der bestehenden Ordnung betrachteten Kräfte wie den politischen Katholizismus und die aufsteigende Sozialdemokratie zu machen. Dass ein sozialer Ausgleich, der wichtig für die innere Einheit gewesen wäre, ausblieb, bildete eine schwere Hypothek für die Zukunft. Allerdings sollten die Modernisierungsleistungen Bismarcks nicht übersehen werden: In den 1860er und 1870er Jahren legte er gemeinsam mit den Liberalen den Grundstein für die Entwicklung Deutschlands zu einem modernen Industrie- und Sozialstaat.

Ganz anders verlief hingegen die Entwicklung in der Außenpolitik. Ausgehend von dem Grundsatz, dass das Deutsche Reich »saturiert« sei, und gestützt auf ein ausgeklügeltes Bündnissystem verfolgte Bismarck eine Politik des Augenmaßes und der Mäßigung, um das neue Reich in der Mitte Europas zu sichern und den Frieden wahren zu helfen. Ausgelöst durch Meinungsverschiedenheiten über die vom Kaiser gewünschte Arbeitsschutzgesetzgebung, die die Versöhnung mit den ausgegrenzten Teilen der Bevölkerung fördern sollte, zwang der junge Wilhelm II., nicht zuletzt, weil er endlich sein eigenes persönliches Regiment errichten wollte, Bismarck im März 1890, sein Rücktrittsgesuch einzureichen. Auch wenn die Bilanz seines Wirkens ambivalent ist, bleibt festzuhalten, dass er »auf dem Höhepunkt seines Wirkens den historischen Prozeß zeitweise enorm beschleunigt und in stürmischem Tempo das heraufgeführt, was wir abkürzend die moderne Welt nennen. [...] Hierin liegen seine historische Größe und die Grenze, die ihm gesetzt war.« (Lothar Gall)

von Bismarcks zum Ministerpräsidenten die letzte Möglichkeit, um eine einschneidende Verschiebung der Gewichte zwischen Krone und Abgeordnetenhaus zu verhindern. Bismarcks Versuche, die Liberalen durch gemeinsames Vorgehen in der nationalen Frage für sich zu gewinnen, blieben vorerst erfolglos. Sie waren nicht bereit, zugunsten der Einheit auf die Freiheit zu verzichten. Bismarcks »Eisen-und-Blut«-Rede vom September 1862 schien vielmehr ihre schlimmsten Befürchtungen über seine wahren Ziele zu bestätigen.

So wie Bismarck im Innern die Stellung des Monarchen zu stärken versuchte, wollte er nach außen die Stellung Preußens in Deutschland – insbesondere gegenüber Österreich – wie auch im Rahmen des europäischen Konzerts entscheidend verbessern. Viel klarer als seine Vorgänger im Amt oder die meisten Zeitgenossen hatte er erkannt, dass die durch den Krim-Krieg veränderten Verhältnisse auf dem Kontinent eine offensivere Machtpolitik der kleinsten der fünf Mächte durchaus zuließen. Diese Politik, in der Macht vor Recht ging, war nicht ohne Risiken; insgesamt gelang es Bismarck aber, die Großmächte bis 1870 aus der »deutschen Frage« herauszuhalten. Russland verhielt sich seit der indirekten preußischen Unterstützung bei der Niederschlagung des polnischen Aufstands 1863 wohlwollend; Großbritannien hatte sich von Europa abgewandt und war bereit, einen Machtzuwachs Preußens hinzunehmen, solange dieser das europäische Gleichgewicht nicht grundlegend veränderte.

## Einigungskriege

Obwohl sich die Fronten im Innern seit 1862 zunächst eher verhärteten, kam allmählich Bewegung in die nationale Frage. Verantwortlich dafür war die Krise um Schleswig und Holstein 1863/64. Der Versuch der dänischen Regierung, durch eine Änderung der Verfassung das Herzogtum Schleswig in den dänischen Gesamtstaat einzugliedern, löste eine Welle der Empörung in Deutschland aus. Als alle Versuche, auf diplomatischem Wege den alten Rechtszustand wieder herzustellen, gescheitert waren, erklärten Preußen und Österreich Dänemark im Frühjahr 1864 den Krieg. Nach mehreren Niederlagen und von den bisherigen Schutzmächten Großbritannien und Russland nicht unterstützt musste Dänemark die Herzogtümer im Frieden von Wien abtreten.

Die Zukunft der von Preußen und Österreich gemeinsam verwalteten Herzogtümer bildete letztlich auch den Treibsatz für die Lösung der »deutschen Frage«. Nachdem sich beide Mächte nicht hatten einigen können, kam es im Sommer 1866 zum Krieg zwischen Preußen und

Die Schlacht bei Königgrätz am 3. Juli 1866, in der die preußische Armee den vereinigten österreichischen und sächsischen Armeen eine vernichtende Niederlage zufügte.

den Kleinstaaten Norddeutschlands einerseits, Österreich und den wichtigsten Staaten innerhalb des Deutschen Bundes (Bayern, Württemberg, Sachsen, Hannover, Baden, Hessen-Darmstadt und Kurhessen) andererseits. Kriegsentscheidend war der Sieg Preußens über Österreich bei Königgrätz am 3. Juli 1866.

Als Folge der Niederlage musste Österreich aus dem Deutschen Bund, der nunmehr aufgelöst wurde, ausscheiden. Zugleich dehnte Preußen seinen Machtbereich in Norddeutschland aus: Hannover, Kurhessen, Hessen-Nassau und die Freie Stadt Frankfurt wurden annektiert; auch die Herzogtümer Schleswig und Holstein wurden nun Teil Preußens. Alle Gebiete nördlich des Mains wurden darüber hinaus im Norddeutschen Bund vereinigt. Die süddeutschen Staaten, die an der Seite Österreichs gekämpft hatten, schlossen geheime Schutz- und Trutzverträge mit Preußen. Über den Zollverein und das Zollparlament rückten sie zugleich näher an den Norddeutschen Bund heran. Ein Überschreiten der Mainlinie hielt Bismarck zu diesem Zeitpunkt aus innenpolitischen Gründen wie auch aus Rücksicht auf Frankreich für zu risikoreich.

Ähnlich wie nach außen kam auch im Innern Bewegung in die deutsche Politik. Bereits die Wahlen zum preußischen Abgeordnetenhaus, die am Tag der Schlacht von Königgrätz stattfanden, verschoben die Gewichte zugunsten der Konservativen. Entgegen deren Hoffnungen auf eine klare Absage an alle liberalen Bestrebungen und eine vollständige Revision der preußischen Politik unter konservativem Vorzeichen ging der preußische Ministerpräsident auf die Liberalen zu. Nunmehr ganz der

»weiße Revolutionär« (so Lothar Gall in Anlehnung an zeitgenössische Deutungen) versuchte Bismarck, mit den Liberalen einer Politik der Modernisierung den Weg zu ebnen. Die Grundlagen der politischen und gesellschaftlichen Stellung der »alten Eliten« sollten dabei allerdings nicht infrage gestellt werden.

## Norddeutscher Bund

Unter dem Eindruck der preußischen Siege war eine wachsende Mehrheit der Liberalen bereit, mit diesem zuvor regelrecht »verhassten« »Mann der Tat« (so der liberale Göttinger Rechtsgelehrte Rudolf v. Ihering), Frieden zu schließen. Im Streit über die nachträgliche Billigung von Bismarcks Politik seit 1862 (»Indemnität«) spaltete sich die Deutsche Fortschrittspartei zwar in eine »linientreue« linksliberale und eine realpolitisch denkende nationalliberale Fraktion. Eine »Kapitulation« vor der Macht Bismarcks war dieses Verhalten jedoch keineswegs. Aufgrund der gegebenen, engen Handlungsspielräume hatten allerdings weder die Nationalliberalen noch die Linksliberalen eine realisierbare Alternative zu einer Politik der begrenzten Zusammenarbeit mit Bismarck. Der »Vereinbarungsparlamentarismus« des Norddeutschen Reichstags, der in hohem Tempo eine – wenn auch gebremste – Modernisierung von Wirtschaft und Gesellschaft zur Folge hatte, nährte zudem nicht zu Unrecht die Hoffnung, dass sich der ungebrochene optimistische Glaube an eine liberale Zukunft, d. h. die Regierungsbeteiligung in Berlin, in nicht allzu ferner Zeit erfüllen würde. Obwohl zentrale Bereiche staatlichen Handelns – Diplomatie, Militär, und Verwaltung – dem Zugriff des Parlaments entzogen blieben, erschien die Situation offen. Die Verfassung des Norddeutschen Bundes von 1867, die in manchem über das hinausging, was Bismarck vorgeschwebt hatte, und die wider Erwarten teilweise auch an die verfemte Tradition von 1848/49 anknüpfte, war, so urteilte einer der liberalen Führer, Rudolf von Bennigsen, ein zwar »verbesserungsbedürftiges, aber auch verbesserungsfähiges Werk«. Die Einführung des demokratischen, allgemeinen und gleichen Wahlrechts war vor diesem Hintergrund von großer Bedeutung.

Wie lange es dauern würde, die endgültige Einheit herzustellen, war nach 1866 jedoch eine offene Frage. Diese Einheit schien nur möglich, wenn es gelang, den absehbaren französischen Widerstand gegen einen erneuten Machtzuwachs Preußens zu beseitigen und zugleich die süddeutschen Staaten für Preußen zu gewinnen. Die Krise um das ehemals zum Deutschen Bund gehörige Großherzogtum Luxemburg 1867 wie auch die aus preußischer Sicht keineswegs erfreulichen Ergebnisse der Wahlen zum Zollparlament machten deutlich, dass der Weg zur endgültigen Einheit steinig und voller Hindernisse war.

## Deutsch-Französischer Krieg und Reichsgründung

Bismarck war sich dessen voll bewusst, und in gleicher Weise wie 1864 war es schließlich ein »Glücksfall« – diesmal die spanische Thronkandidatur –, der es ihm ermöglichte, durch geschicktes Operieren Bewegung in die innere und äußere Politik zu bringen. Bismarck war sich durchaus darüber im Klaren, dass ein Krieg gegen Frankreich die Nationalstaats-

Das Kaiserreich
1871–1914

gründung leichter vollenden und nicht zuletzt auch seine eigene Stellung stärken würde; wie gezielt er aber diese Thronkandidatur benutzte, um Napoleon III. herauszufordern und damit in seinem Sinne voranzukommen, ist bis heute in der Forschung umstritten. Der französische Kaiser war freilich unklug genug, diese Frage in ungewöhnlicher Weise hochzuspielen und zu einer Prestigeangelegenheit zu machen. Dabei verkannte er, dass, je höher die Emotionen in Frankreich gingen, umso höher würden sie auch in Deutschland, nicht nur in Preußen, das er eigentlich allein treffen wollte, gehen. Als der französische Botschafter den preußischen König am 13. Juli 1870 in Bad Ems trotz des bereits erklärten Verzichts des Hohenzollernprinzen geradezu zur Unterzeichnung eines Dokuments zu nötigen versuchte, das Preußen diplomatisch zutiefst gedemütigt hätte, bot er Bismarck die Möglichkeit, Frankreich doch noch auszumanövrieren. »Die Emser Depesche« war aus der Perspektive Napoleons III. insofern ein Schlag ins Gesicht. Um seine ohnehin im Wanken begriffene Herrschaft zu stabilisieren, erklärte Frankreich Preußen den Krieg. Aufgrund der Bündnisse mit den süddeutschen Staaten stand Preußen jedoch nicht allein. Die Folge war ein Krieg zwischen Frankreich und Deutschland, der von den Massen mit großem Jubel begrüßt wurde; sie erhofften sich davon die endgültige Einigung Deutschlands. Nach dem entscheidenden preußischen Sieg über Frankreich bei Sedan am 1./2. September 1870 stand der Gründung eines deutschen Nationalstaates unter preußischer Führung nichts mehr im Wege. Am 18. Januar 1871 wurde der preußische König im Schloss von Versailles zum deutschen Kaiser proklamiert. Wie sich dieses neue Reich in der Mitte Europas unter preußischer Führung nach dem Sieg über die bisherige Hegemonialmacht Frankreich im Innern entwickeln und nach außen verhalten würde, blieb abzuwarten.

## Von der Reichsgründung bis zum Ausbruch des Ersten Weltkrieges (1871–1914)

Am 18. Januar 1871 versammelten sich im Spiegelsaal des Sonnenkönigs Ludwigs XIV. in Versailles die Fürsten der deutschen Staaten, um den bedeutendsten unter ihnen, den preußischen König Wilhelm I., zum Kaiser zu proklamieren.

Anton von Werner, einer der bekanntesten Maler seiner Zeit, hat dieses Ereignis im Bild festgehalten: Im Vordergrund steht Bismarck, der preußische Ministerpräsident, neben ihm sind die anderen Gründer des Reiches, der Chef des preußischen Generalstabs, Generalfeldmarschall Helmuth von Moltke, und der – tatsächlich allerdings nicht anwesende

– preußische Kriegsminister, General Albrecht von Roon, zu sehen. Unter dem Jubel der versammelten Bundesfürsten und Generäle bringt der Großherzog von Baden, Friedrich, das Hoch auf »Kaiser Wilhelm« aus. In dieser Form ist die Reichsgründung in der Erinnerung von Generationen verankert – als Symbol der Einheit. Diese Einheit war freilich, wie unschwer zu erkennen war, von oben geschaffen worden. Die Fürsten des Reiches und die Vertreter ihrer wichtigsten Stütze, der Armee, hatten sich in Versailles versammelt, nicht aber die Repräsentanten des Volkes. Zwar hatte der Reichstag des Norddeutschen Bundes am 18. Dezember 1870 eine Deputation nach Versailles entsandt, um dem preußischen König die Kaiserkrone anzubieten. Dessen höfliche Antwort auf die Rede des Präsidenten des Reichstages, Eduard Simson, konnte jedoch nicht darüber hinwegtäuschen, dass Wilhelm I. die Kaiserkrone ebenso wenig aus den Händen des Volkes entgegennehmen wollte, wie sein Bruder Friedrich Wilhelm IV. im Jahre 1849. Die Zeremonie im Spiegelsaal unterstrich diese Haltung wie die Präambel der Reichsverfassung. Das Deutsche Reich ist ein Bund der Fürsten und Freien Städte, hieß es dort programmatisch.

Die **Proklamierung des Deutschen Kaiserreiches** im Spiegelsaal von Versailles am 18. Januar 1871.

Auch wenn die Reichsgründung von oben erfolgte, empfanden viele Zeitgenossen sie als Erfüllung eines lange gehegten Wunsches. Die große Parade, mit der am 16. Juni 1871 in Berlin und bald auch in anderen Städten der Sieg über Frankreich, den jahrhundertealten Erbfeind gefeiert wurde, gab diesem Gefühl allgemeiner Freude erneut Ausdruck, auch wenn man nicht vergessen sollte, dass sich die Fürsten des Reiches, allen voran die Hohenzollern, erneut prachtvoll in Szene setzten.

### Eine »unfertige« Nation?

Dieses Reich, das 1871 unter dem Donner preußischer Kanonen vor Paris aus der Taufe gehoben worden war, und das nach vier Jahren eines mörderischen Weltkrieges im November 1918 schließlich im Strudel einer militärischen Niederlage und der durch diese maßgeblich ausgelösten Revolution untergehen sollte, gilt in der Forschung auch heute noch als »unfertige Nation«, als europäischer Störenfried und Land der Widersprüche. Das Kaiserreich, so haben viele Historiker behauptet, habe im Vergleich zu den anderen Ländern Westeuropas seit seiner Gründung einen »Sonderweg« beschritten, der, gleichermaßen symbolträchtig, erst mit der Unterzeichnung des so genannten »Diktatfriedens« ebenfalls im Spiegelsaal von Versailles ein halbes Jahrhundert später sein – freilich nur vorläufiges – Ende gefunden habe.

Verantwortlich für dieses Bild sind zunächst die bis zuletzt nicht überwundenen Spannungen im Innern. Die Gesellschaft des Kaiserreichs war eine Klassengesellschaft; die Herkunft entschied über die soziale Situation, den Werdegang und die Lebenschancen. Adel und Bürgertum auf der einen, die breite Masse der Arbeiter und Landarbeiter auf der anderen Seite waren scharf voneinander getrennt. Innerhalb des breiten Mittelstandes nahm die soziale Mobilität zwar zu, der Aufstieg in die nächst höhere Schicht blieb aber schwierig; selbst der Adel, der seine Exklusivität zu wahren versuchte, und das Bürgertum näherten sich nur bedingt einander an.

Hinzu kam, dass die Reichsverfassung bis zuletzt eher ein Organisationsstatut einer »Versicherungsgesellschaft gegen die Revolution« (Wilhelm Liebknecht) als eine moderne Repräsentativverfassung war. Die Reichsleitung war dem Reichstag nicht verantwortlich, weite Bereiche staatlichen Handelns – Diplomatie, Verwaltung und Justiz – blieben dem Einfluss des Reichstages entzogen; die Kommandogewalt des Monarchen stellte sicher, dass das Militär ein zuverlässiges Instrument allein der Regierung war. Damit einher ging die Ausgrenzung von »Reichsfeinden« –

## »REICHSFEINDE«

Zu den schwersten Belastungen des politischen Klimas im Kaiserreich gehörte
die Einteilung der Bevölkerung in »Reichsfeinde« und »Reichsfreunde«. Vor allem
Bismarck nutzte dieses Denken, um Ängste zu schüren und die Macht der »alten
Eliten« gegen das katholische Deutschland
bzw. die Sozialdemokratie zu sichern.
Anlass für die Auseinandersetzungen mit
den Katholiken war das Ringen einer modernen Staatsmacht mit der Kirche. Der
Vatikan sah sein Welt- und Menschenbild
und seinen daraus abgeleiteten Autoritäts-

Osterreier.
Für die Commission zur Berathung des Socialisten-Gesetzes.

anspruch durch das Vordringen einer weltlich orientierten liberalen Kultur und
Lebensanschauung infrage gestellt. In Deutschland verlief diese Auseinandersetzung besonders dramatisch. Dort kam es bereits 1871 zu einem regelrechten
»Kulturkampf«: auf der einen Seite die katholische Kirche und ihr politischer
Arm, die von Ludwig Windthorst geführte Zentrumspartei, auf der anderen die
Regierung und die sie unterstützenden Liberalen. Ein verhängnisvoller Katalog
von Ausnahmegesetzen sorgte dafür, dass sich die Gegensätze seit 1871 erheblich verschärften. Erst Ende der 1870er Jahre konnte der Konflikt langsam, wenn
auch nicht vollständig, überwunden werden.
Für viele Arbeiter war die Sozialdemokratische Partei die einzige Partei, die nachdrücklich für ihre Interessen eintrat. Ihre Forderungen zur Überwindung des
Klassenstaats durch grundlegende Reformen bedrohten jedoch die bestehende
politische und gesellschaftliche Ordnung. Revolutionäre Reden und Schriften
weckten die Furcht vor dem »roten Gespenst«. Bismarck, aber auch viele Zeitgenossen betrachteten die Aktivitäten der Sozialdemokratie als eine ernste Gefahr
für Staat und Gesellschaft.
Dauerhaft unterdrücken konnte er die Partei mit dem »Sozialistengesetz« vom
Oktober 1878 nicht. Der politischen Kultur haben diese Kämpfe gegen »Reichsfeinde« jedoch unendlich viel Schaden hinzugefügt. Vor allem die Sozialdemokratie blieb ausgegrenzt, wurde verfolgt und von der politischen Mitwirkung
soweit möglich ausgeschlossen. Obwohl eine Beteiligung sozialdemokratischer
Anhänger nicht nachgewiesen werden konnte, waren zwei Attentate auf Kaiser
Wilhelm I. für Bismarck der Anlass für die Verschärfung des Kampfes gegen die
Partei des Umsturzes.

Osterreier für die Com-
mission zu Beratung des
Socialisten-Gesetzes:
»Hier, meine Herren,
die Auswahl ist diesmal
nicht groß! Für eins von
beiden müssen Sie sich
entscheiden!« Karikatur
1884.

Die Reichsverfassung
1871

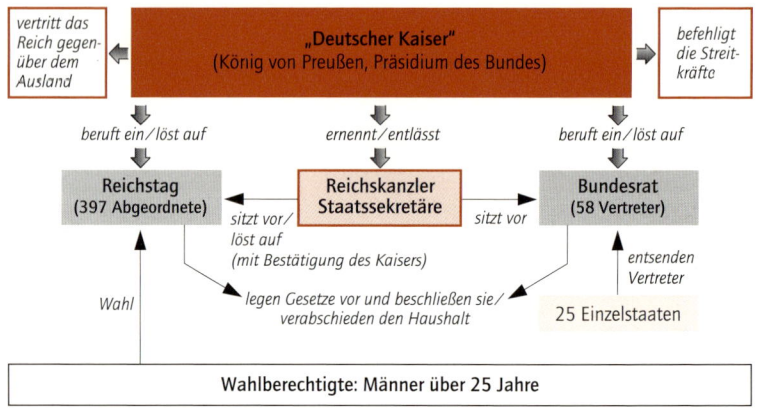

Anhängern der Sozialdemokratie, Angehörigen von Minderheiten und – zumindest zeitweilig – auch Katholiken. Zwar begann die Verfassungsrealität sich, wenn auch sehr langsam, zu ändern und die wachsende Beteiligung der Bevölkerung bei den Reichstagswahlen (1871: 51 Prozent; 1912: 85 Prozent), die Entwicklung der Parteien und Verbände sowie eine immer »lebendigere« politische Kultur nach der Jahrhundertwende waren Kennzeichen einer Fundamentalpolitisierung, die immer breitere Schichten erfasste. Die Reformbereitschaft der »alten Eliten« blieb aber bis zuletzt gering; auch Bürgertum und Arbeiterschaft näherten sich einander nicht an, ein »Block von Bassermann bis Bebel«, der die innere Entwicklung maßgeblich hätte vorantreiben können, blieb angesichts der Unvereinbarkeit der jeweiligen Interessen und mangelnder Kompromissfähigkeit Illusion. Als zunehmende Belastung erwiesen sich dabei die nationalen Verbände, die die Stimmung im Innern bewusst anheizten und damit die Parteien rechts von der SPD und die Reichsleitung mit ihren radikalen Forderungen nach einer »tatkräftigen« Innen- und Außenpolitik unter Druck setzten.

## Von der Kontinental- zur Weltpolitik

Als gleichermaßen problematisch erwies sich die Außenpolitik des Reiches. Bismarck war sich stets darüber bewusst, dass das Reich aufgrund seiner Lage in der Mitte Europas nach Möglichkeit einen erneuten Krieg vermeiden musste. Das Reich sei »saturiert«, erklärte er daher immer wieder. Zugleich entwickelte er ein System von Bündnissen, das dem Reich Sicherheit bringen und Frankreich isolieren sollte. Dauerhaft sichern konnte er das Reich damit jedoch angesichts wachsender Spannungen zwischen den eigenen Bündnispartnern Österreich-Ungarn und Russland nicht. Seine Nachfolger gaben diese Politik nach Bismarcks Entlassung 1890 bewusst auf, da sie, wie der neue Reichskanzler, General Leo Graf von Caprivi, freimütig bekannte, nicht fünf, sondern nur »zwei Glaskugeln gleichzeitig halten« konnte. Nach Jahren eines schwankenden Kurses ging die Reichsleitung dann 1897/98 dazu über, »Weltpolitik« zu treiben. Nach tastenden Versuchen in der Bismarck-Ära wollte die Reichsleitung unter der Führung des neuen, jungen Kaisers Wilhelm II. endgültig seinen »Platz an der Sonne« haben, letztlich womöglich Großbritannien, die erste Welt- und Seemacht, beerben. Um dieses Ziel zu erreichen, rüstete es massiv zur See, später auch zu Lande auf. Die Folgen dieser Politik waren freilich katastrophal: Am Ende war das Reich in Europa ausgekreist, schien ein Krieg »je eher desto besser«, so der Chef des Großen Generalstabs, Generaloberst Helmuth von Moltke d. J., die einzige Möglichkeit zu sein, um aus dieser Isolierung herauszukommen.

## Aufbruch in die Moderne

So sehr diese Entwicklungen das Bild des Kaiserreichs trüben, so wenig sollten freilich die positiven Aspekte außer Acht bleiben. Das noch unter Bismarck entwickelte Sozialversicherungssystem, das den Arbeitern verbindliche Leistungen bei Unfall und Krankheit, Invalidität und im Alter sicherte, war vorbildhaft in ganz Europa. Auf Weltausstellungen machte die heimische Industrie immer wieder ihre enorme Leistungsfähigkeit deutlich; deutsche Literaten und Naturwissenschaftler gehörten zu den ersten Nobelpreisträgern; viele deutsche Großstädte entwickelten sich innerhalb weniger Jahrzehnte zu europäischen Metropolen, die ihre Besucher beeindruckten; der Hamburger Hafen mit seinen Hunderten von Dampfschiffen und Großseglern aus aller Welt oder das Ruhrgebiet mit seinen unzähligen rauchenden Schornsteinen symbolisierten den stetig wachsenden Handel eines boomenden Industriestaats.

Die statistischen Daten unterstreichen dieses positive Bild: Die Bevölkerungszahl stieg von 41 Millionen im Jahre 1871 auf 65 Millionen im Jahre 1911. Das Nettoinlandsprodukt vervierfachte sich zwischen 1871 (14,1 Milliarden Mark) und 1913 (48,4 Milliarden Mark). Wie modern das Deutsche Reich zu sein schien, zeigt auch ein Blick auf die Entwicklung eines einzigartigen Sozialversicherungswesens. 1885 hatten die gesetzlichen Krankenversicherungen 4,2 Millionen Mitglieder, 1914 waren es 15,6 Millionen, und die Zahl der derjenigen, die Empfänger von Renten oder Krankengeld waren, hatte sich von 268 (!) 1886 auf 1 Million im Jahre 1914 erhöht.

## EIN »PLATZ AN DER SONNE« – DEUTSCHLAND ALS KOLONIALMACHT

Der Wettlauf der Mächte um Kolonien ließ auch in Deutschland den Ruf nach einer Beteiligung daran immer lauter werden. Politiker, Kaufleute und Kolonialpropagandisten versuchten seit Beginn der 1880er Jahre, die Öffentlichkeit und die politisch Verantwortlichen von deren Nutzen zu überzeugen. Im April 1884 veröffentlichte eine eigens gegründete »Gesellschaft für deutsche Kolonisation« einen Aufruf, in dem es hieß: »Die deutsche Nation ist bei der Verteilung der Erde, wie sie vom Ausgang des 15. Jahrhunderts bis auf unsere Tage stattgefunden hat, leer ausgegangen.« Wenige Wochen später sollte sich die Forderung nach dem Erwerb von Kolonien erfüllen. Nach langem Zögern stellte Bismarck die von dem Bremer Kaufmann Adolf Lüderitz erworbenen Gebiete in Südwestafrika unter den Schutz des Deutschen Reiches.

Bisher hatte Bismarck den Erwerb von Kolonien abgelehnt, schon wegen der hohen Kosten für deren Verwaltung. Den Ausschlag gaben aber außenpolitische Gründe. Bismarck befürchtete, eine deutsche Beteiligung am Wettrennen um Kolonien könnte Konflikte mit anderen Großmächten zur Folge haben und seine Politik der Sicherung des Reiches in der Mitte Europas gefährden. Um von Deutschland abzulenken, förderte er sogar Frankreichs Kolonialstreben.

Herero-Aufstand 1904: Gefangene Aufständische in Deutsch-Südwestafrika, dem heutigen Namibia.

1884/85 gab Bismarck seine ablehnende Haltung gegenüber dem Erwerb von Kolonien jedoch vorübergehend auf. Die außenpolitische Lage erschien ihm frei von Konflikten. Im Hinblick auf die bevorstehenden Reichstagswahlen und angesichts einer länger anhaltenden Konjunkturkrise sprachen auch innenpolitische und wirtschaftliche Gründe für eine Kursänderung in der Kolonialfrage. Die von Kaufleuten wie Adolf Lüderitz und Adolf Woermann, Forschungsreisenden wie Gustav Nachtigall und Aben-

Unteroffiziere der Deutschen Schutztruppe in Daressalam, Deutsch-Ostafrika, dem heutigen Tansania.

teurern wie Karl Peters erworbenen Gebiete an der West- und Ostküste Afrikas erhielten nun den Schutz des Reiches. Hinzu kamen einige Inseln im Pazifik. Zur Enttäuschung vieler Zeitgenossen blieb Bismarck jedoch ein vorsichtiger Kolonialpolitiker. Die Gründe dafür erläuterte er einem Afrikaforscher 1888: »Ihre Karte von Afrika ist ja sehr schön, aber meine Karte von Afrika liegt in Europa. Hier liegt Russland, und hier [...] liegt Frankreich und wir sind in der Mitte; das ist meine Karte von Afrika.« Viele seiner Zeitgenossen und führende Politiker mit dem jungen Kaiser Wilhelm II. an der Spitze teilten diese Auffassung jedoch nicht. Sie träumten von einem »Weltreich«, ohne die damit verbundenen Gefahren realistisch einzuschätzen. Ihre Versuche, das deutsche Kolonialreich zu erweitern und endlich dem mächtigsten Staat auf dem Kontinent den ihm gebührenden »Platz an der Sonne« zu verschaffen, so der Staatssekretär des Auswärtigen, Bernhard v. Bülow im Reichstag am 6. Dezember 1897, kamen über den Erwerb eines Pachtgebietes an der chinesischen Küste, Kiautschou, und den Kauf ehemals spanischer Inseln im Pazifik nicht hinaus. Alle weiteren Bemühungen, das deutsche Kolonialreich zu erweitern, blieben angesichts wachsender Spannungen zwischen konkurrierenden Imperialismen bereits im Ansatz stecken.

Die deutsche Kolonialherrschaft unterschied sich kaum von der anderer Mächte. Um die eigene Herrschaft zu sichern und die erworbenen Gebiete Gewinn bringend nutzen zu können, griff die Kolonialverwaltung massiv in das Alltagsleben der Einheimischen ein und veränderte es innerhalb kurzer Zeit. Wegen der oft ungerechten und willkürlichen Behandlung der Bevölkerung durch deutsche Beamte, Soldaten und Siedler kam es in fast allen Kolonien zu Aufständen. Diese wurden durch deutsche Truppen oft mit großer Brutalität niedergeschlagen. In Südwestafrika überlebten nur 15 130 von ursprünglich 80 000 Hereros den Aufstand 1904–1907; in Ostafrika verloren 75 000 Menschen ihr Leben, als die deutschen Kolonialherren eine Erhebung 1906/07 niederschlugen.

### »Der Sprung ins Dunkle«

Dass sich die Reichsleitung nach dem Attentat auf den österreichisch-ungarischen Thronfolger Franz Ferdinand im bosnischen Sarajevo am 28. Juni 1914 zum »Sprung ins Dunkle« (Theobald v. Bethmann Hollweg) entschloss, den Krieg des einzigen zuverlässigen Bündnispartners, Österreich-Ungarn, rückhaltlos unterstützte und dabei auch das Risiko eines Kontinentalkrieges mit seinen unabsehbaren Folgen bewusst in Kauf nahm, hatte nicht allein mit dem Willen zu tun, eine »einmalig« erscheinende Chance zur »Revolutionierung des internationalen Systems« zu nutzen, sondern auch mit dem Druck, unter dem sie aufgrund der Erwartungen stand, die sie freilich selbst geweckt hatte.

## ▌»Griff nach der Weltmacht?«
## Deutschland im Ersten Weltkrieg

Am 23. Juli stellte die Regierung in Wien Serbien ein unannehmbares Ultimatum. Die dortige Führung war zwar zu großem Entgegenkommen bereit, lehnte aber Eingriffe in ihre Souveränität bei der Untersuchung des Attentats ab. Am 28. Juli erklärte Österreich daher Serbien den Krieg. Als Russland daraufhin seine Armee zu dessen Unterstützung mobilisierte, machte Deutschland ebenfalls mobil. Englische Versuche, durch gemeinsame Vermittlung zwischen den Großmächten den Frieden zu

Mobilmachung 1914: Abfahrt eines Truppentransports auf einem Berliner Bahnhof.

erhalten, lehnte die Regierung in Berlin ab. Am 1. August erklärte sie vielmehr zunächst dem Zarenreich, dann auch Frankreich den Krieg. Als deutsche Truppen am 4. August in das neutrale Belgien einmarschierten, um Frankreich militärisch schneller zu besiegen, trat auch Großbritannien in den Krieg ein. Der »Weltbrand«, den Reichskanzler Bethmann Hollweg befürchtet hatte, war damit Wirklichkeit geworden.

In vielen Städten Europas jubelten die Menschen bei der Nachricht über den Ausbruch des Krieges. Unzählige Männer meldeten sich freiwillig an die Front. Wie der Dichter Thomas Mann empfanden sie den Krieg nach den vielen Krisen und der sich immer schneller drehenden Rüstungsspirale als »Reinigung, Befreiung ... und ungeheure Hoffnung«. Auch die Arbeiter der am Krieg beteiligten Staaten, die zuvor noch gemeinsam für den Frieden demonstriert hatten, eilten ohne Zögern zu den Waffen, um ihr Vaterland zu verteidigen. Im Zeitalter der Geheimdiplomatie hatten sie nicht erkennen können, wie der Krieg herbeigeführt worden war.

Deutsche Soldaten mit Gasmasken im Schützengraben.

Der Ausbruch des Krieges verleitete viele Staatsmänner, Generäle und Industrielle in allen kriegführenden Ländern bereits in den ersten Wochen dazu, weitreichende Kriegszielkataloge aufzustellen. Je länger der Krieg dauerte und je größer die Opfer wurden, umso schwieriger wurde seine Beendigung durch Verhandlungen.

Verantwortlich dafür war auch der gewandelte Charakter des Krieges. Entgegen den ursprünglichen Erwartungen war er nicht innerhalb weniger Wochen beendet. Nachdem der deutsche Vormarsch auf Paris durch den Widerstand der alliierten Armeen zum Stehen gekommen war, erstarrte die Front im Westen in einem Netz von Schützengräben und Stacheldraht, das sich von der Schweizer Grenze bis zum Ärmelkanal zog. Neue Waffen wie Giftgas und Flammenwerfer, Panzer – Tanks genannt – und Flugzeuge machten das Leben in diesen Gräben zur Hölle. Zugleich zeigten sie, dass Industrialisierung und Technik die Kriegführung grundlegend verändert hatten. In grausamen »Materialschlachten« versuchten die Generäle bald, die Entscheidung zu erzwingen. In sinnlosen Angriffen opferten sie bei Verdun und an der Somme allein 1916 eine Million deutsche und alliierte Soldaten.

Nur im Osten konnten deutsche Truppen größere Erfolge erringen, bevor auch hier die Front zum Stehen kam. Erst der Zusammenbruch des Zarenreiches 1917 ermöglichte ein Vordringen in weite Teile Russlands. Zuvor hatte die englische Blockade in der Nordsee die Reichsleitung veranlasst, alles auf eine Karte zu setzen. Durch rücksichtslosen Unterseebootskrieg gegen feindliche und neutrale Handelsschiffe wollte sie diese brechen und den alliierten Nachschub an Waffen und Lebensmitteln unterbinden. Der erhoffte Erfolg blieb jedoch angesichts der ungebrochenen englischen Seeherrschaft aus. Stattdessen traten nun aber die Vereinigten Staaten in den Krieg ein und stärkten damit die Alliierten in entscheidender Weise.

## Krieg ohne Frieden?

Bereits in den ersten Kriegsmonaten wurden neben jenen Stimmen, die den Krieg als ein »reinigendes Gewitter« betrachteten, auch solche laut,

Mitteleuropa während des Ersten Weltkriegs 1914–1918.

die darin eine menschliche Katastrophe erblickten. Um den Siegeswillen an der Front und in der Heimat nicht zu gefährden, unterdrückten die Regierungen aller am Krieg beteiligten Staaten diese durch eine strenge Pressezensur und Demonstrationsverbote. Bürgerliche Pazifisten wie der Nobelpreisträger Albert Einstein und Vertreter sozialistischer Parteien machten dennoch vom neutralen Ausland aus Vorschläge, den Krieg zu beenden und den Frieden sicherer zu machen.

Auch in den Krieg führenden Staaten kam es vereinzelt zu Protesten gegen den Krieg. 1915 demonstrierten Berliner Frauen erstmals trotz Verbots vor dem Reichstag gegen die Fortdauer des Krieges. Nach den blutigen Materialschlachten des Jahres 1916 erkannten auch die Regierungen die Notwendigkeit, diesen zu beenden. Wie die deutsche Regierung, die nach dem Sieg über Rumänien Weihnachten 1916 Frieden anbot, wollten auch die Alliierten nur aus einer Position der Stärke heraus verhandeln, um einen Teil der »Kriegsbeute« zu behalten. Vergeblich bot auch der Papst 1917 seine Bereitschaft zur Vermittlung von Friedensverhandlungen an.

Die verantwortlichen Politiker der Mittelmächte, in deren Ländern die Kriegsmüdigkeit angesichts großer Verluste und schlechter Versorgung inzwischen zugenommen hatte, waren daher alarmiert, als der Petrograder Soldatenrat im März 1917 einen »Frieden ohne Annexionen und ohne Kontributionen« forderte. Die Hoffnung auf baldigen Frieden war neben der materiellen Not eine der wesentlichen Triebkräfte beim Sturz des alten Regimes in Russland gewesen. Seit dem Frühjahr 1917 demonstrierte auch ein immer größer werdender Teil der deutschen Bevölkerung für einen Frieden auf dieser Grundlage.

Die Forderungen nach einem Frieden ohne Annexionen verhallten jedoch ungehört. Der Zusammenbruch Russlands stärkte vielmehr die Anhänger weitreichender Kriegsziele. Im »Diktatfrieden« von Brest-Litovsk zwangen die Mittelmächte Russland zur Abtretung großer Gebiete im Osten. Dennoch rückten deutsche Truppen bis ans Schwarze und ans Kaspische Meer vor. Die Forderungen der Alliierten erschwerten einen Verhandlungsfrieden ebenfalls. Die im Januar 1918 verkündeten »14 Punkte« des amerikanischen Präsidenten Wilson enthielten zwar einige moderne Ideen für eine dauerhafte Sicherung des Friedens, waren für die Regierungen der Mittelmächte aber nicht annehmbar.

## »Totaler Krieg« und Zusammenbruch

Am 11. November 1918 notierte die Frau eines Bonner Steinmetzmeisters in ihrem Tagebuch: »Um 11 Uhr ist der Waffenstillstand unterzeichnet.

Gott sei Dank. Besser ein Ende mit Schrecken als ein Schrecken ohne Ende.« Die große Mehrheit der Menschen dachte ähnlich. Die anfängliche Kriegsbegeisterung war längst verflogen. Der Alltag hatte schnell deutlich gemacht, dass der Krieg nicht, wie von der Reichsleitung versprochen, Weihnachten zuende sein würde. Angesichts der großen Verluste an der Front mussten Frauen immer mehr Tätigkeiten in Rüstungsbetrieben und anderen »Männer«-Berufen übernehmen. Kinder sammelten Obstkerne und Kaninchenfelle, Altmetalle und Frauenhaar, womit wichtige Rohstoffe ersetzt wurden, die wegen der englischen Blockade nicht mehr eingeführt werden konnten. Seife, Leder und andere Güter des täglichen Bedarfs waren dennoch bald Mangelwaren. Für den Mangel an Lebensmitteln gab es hingegen kaum »Ersatz«. Viele Menschen hungerten daher seit 1916/17, fast 700 000 starben an Unterernährung.

Dieser »totale Krieg«, der alle Teile der Wirtschaft und Gesellschaft erfasste, um das Millionenheer an der Front mit immer neuen Waffen zu versorgen, zermürbte die Menschen zunehmend. Hinzu kam die Sorge um Ehemänner und andere Angehörige. Die immer höheren Verluste trafen bald jede Familie. Der Tod von Ehemännern und Verwandten verschärfte die materielle Not großer Teile der Bevölkerung. Gleichzeitig wuchs die Verbitterung über das bestehende System. Es schien unwillig und unfähig, die versprochenen Reformen zur Beteiligung aller Parteien an der politischen Willensbildung und zur gerechteren Verteilung der Lasten in Angriff zu nehmen. Alte Eliten und militärische Führung verhinderten vielmehr mit allen Mitteln die Umwandlung des Kaiserreiches in eine moderne parlamentarische Monarchie. Seit dem »Steckrübenwinter« 1916/17 kam es daher zu immer mehr Massenprotesten nicht nur für Frieden und Brot, sondern auch gegen die bestehende politische Ordnung.

Nach dem Sieg über Russland wollte die Oberste Heeresleitung auch im Frühjahr 1918 im Westen einen entscheidenden Sieg erringen. Nach anfänglichen Erfolgen scheiterte die neue Offensive jedoch. Die deutschen Truppen mussten sich im Laufe des Sommers immer weiter aus Frankreich und Belgien zurückziehen. Sie waren kriegsmüde und wollten nicht mehr kämpfen. Die Verbündeten, Österreich-Ungarn, Bulgarien und das Osmanische Reich standen ebenfalls am Rande der Niederlage und baten um Frieden. Ende September forderte die militärische Führung daher die Reichsleitung zum baldigen Abschluss eines Waffenstillstands und zu politischen Reformen auf.

Anfang Oktober 1918 wurde die Regierung umgebildet. Selbst ehemalige »Reichsfeinde« wurden nun Minister im Kabinett von Prinz Max von

Deutsche Vertreter und Bevollmächtigte der westlichen Alliierten vor dem Salonwagen nach der Unterzeichnung des Waffenstillstandes am 11. November 1918.

Baden, das Verhandlungen mit den Alliierten über einen Waffenstillstand aufnahm. Die Änderung der Verfassung, die das Kaiserreich Ende Oktober in eine parlamentarische Monarchie umwandelte, kam jedoch zu spät. Die Menschen hatten nach der Ankündigung der bevorstehenden Niederlage kein Vertrauen mehr in die Monarchie.

Das Misstrauen der Bevölkerung war berechtigt. Ohne Wissen der neuen Regierung befahl die Führung der Marine Ende Oktober eine »Todesfahrt«, um die Ehre der Offiziere zu retten. Die Matrosen weigerten sich jedoch auszulaufen und verbündeten sich mit unzufriedenen Arbeitern. Soldaten, die die Meuterei und die Demonstrationen unterdrücken sollten, schlossen sich ihnen an. Am 9. November 1918, einem Samstag, zogen Tausende von Matrosen, Soldaten und Arbeitern in Berlin durch das Brandenburger Tor in Richtung Stadtschloss. Bereits in den Tagen zuvor hatten die ersten Monarchen, darunter der König von Bayern, der »roten Flut« weichen müssen. Als diese »Welle« schließlich die Hauptstadt des Reiches erreichte und auch die hier stationierten Einheiten zu den Revolutionären überliefen, brach das 1871 gegründete Kaiserreich endgültig zusammen. Prinz Max von Baden, der Anfang Oktober zum Reichskanzler ernannt worden war, übergab nun die Macht den einst als »vaterlandslosen Gesellen« verfemten Führern der Mehrheitssozialdemokratie (MSPD), Friedrich Ebert und Philipp Scheidemann. Eigenmächtig erklärte er zugleich die Abdankung des im Großen Hauptquartier in Spa/

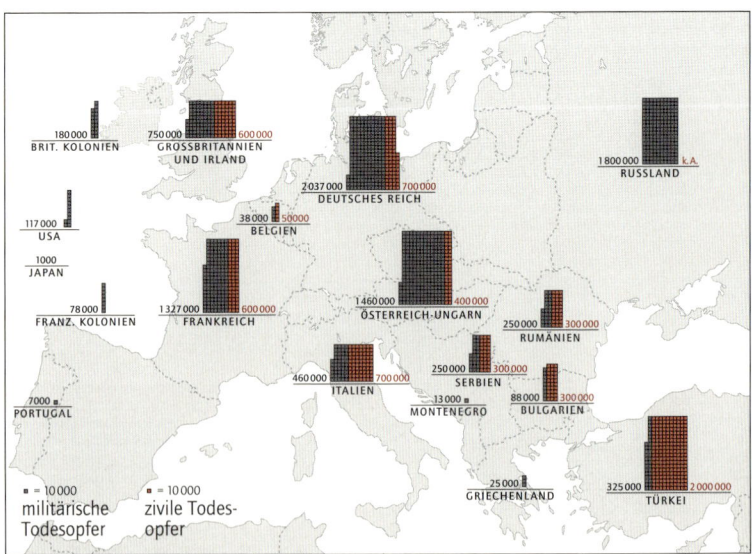

Die militärischen und zivilen Opfer des Ersten Weltkriegs.

Belgien weilenden Kaisers. Wenige Stunden später rief Philipp Scheidemann vom Balkon des Reichstages die Republik aus. Damit wollte er eigentlich nur der Proklamation einer sozialistischen Republik durch weiter links stehende Kräfte um Karl Liebknecht, den Führer des revolutionären Spartakusbundes, zuvorkommen. Augenfälliger hätten der Bruch
mit der Vergangenheit, aber auch die Dynamik, dieser sich im Stunden-
takt verändernden Situation kaum sein können. Zwei Tage später unterzeichnete eine deutsche Delegation in einem Wald bei Paris den Waffen-
stillstandsvertrag. Der Erste Weltkrieg war zuende, der »Griff nach der
Weltmacht« in grandioser Weise gescheitert.

### Das Ende des alten Europa?

Am 9. November 1918 brach nicht nur das Kaiserreich zusammen. So wie
es der englische Außenminister vorausgesehen hatte, war der Erste Weltkrieg auch eine menschliche und politische Katastrophe für Europa: Das
Deutsche Reich hatte 2 Millionen, Russland 1,8 Millionen, Frankreich
1,4 Millionen, Österreich-Ungarn 1,5 Millionen und Großbritannien 1 Million tote Soldaten zu beklagen. Mehr als 20 Millionen waren im Laufe der
Kämpfe verwundet, teilweise für den Rest ihres Lebens verkrüppelt worden. Große Landstriche waren verwüstet. In Frankreich und Belgien waren allein 350 000 Häuser zerstört. Hinzu kamen die Veränderungen der
politischen Landkarte Europas vor allem auf dem Balkan und im Osten.
Die Zeit der Kaiserreiche – Russland, Österreich, Deutschland und Osma-
nisches Reich – war endgültig vorbei. Neue Nationalstaaten traten an die
Stelle alter Großreiche. Zugleich begann damit aber auch ein Jahrhundert
der Instabilität und der Revolutionen. Der Eintritt der Vereinigten Staaten
in den Krieg signalisierte zudem, dass Europa seine führende Rolle in der
Welt verloren hatte.

## ■ Weimar: Eine Republik ohne Chance?

### Revolutionärer Umbruch und Neubeginn

Dass das Kaiserreich innerhalb weniger Tage und ohne jeden Widerstand
zusammenbrechen würde, hatte niemand erwartet. Doch wie sollte die
neue Ordnung aussehen? Auf ihrem Siegeszug durch die Staaten und Provinzen des Reiches hatten die meuternden Matrosen und streikenden Arbeiter in Anlehnung an russische Vorbilder Arbeiter- und Soldatenräte
gegründet. Diese sollten nicht nur helfen, die Ordnung in diesen chao-
tischen Tagen aufrechtzuerhalten, sondern zugleich auch eine Grundlage

beim Aufbau eines neuen Systems sein. Ein undemokratisches, bolsche-
wistisches System wollte dabei nur eine Minderheit errichten.

Die Führer der Mehrheitssozialdemokratie, die als Konkursverwalter
des Kaiserreichs ein ohnehin schweres Erbe angetreten hatten, betrachteten diese Entwicklung mit erheblichem Misstrauen. Zu groß war einerseits die Sorge, in bürgerkriegsähnliche Verhältnisse wie in Russland ab-
zugleiten. Andererseits wollten sie nach dem Ende des verlorenen Weltkriegs so schnell wie möglich wieder Ordnung herstellen. Angesichts der
Probleme bei der Rückführung und Demobilisierung von Millionen von
Soldaten, die noch in »Feindesland« standen, einer hungernden Bevölkerung und eines drohenden Zusammenbruchs im Innern mochten sie
sich nicht auf unwägbare »Experimente« einlassen. Eine Zusammenarbeit mit den Kräften des alten
Regimes in Verwaltung, Justiz
und Militär erschien ihnen daher unvermeidlich. Hinzu kam
die Überzeugung, nur eine ge-

Die Gründung der deutschen Republik.

Philipp Scheidemann ruft am 9. November 1918 die Republik aus. Mitglieder des Rats der Volksbeauftragten: Hugo Haase, Otto Landsberg,
Wilhelm Dittmann, Friedrich Ebert,
Philipp Scheidemann, Emil Barth.

wählte Nationalversammlung dürfe über alle grundsätzlichen Fragen
entscheiden, nicht aber die aus der Revolution hervorgegangenen Räte.

Über diese Fragen des Zeitpunkts und des Umfangs grundlegender Reformen zerbrach noch vor Jahresende die Zusammenarbeit mit den Mitgliedern der Unabhängigen Sozialdemokratie (USPD). Diese hatte sich im
April 1917 aus Protest gegen die zu defensive Haltung der Mehrheit der
Partei in der Frage innerer Reformen und gegenüber der Kriegszielpoli-
tik der Reichsleitung von der SPD getrennt und eine eigenständige, ra-
dikalere Politik verfolgt. Um einen »Bruderkrieg« zu vermeiden, hatten
MSPD und USPD auf Druck der Basis beider Parteien nach dem Umsturz
den von Friedrich Ebert und Hugo Haase geführten so genannten Rat der
Volksbeauftragten gegründet. In wichtigen Punkten hatten dessen Mit-

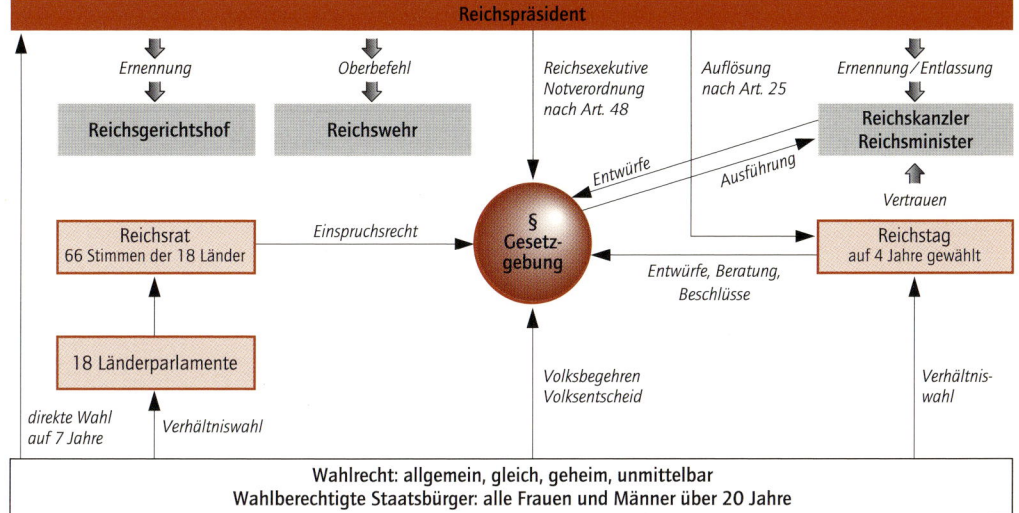

glieder aber keine Einigung erzielen können. Ob in diesen Wochen voller Dynamik und großer Erwartungen nicht zugleich auch eine Chance vertan wurde, der Republik ein stabileres Fundament zu geben, ist bis heute umstritten. Vieles spricht jedoch dafür, dass die Situation offener war, als dies aus Sicht der Führer der MSPD der Fall zu sein schien.

Die Gegenwart erwies sich jedoch als viel komplizierter als vorhergesehen. Aus Meinungsverschiedenheiten entwickelte sich schließlich ein brutaler Kampf um die Macht. Seit Ende Dezember 1918 kam es immer wieder zu bürgerkriegsähnlichen Unruhen in Berlin, aber auch an anderen Orten der Republik. Treibend in diesen Auseinandersetzungen waren linke Kräfte in der USPD sowie der noch weiter links stehende Spartakusbund, dessen Spitze Karl Liebknecht und Rosa Luxemburg bildeten.

Der Januaraufstand, vielfach auch »Spartakusaufstand« genannt, war der erste Höhepunkt dieser Radikalisierung. Die Niederschlagung dieses Aufstands, bei dem von der MSPD zu Hilfe geholte rechte Freikorps eine unrühmliche, weil blutige Rolle spielten, ist nicht zu Unrecht auch als »Marneschlacht der Revolution« bezeichnet worden. Ähnlich wie 1914, als die deutschen Truppen an der Marne gescheitert waren, hätten hier die mit der Revolution verbundenen Hoffnungen endgültig begraben werden müssen. Besonders fatal sei die damit verbundene tiefe Spaltung der Arbeiterschaft gewesen. Diese habe sich später als ein entscheidendes Hindernis im Kampf gegen die nationalsozialistische Bewegung erwiesen.

Die Verfassung der
**Weimarer Republik**
von 1919

Die Wahlen zur Nationalversammlung am 19. Januar 1919 stärkten zunächst die demokratischen Kräfte. Die MSPD gewann zwar keine absolute Mehrheit, konnte mit dem Zentrum und der linksliberalen Deutschen Demokratischen Partei aber eine Koalition bilden.

In der ruhigen Atmosphäre Weimars, der Stadt Goethes und Schillers, weit genug entfernt, um nicht von den Unruhen in Berlin beeinflusst zu werden, wählte diese Koalition aus sozialdemokratischen und bürgerlichen Kräften nicht nur den Führer der MSPD, Friedrich Ebert, zum ersten Reichspräsidenten, sondern arbeitete auch eine neue Verfassung aus. Diese Verfassung, die am 11. August 1919 schließlich vom Reichspräsidenten unterzeichnet wurde, sollte der Republik ein stabiles Fundament geben. Dem Gedanken der Volkssouveränität Rechnung tragend war im Gegensatz zum Kaiserreich der Reichstag nunmehr das zentrale Organ

Das Deutsche Reich zwischen den Weltkriegen 1919–1938.

der Reichsgewalt. Doch auch der Reichspräsident, direkt vom Volk gewählt, verfügte über erhebliche Kompetenzen. Dazu gehörten u. a. das Recht, die Regierung zu berufen bzw. zu entlassen, den Reichstag aufzulösen, durch die Anordnung von Volksentscheidungen in die Gesetzgebung einzugreifen, den Ausnahmezustand zu erklären und mithilfe von Notverordnungen zu regieren. Dass in diesen Rechten zugleich auch die Wurzel für deren Missbrauch enthalten war, haben zu diesem Zeitpunkt nur sehr wenige gesehen. Zu groß war die Sorge der Mehrheit, zu der auch die MSPD gehörte, einem »Parlamentsabsolutismus« den Weg zu bereiten. Während die MSPD aus unverständlichen Gründen zögerte, sahen die bürgerlichen Kräfte in einem starken Präsidenten das einzige Mittel, einem Weitertreiben der Revolution durch eine sozialistische Mehrheit im Reichstag notfalls einen Riegel vorzuschieben.

## Belastungen

So bedeutsam die Verabschiedung der neuen, der Weimarer Verfassung war, so unübersichtlich blieb die Lage im Innern. Die Unterzeichnung des Friedensvertrages im Spiegelsaal von Versailles – dem Ort, an dem 1871 das Kaiserreich proklamiert worden war – belastete die Situation zusätzlich. Der Verlust von Teilen des Reiches im Osten, Westen und Norden sowie aller Kolonien, die Reduzierung der Reichswehr auf 100 000 Mann und die Verpflichtung zur Zahlung einer Kriegsentschädigung, deren Höhe noch unbekannt war, wurden als demütigend empfunden. Mit besonderer Empörung wurde jedoch der sogenannte Kriegsschuldartikel 231 aufgenommen. Dass das Reich allein für die »Urkatastrophe des 20. Jahrhunderts« – als die der Ausbruch des Ersten Weltkrieges später bezeichnet wurde – verantwortlich gewesen sein sollte, erschien fast allen Deutschen ungerecht und inakzeptabel. In ihrer Wut und Enttäuschung übersahen sie, dass dieser Friede, so hart er erschien, zwar nicht der erhoffte, maßvolle Wilson-Friede, aber auch kein karthagischer Friede war. Einer »kluge[n], besonnene[n] und geduldige[n] deutsche[n] Politik, die für unseren Staat nichts anderes erstrebte, als ihn zur friedenssichernden Mitte Europas zu machen« eröffneten sich, so Gerhard Ritter, die »besten Chancen«. Dass viele Zeitgenossen in Verkennung der wirklichen Ursachen des Ersten Weltkriegs diejenigen, die den Frieden unterzeichnen mussten, nicht aber die eigentlich Schuldigen für die Konsequenzen des Friedens verantwortlich machten, war eine bittere Ironie der Geschichte.

Die Tatsache, dass der Versailler Vertrag und dessen Erfüllung bzw. vorsichtige Revision den Gegnern der Republik immer wieder die Mög-

## RAPALLO, LOCARNO UND EINTRITT IN DEN VÖLKERBUND

Das »Diktat von Versailles« mit all seinen Folgen und die inneren Probleme schränkten die außenpolitische Handlungsfähigkeit des Deutschen Reiches zwar zunächst ein; gleichwohl bemühten sich die verantwortlichen Politiker schon früh, mehr Handlungsfreiheit zu gewinnen und aus der Situation des geächteten Parias herauszukommen. Parallel zu den Verhandlungen mit den Alliierten über die Regelung der Reparationsfrage, nahmen Reichskanzler Joseph Wirth und Außenminister Walther Rathenau 1922 Kontakte zur Sowjetunion auf, die sich international ebenfalls in einer schlechten Position befand. Im April 1922 schlossen beide Mächte im italienischen Rapallo einen Vertrag, in dem sie gegenseitig auf den Ersatz von Kriegskosten und Kriegsschäden verzichteten – dazu gehörte auch der deutsche Verzicht auf Entschädigungen für während der Revolution verstaatlichtes Eigentum, eine Intensivierung der wirtschaftlichen Beziehungen sowie die Aufnahme voller diplomatischer Beziehungen. Damit einher ging eine – stillschweigende und zuvor begonnene – enge Zusammenarbeit zwischen Reichswehr und Roter Armee in allen Bereichen.

Auch wenn manche Politiker glaubten, damit eine Basis vor allem für eine gemeinsame Politik gegenüber Polen gewonnen zu haben, war dieser Vertrag keine Vorentscheidung für eine Ostorientierung der deutschen Außenpolitik. Gerade gegenüber dem Westen war dieser Vertrag ein »strategischer Erfolg« (Eberhard Kolb).

Dass die deutsche Politik den Ausgleich mit dem Westen suchte, wurde spätestens deutlich, als Gustav Stresemann, Außenminister seit 1923, sich gezielt den ehemaligen Kriegsgegnern annäherte. 1924 gelang es ihm im Rahmen des Dawes-Abkommens, die Reparationslasten zu mildern, 1925 schließlich in Locarno einen wichtigen Schritt bei der Eingliederung Deutschlands in das System der Mächte zu tun. In einem Garantiepakt verzichteten Deutschland einerseits, Frankreich und Belgien andererseits auf eine gewaltsame Veränderung der Grenzen im Westen. Hinzu kamen Schiedsverträge mit Frankreich, Belgien, Polen und der Tschechoslowakei. Ein Ostlocarno, d.h. eine Garantie der Ostgrenzen lehnte Stresemann vorerst ab. Gleichwohl, Locarno sollte für ihn ein erster Schritt bei der Revision des Versailler Vertrags und auf dem Weg zur Wiedergewinnung der alten Machtstellung sein. Wie weit er dabei zu gehen bereit war, ob diese Politik auch die Anwendung militärischer Gewalt einschloss, ist in der Forschung umstritten.

Auch wenn Stresemann über das vergleichsweise schleppende Tempo der Revision von Versailles – Räumung der Rheinlande, Vorverlegung der Saarabstimmung, Liquidierung der militärischen Bestimmungen des Friedensvertrages usw. – enttäuscht war, waren die Erfolge nicht zu übersehen: Noch 1925 wurde die erste besetzte Zone geräumt, 1927 zog auch die Alliierte Militärkontrollkommission ab. Höhepunkt dieser Politik, für die Stresemann zusammen mit dem französischen Außenminister Aristide Briand 1926 den Friedensnobelpreis erhielt, war jedoch die Aufnahme in den Völkerbund im gleichen Jahr. Sie dokumentierte symbolträchtig das Wiedereintreten des Deutschen Reiches in das Konzert der Mächte. Auch der Young-Plan, der 1929 die endgültige Reparationssumme mit 112 Milliarden Reichsmark neu festsetzte, war trotz der maßlosen Kritik der nationalen Verbände ein Erfolg.

Als Stresemann im Oktober 1929 überraschend starb, hatte er viel erreicht. Als »pragmatischer Konservativer« (Henry A. Turner) hatte er Deutschland international den Weg geebnet und durch seine relative Mäßigung zugleich viele Optionen offen gehalten. Vielen reichte diese vorsichtige Politik jedoch nicht mehr aus. Nach 1930 trat die deutsche Politik offensiver auf, versuchte, wie es ein hoher Beamter formulierte, »endlich Revisionspolitik statt Erfüllungspolitik zu machen. Die Kombination von Revisionspolitik und Friedenspolitik löste sich auf; war nur noch und immer drängender von Revision und Deutschlands berechtigten Ansprüchen die Rede.« (Peter Krüger)

Die Mitglieder der Deutschen Delegation in Rapallo bei Genua: Regierungsrat Schwarz, Regierungsrat Weigert, Staatssekretär Julius Hirsch (untere Reihe v. l.), Regierungsrat Löwe, Minister Robert Schmidt, Ministerialdirektor Ago von Maltzan, Georg Bernhard (obere Reihe v. l.).

lichkeit gab, deren Vertreter öffentlich anzugreifen, sie als Erfüllungspolitiker zu beschimpfen oder, wie im Falle von Außenminister Walther Rathenau oder Reichsfinanzminister Matthias Erzberger, der 1918 den Waffenstillstand in Compiègne unterzeichnet hatte, sogar zu ermorden, war eine der Ursachen der Instabilität im Innern. Weitaus fataler war das Vorhandensein politischer und gesellschaftlicher Gruppierungen auf der extremen linken wie auch auf der rechten Seite, die diese neue Ordnung von Grund auf ablehnten. Während die einen mit revolutionären Mitteln die »Diktatur des Proletariats« errichten wollten, strebten die anderen die Restauration der Monarchie bzw. an deren Stelle die Bildung eines autoritären, nationalistischen Regimes an. Zahlreiche Putschversuche – 1920 der Kapp-Lüttwitz-Putsch, 1923 der Hitler-Ludendorff-Putsch sowie die Unruhen in Sachsen und Thüringen – von rechts wie links in den ersten Jahren zeigten, dass die Vertreter dieser Politik willens waren, ihre Ziele notfalls mit Gewalt durchzusetzen.

## Stabilisierung?

Die Niederschlagung der Putschversuche, das Ende der Inflation und eine allmähliche Verbesserung der wirtschaftlichen Lage sowie erste, wenngleich zögerliche Schritte zur Revision des Versailler Vertrages ließen die Weimarer Republik seit 1924 etwas zur Ruhe kommen. Wechselnde bürgerliche Koalitionen stellten zwar nun die Regierung in den folgenden vier Jahren. Die Bildung stabiler Mehrheiten blieb aber ein Problem, da die extreme Linke wie Rechte – die kommunistische Partei (KPD) auf der einen, die Deutschnationale Volkspartei (DNVP) auf der anderen Seite – zu Lasten der staatstragenden Mitte aus Zentrumspartei, Deutscher Demokratischer Partei und Deutscher Volkspartei weiterhin Stimmengewinne verbuchen konnten. Damit ging einher, dass die Bildung und der Bestand von Koalitionen angesichts unterschiedlicher Programme und Weltanschauungen schwierig blieb. Die Bereitschaft zu Kompromissen zwischen, aber auch innerhalb der teilweise sehr heterogenen Parteien war begrenzt, selbst wenn sie in die Regierung eingebunden waren. Daraus resultierte eine wachsende Labilität des parlamentarisch-parteienstaatlichen Systems, die die Macht des Reichstags und damit wiederum das Vertrauen der Wähler in ihn stetig verringerte. Da zugleich der Druck wirtschaftlicher Interessenverbände, die unverhohlen die 1918/19 gemachten Konzessionen, allen voran den 8-Stunden-Tag, zurücknehmen wollten, die Lage im Innern belastete, konnte von wirklicher Stabilisierung nicht die Rede sein.

Eine der wichtigsten Weichenstellungen in dieser Zeit war die Wahl des zur Legende gewordenen »Siegers von Tannenberg«, Generalfeldmarschall Paul von Beneckendorff und von Hindenburg, zum Reichspräsidenten nach dem Tod Friedrich Eberts im Frühjahr 1925. Spätestens jetzt rächte sich die Spaltung der Arbeiterbewegung in der Revolution. Diese war mit zwei Kandidaten, Otto Braun und Ernst Thälmann, in den Wahlkampf gezogen und hatte damit ihre Chancen auf eine Mehrheit leichtfertig verspielt. Dabei sollte allerdings nicht vergessen werden, dass auch die Bayerische Volkspartei Hindenburg, nicht aber den ihr eigentlich nahe stehenden Kandidaten des Zentrums, Wilhelm Marx, unterstützt hatte. Auch wenn Hindenburg sich – sehr zum Leidwesen mancher Anhänger – an seinen Eid gebunden fühlte, so leitete er doch einen stillen Verfassungswandel ein, der die Republik langfristig nicht nur verändern, sondern diese am Ende zerstören sollte. Einzelne Berater, darunter der Chef der neugeschaffenen Wehrmachtsabteilung im Reichswehrministerium, Kurt von Schleicher, drängten ihn zunehmend, einer Rechtskoalition unter Einschluss der Deutschnationalen Volkspartei den Weg zu ebnen oder gar eine »Regierung seines Vertrauens ohne Befragung der Parteien und ohne Rücksicht auf deren Wünsche« einzusetzen.

Reichspräsident Paul von Hindenburg um 1932.

Diese Versuche offenbarten, dass die Reichswehr seit den ersten Tagen der Republik eine zwiespältige Rolle gespielt und sich in gewisser Weise zu einem Staat im Staate entwickelt hatte. Sie sah sich keineswegs als Garantin einer demokratischen Ordnung, die weder ihren Wertvorstellungen noch denen jener sozialen Schicht entsprach, aus der die Reichswehrangehörigen mehrheitlich stammten. Hinzu kam die Überzeugung vieler von ihnen, dass nur ein im Innern starkes, und das hieß autoritäres System den Wiederaufstieg zu einer europäischen Großmacht gewährleisten könne.

Auch wenn der Druck, nach rechts zu rücken, stetig zunahm, rückte die Republik – zumindest auf den ersten Blick – eher nach links. Bei den Reichstagswahlen 1928 verzeichneten SPD und KPD erhebliche Zugewinne, während die bürgerliche Mitte wie auch die extreme Rechte zu Lasten von Splitterparteien Stimmen verloren. Einen Gewinn an Stabilität bedeutete dieses Ergebnis aber nicht, auch wenn die SPD, die sich 1920 aus Enttäuschung über erhebliche Stimmenverluste auf Reichsebene weitgehend aus der politischen Verantwortung zurückgezogen hatte, mit Hermann Müller erstmals wieder einen Reichskanzler stellte. Die von ihm geführte Große Koalition stand jedoch von Anfang an auf wackeligen Füßen. Zahlreiche Konflikte über die Frage der allmählichen Aufrüstung der Reichswehr, sozial- und wirtschaftspolitische Fragen ließen sie schließlich im Frühjahr 1930 scheitern. Anlass war der Streit über die Sanierung der Arbeitslosenversicherung, die angesichts stetig steigender Arbeitslosenzahlen infolge des »Schwarzen Freitags« des Jahres 1929 unausweichlich war.

## Krise

Die Haltung der SPD, hier an grundsätzlichen Positionen festzuhalten und lieber den Bruch der Koalition zu riskieren anstatt nachzugeben, sollte sich als politisch kurzsichtig erweisen. Damit gab sie den Weg frei für den Reichspräsidenten Hindenburg und die hinter ihm stehenden Kräfte. Diese versuchten schon seit längerem die Bildung einer Regierung über den Parteien zu verwirklichen und verfügten mit Heinrich Brüning (Zentrum) auch über einen eigenen Kanzlerkandidaten. Mit diesen Bestrebungen lähmten sie zweifellos auch den Willen der SPD durchzuhalten. Es ist bezeichnend für die Ziele Hindenburgs, dass er den Versuch, eine parlamentarische Regierung zu bilden, gar nicht erst unternahm. Stattdessen stellte er dem neuen Kanzler sein Notverordnungsrecht nach Artikel 48 der Reichsverfassung zur Verfügung. Diese Befugnis, die eigentlich dem Präsidenten zum Schutz der Republik verliehen worden war, erwies sich nun als wirksamer Hebel zu deren Zerstörung.

Brüning machte von den ihm zustehenden Rechten ausgiebig Gebrauch, um die sich verschärfende Wirtschaftskrise mit Hilfe einer konsequenten Politik der Deflation zu bewältigen, aber auch, um endgültig die Revision des Versailler Vertrages zu erreichen. Obwohl der Young-Plan 1929 die Zahlung der Reparationen neu geregelt hatte, strebte Brüning nicht nur die endgültige Einstellung aller Zahlungen, sondern auch die Aufhebung aller anderen Vertragsbestimmungen an. Damit trug er freilich zur Verschärfung der wirtschaftlichen Krise und der sozialen Not bei, was wiederum die Hinwendung der Wähler zu radikalen Parteien auf der linken wie auf der rechten Seite begünstigte.

Die Auflösung des Reichstages im Sommer 1930 im Zuge der sich verschärfenden Konflikte erwies sich dann als regelrechte Katastrophe. 107 Abgeordnete der extremen Rechten – der Nationalsozialistischen Deutschen Arbeiterpartei (NSDAP) – und 77 Abgeordnete der extremen Linken – der KPD – verhinderten nun die Bildung einer konstruktiven Regierungsmehrheit. Allein die Bereitschaft der SPD, die Regierung Brüning als »kleines Übel« zu tolerieren, ermöglichte diesem, mithilfe von Notverordnungen weiter zu regieren. Die Folge dieser Politik war jedoch nicht nur ein weiterer Funktionsverlust des Reichstages, sondern auch eine allmähliche Verlagerung der Politik auf die Straße. Vor allem die Anhänger von NSDAP und KPD lieferten sich regelrechte Straßenschlachten.

Überlegungen, die NSDAP durch ein Verbot der SA zurückzudrängen,

trugen neben Plänen Brünings, verschuldete Güter im agrarischen Osten zu enteignen und als Siedlungsland zur Verfügung zu stellen, dazu bei, diesen im Mai 1932 zu stürzen, um ein noch weiter rechts stehendes, von der NSDAP geduldetes Kabinett bilden zu können. Dazu kam es aber zunächst nicht. Die Regierung Franz von Papen, die als »Kabinett der Barone« belächelt wurde, die ebenfalls allein vom Vertrauen des Reichspräsidenten abhängig war, scheiterte in zwei kurz hintereinander folgenden Wahlen im Sommer und Herbst 1932. Zwar ging bei letzterer die Zahl der von der NSDAP errungenen Mandate erstmals wieder leicht zurück, gleichwohl hielt Hindenburg an seiner Politik fest. Er war trotz seines hohen Alters im Frühjahr 1932 mit Unterstützung der SPD, die damit Hitler verhindern wollte, wiedergewählt worden. Anfang Dezember 1932 ernannte er die graue Eminenz der Reichswehr, General Kurt von Schleicher, zum Reichskanzler. Dessen Versuche, die NSDAP zu spalten, scheiterten. Interne Überlegungen, den Staatsnotstand zu proklamieren und die Reichswehr gegen die NSDAP einzusetzen, blieben ebenfalls ohne Ergebnis. Diese Versuche, eine Machtübernahme Hitlers durch Rückgriff auf ganz andere Methoden doch noch zu verhindern, trugen jedoch zu dabei, jene zu mobilisieren, die fürchteten, in diesem Falle die Verlierer

**Wahlplakate** aus den Jahren 1930–1932: SPD, Zentrum, KPD und NSDAP.

zu sein: Großindustrie und Großagrarier. Für sie, die ohnehin ein autoritäres Regime befürworteten, lag es daher nahe, nach einem Arrangement mit Hitler zu suchen, ihn einzubinden und dadurch zu »zähmen«. Papen, ein enger Vertrauter Hindenburgs, hatte diese Kontakte vermittelt und bereitete Hitlers Kanzlerschaft vor. Als Hindenburg Schleichers Notstandsplan ablehnte, war der Weg frei für ein Kabinett Hitler-Papen. Am 30. Januar 1933 ernannte der greise Reichspräsident den Führer der NSDAP zum Reichskanzler.

Diese Machtübernahme war nicht unvermeidbar gewesen. Die Träger der Republik haben sicherlich Fehler gemacht, indem sie es unterließen, rechtzeitig für die demokratische und republikanische Ordnung offensiv einzutreten. Ob ihnen Erfolg beschieden gewesen wäre, ist zweifelhaft. Waren doch diejenigen, die diese zerstören wollten, durch eine Reihe von Umständen im Vorteil: durch die Massenarbeitslosigkeit, Besonderheiten der politischen Kultur, problematische institutionelle Rahmenbedingungen, autoritäre Traditionen, die Schwäche der demokratischen Parteien und massenpsychologische Momente. Gleichwohl, ohne den skrupellosen Ansturm jener nationalistischen und autoritären Gegner wäre die Republik jedoch bei all ihren Schwächen nicht untergegangen.

## Die deutsche Katastrophe: Die nationalsozialistische Diktatur

### Hitler an der Macht

Am Abend des 30. Januar 1933 zogen in einem unendlich erscheinenden Fackelzug Tausende von Mitgliedern der NSDAP und ihrer Organisationen durch das Brandenburger Tor in Berlin. Vom Hotel Kaiserhof aus, in dem Hitler bis dahin während seiner Aufenthalte in Berlin gewohnt hatte, beobachtete er das von seinem Propagandaleiter Joseph Goebbels inszenierte Schauspiel. Es war das äußere Symbol der Ergreifung der Macht, nach der Hitler und seine Parteigenossen seit ihren frühen Anfängen in den 1920er Jahren gestrebt hatten.

Viele Deutsche betrachteten die Übertragung der Macht an Hitler – denn um etwas anderes handelte es sich in Wahrheit nicht – und die von ihm geführte Koalition aus NSDAP und DNVP durch Reichspräsident von Hindenburg als einen Ausweg aus der jahrelangen inneren Krise. Sie glaubten Hitlers Versprechungen, die allgemeine Staats- und Wirtschaftskrise endlich überwinden und damit zugleich Deutschland zu seiner einstigen Größe verhelfen zu können. Einflussreiche Gruppierungen in der Industrie, bei den Großagrariern oder auch in der Reichswehr waren zwar keineswegs mehrheitlich nationalsozialistisch eingestellt. Sie glaubten aber, dass, wie es in einer Eingabe von Wirtschaftsführern an Hindenburg vom November 1932 hieß, »die Übertragung der [Regierung] an den Führer der größten nationalen Gruppe [...] Millionen Menschen, die heute abseits stehen, zu bejahender Kraft mitreißen« würde.

Die Tatsache, dass die neue Koalition aus NSDAP und DNPV mit 33,1 bzw. 8,8 Prozent der Stimmen nicht über die Mehrheit im Reichstag verfügte, macht deutlich, dass es weiterhin eine erhebliche, wenn auch zersplitterte Opposition gab. 20,4 Prozent der Wähler hatten bei den letzten Wahlen der SPD ihre Stimme gegeben, 16,9 Prozent der KPD. Die Ablehnung der Republik und der von ihr verkörperten Grundwerte durch die extreme Linke wie auch die politische Rechte jenseits der NSDAP schwächte sie aber. Hinzu kam die Erosion der politischen Mitte, die eher

**Reichtagswahlergebnisse** 1919–1933 (Prozentanteil der Mandate im Reichstag)

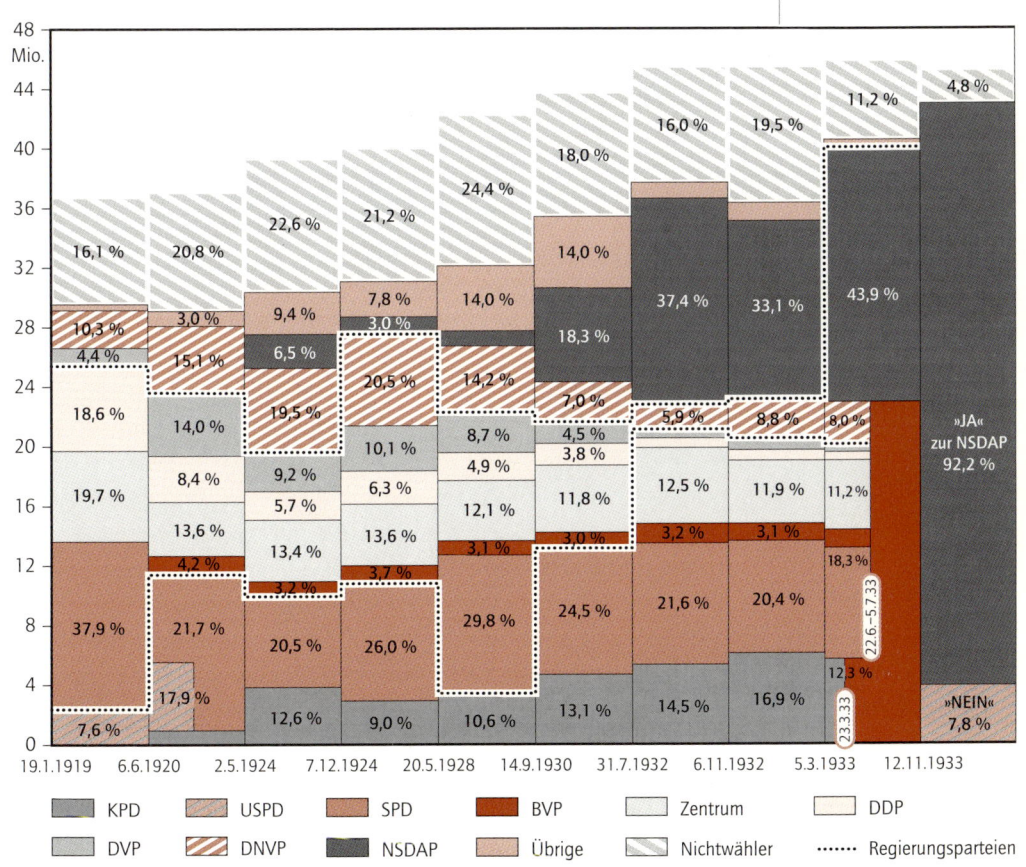

nach rechts als nach links tendierte. Die einzige realistische Möglichkeit, die NDSAP in letzter Minute von der Macht fernzuhalten, die Ausrufung des Staatsnotstandes, wurde nicht ergriffen. Die entsprechenden Überlegungen des letzten Reichskanzlers, General Kurt von Schleicher, eine Militärdiktatur zu errichten, fanden weder die Unterstützung der Reichswehr, die den Bürgerkrieg scheute, noch des Reichspräsidenten. Dass dieser Weg – temporär die Verfassung außer Kraft zu setzen, um demokratisch-parlamentarische Verhältnisse nach Beruhigung der Situation wieder herzustellen – angesichts dessen, was nach Ende Januar geschehen sollte, das »kleinere Übel« gewesen wäre, ist kaum zu übersehen. Dies gilt umso mehr, als es auch Ende Januar für Hindenburg keinen Zwang gab, Hitler zum Kanzler zu ernennen. Dessen Entscheidung, dem Druck jener nachzugeben, die aus teilweise höchst unterschiedlichen Motiven glaubten, Hitlers Kanzlerschaft durchsetzen zu müssen, gab den Ausschlag. Die Überzeugung, ihn »zähmen« zu können, war eine völlig unbegründete Fehlspekulation, und stellte sich in nicht allzu ferner Zukunft als eine bittere Ironie der Geschichte heraus. Dass der am 30. Januar 1933 eingeschlagene Weg der Beginn der »Deutschen Katastrophe« sein würde, als die die Übertragung der Macht an Hitler später bezeichnet wurde, haben allerdings nur wenige in dieser Schärfe vorausgesehen.

## Wer waren die Nationalsozialisten?

Wer also waren die Nationalsozialisten, die am 30. Januar 1933 jubelnd durch das Brandenburger Tor gezogen waren, und wer stand hinter ihnen? Ihren Ursprung hatte die NSDAP in der rechtsextremen Deutschen Arbeiterpartei, die 1920 in München gegründet worden war. Schon bald in Nationalsozialistische Deutsche Arbeiterpartei umbenannt, gehörte sie zu den zahlreichen rechtsextremen Gruppierungen, die in den unruhigen Jahren nach dem Zusammenbruch des Kaiserreichs als Reaktion auf den Druck von links entstanden waren und deren Zentrum München war. Dort hatten sich in einem brutalen Machtkampf 1919 die Rechten gegen die Linken durchgesetzt. Verantwortlich für den langsamen Aufstieg der NSDAP war die Führung durch Adolf Hitler. 1889 im österreichischen Braunau am Inn geboren, hatte er im Wien der k.u.k.-Monarchie eine Karriere als Maler angestrebt, war letztlich aber gescheitert. Er hatte zeitweilig in Obdachlosenasylen und Männerheimen gelebt und sich regelrecht »durchgeschlagen«. Die Lektüre antisemitischer, rassistischer und fremdenfeindlicher Schriften, die zur Jahrhundertwende in Wien weit verbreitet waren, sollte ihn zutiefst prägen. Hinzu kamen ein übersteigerter deutscher Nationalismus und die Idee, ein wirklicher »Führer« könne allen Deutschen zu einer großen Zukunft verhelfen. Ohne den Kontakt mit diesen Ideen ist die von Hitler später maßgeblich geprägte Ideologie der NSDAP nicht zu verstehen. Bei Kriegsausbruch meldete er sich freiwillig in der bayerischen Armee. Als Gefreiter kämpfte er an der Westfront und war dort, für einen Mannschaftsdienstgrad eher ungewöhnlich, mit dem Eisernen Kreuz I. Klasse ausgezeichnet worden. Nach der Entlassung aus dem Lazarett, in dem er bei Kriegsende aufgrund einer Verwundung lag, arbeitete er mitunter als Spitzel der Reichswehr im unruhigen München, um sich schließlich der Deutschen Arbeiterpartei anzuschließen, deren Führung er schließlich übernahm. Mit seinen radikalen, charismatischen Reden beeindruckte er die Massen, da er schonungslos den Versailler Vertrag kritisierte und hemmungslos Kommunisten, Sozialdemokraten und Juden für die Misere im Innern verantwortlich machte. Erster Höhepunkt seines politischen Wirkens war der Marsch auf die Feldherrnhalle in München am 9. November 1923. Im Zusammenspiel mit anderen führenden Rechten, zu denen u.a. auch der ehemalige zweite Mann der III. Obersten Heeresleitung, Erich Ludendorff, gehörte, versuchte er einen Putsch. Im Feuer der bayerischen Polizei war dieser schließlich gescheitert. In einem eher fragwürdigen Prozess wurden Hitler und einige seiner Mitstreiter zu milden Haftstrafen verurteilt, die sie auf der Festung Landsberg verbrachten. Dort schrieb Hitler die Zusammenfassung seiner politischen Ideen mit dem programmatischen Titel »Mein Kampf«.

## Hitlers Weltanschauung

Wichtigster Bestandteil von Hitlers Weltanschauung war die Rassenlehre, die alle Menschen in hochwertige, weniger wertvolle, minderwertige und wertlose Rassen unterteilte. Die wertvollste Rasse waren die Arier, groß, blond, blauäugig, tapfer, heldenhaft und opferbereit, die niedrigste die Juden. Sie galten als »Parasiten«, die stets auf Kosten anderer lebten. Ihnen wurde die Schuld an allen Übeln der Welt angelastet. Auch für die angeblichen Weltherrschaftspläne des Kapitalismus westlicher Prägung sowie des Bolschewismus wurden sie verantwortlich gemacht.

Damit eng verknüpft war die Überzeugung vom unvermeidlichen Kampf aller Rassen. Dabei konnte nur die arische, das hieß die deutsche, überleben. Als »Herrenrasse« war sie dazu bestimmt über alle anderen zu herrschen; wer sich ihr nicht »fügte«, musste zwangsläufig untergehen. Damit die »Herrenrasse« selber überleben und herrschen konnte, forderte Hitler für sie »Lebensraum«. Er meinte damit zum einen die im Versailler

Vertrag verloren gegangenen Gebiete, zum anderen aber jene »Räume« im Osten, die bereits während des Ersten Weltkrieges teilweise besetzt worden waren. Diese Gebiete galten als »Kornkammern«, die die Versorgung der »Herrenrasse« sicherstellen sollten; sie zu besetzen erschien gerechtfertigt, da die dort lebenden »Rassen« als »minderwertig« und dementsprechend als der »Herrenrasse« »untertan« galten.

Um im »Kampf um Lebensraum« erfolgreich zu sein, entwarf Hitler das »Führerprinzip«. Angeblich an alte germanische Vorstellungen anknüpfend schuf er feste Hierarchien für alle Bereiche von Staat, Gesellschaft und Wirtschaft. An ihrer Spitze stand der »Führer«, der allein entscheiden konnte und niemandem Rechenschaft schuldig war.

Damit trug Hitler einer starken, keineswegs auf Deutschland beschränkten Strömung Rechnung. Auch in anderen Ländern, die seit dem Ende des Ersten Weltkrieges von Krisen geschüttelt wurden, gab es Parteien und Gruppierungen, die in einem »Führerstaat« eine wichtige Voraussetzung für die Überwindung der politischen, gesellschaftlichen und wirtschaftlichen Krisen ihrer jeweiligen Länder sahen. Das Erfolg versprechende Vorbild dafür war das faschistische Italien. Dort hatten die Faschisten unter Benito Mussolini 1922 nach jahrelangen inneren Wirren die Macht an sich gerissen und schließlich eine Diktatur errichtet, die mit ihren parteieigenen Organisationen alle oppositionellen Kräfte im Innern unterdrückte. Nach außen fuhren sie einen aggressiven Kurs, der Italien zu einer anerkannten Großmacht machen, zugleich aber auch im Innern herrschaftsstabilisierend wirken sollte. Wie der Personen- und Führerkult des »Duce« wurden der übersteigerte Nationalismus und der alle Anhänger verbindende Antiliberalismus, Antiindividualismus, Antiparlamentarismus und Antibolschewismus zum Vorbild der NSDAP und anderer faschistischer Parteien Europas.

## Wer wählte Hitler?

Betrachtet man Hitlers Weltanschauung und das Parteiprogramm der NSDAP, das seit 1920 unverändert geblieben war, dann konnte der Gegensatz zur Weimarer Verfassung und den dieser zugrunde liegenden demokratischen Prinzipien – der Achtung der Menschenwürde und der Gleichheit aller Menschen vor dem Gesetz – größer kaum sein. Umso mehr stellt sich die Frage, warum dennoch so viele Deutsche seit Mitte der 1920er Jahre Hitler und die NSDAP wählten und aus welchen Schichten diese Wähler kamen. Ein großer Teil stammte aus dem bürgerlichen Lager, hatte früher DNVP, DVP oder DDP gewählt. Jeder dritte bzw. vierte Wähler hatte diesen

Parteien den Rücken gekehrt. Aber auch ein Teil der Nichtwähler – hier war es jeder siebte – und auch jeder zehnte SPD-Wähler war in das Lager der NSDAP übergelaufen. Das protestantische Milieu erwies sich dabei als viel anfälliger als das katholische. Entgegen landläufiger Legenden waren es auch nicht die Arbeitslosen, die Hitler die Macht brachten; sie wählten eher die Kommunistische Partei. Auch Angestellte und Arbeiter waren unter den Wählern Hitlers nur schwach vertreten. Die Mehrheit seiner Wähler waren vielmehr Selbstständige, Bauern, Beamte, Rentner und Pensionäre.

Gleichwohl bleibt festzuhalten, dass es der NSDAP trotz des Einbruchs in traditionelle bürgerliche Wählerreservoirs, nie gelungen ist, die Mehrheit der Stimmen auf sich zu vereinigen. Seit den Wahlen zum Reichstag im Juli 1930 war sie mit 18,3 Prozent zwar keine Splitterpartei mehr, und bis zum Sommer 1932 sollte es ihr sogar gelingen, diesen Anteil zu verdoppeln (37,3 Prozent), danach war der Trend aber mit 33,1 Prozent bereits rückläufig. Trotz des Wahlterrors, den sie im Frühjahr 1933 unter den Bedingungen der von ihnen geschaffenen Ausnahmegesetze ausüben konnten, vereinigten die Nationalsozialisten auch bei den letzten, wenngleich nur noch halbfreien Wahlen im März 1933 nur 43,9 Prozent der Stimmen auf sich. Nur zusammen mit der gleichfalls weit rechts stehenden DNVP unter dem einflussreichen Medienmogul Alfred Hugenberg besaß die NSDAP jetzt eine Mehrheit im Reichstag.

### Konsolidierung der Macht

Dass Hitler gewillt war, seine Macht zu behaupten, hatte er bereits unmittelbar nach seiner Ernennung zum Reichskanzler deutlich gemacht. Gestützt auf Artikel 48 löste er am 1. Februar 1933 den Reichstag auf und setzte Neuwahlen für den 5. März an. Gleichzeitig erließ er zahlreiche weitere Not-

Adolf Hitler und der faschistische Diktator Italiens Benito Mussolini (1883–1945).

verordnungen, die die Presse- und Versammlungsfreiheit einschränkten – und damit den politischen Gegner im Vorfeld der Wahlen massiv behinderten. »Nun knallen die Verbote, dass es nur so eine Art hat«, triumphierte Joseph Goebbels, Berliner Gauleiter und Propagandaleiter der NSDAP und seit März 1933 Reichsminister für Volksaufklärung und Propaganda bereits Mitte Februar. Der berüchtigte »Schießerlass« Görings, der kommissarisch die Leitung des preußischen Innenministeriums übernommen hatte, legalisierte zugleich den Terror von SA und SS, die nunmehr als Hilfspolizei fungierten. Der Brand des Reichstagsgebäudes am 27. Februar, für den nach heutiger Kenntnis nicht die Nationalsozialisten, sondern der allein handelnde holländische Kommunist Marinus van der Lubbe verantwortlich war, bot schließlich eine weitere, geradezu »ideale« Gelegenheit, den Terror gegen Andersdenkende auf quasi-legaler Grundlage zu verschärfen. Wichtige Grundrechte wurden mit der »Reichstagsbrandverordnung« vom 28. Februar außer Kraft gesetzt, hohe Strafen und sogar die Todesstrafe für zahlreiche neue »politische« Tatbestände eingeführt.

Der »Aufbruch«, den der von Hitler geschickt inszenierte »Tag von Potsdam« am 21. März 1933 symbolisieren sollte, hatte bei allem äußeren Glanz eine dunkle Seite. Ehrerbietig hatte Hitler sich dort vor dem greisen Generalfeldmarschall am Grabe Friedrichs des Großen verbeugt und diesem damit zu suggerieren versucht, dass das alte Preußen und das »neue Deutschland« – in einer »Rührkomödie«, wie Goebbels den Festakt nannte – sich theatralisch miteinander versöhnten. Im Vergleich mit dem einst so verhassten preußischen Obrigkeitsstaat, war jedoch das, was dann folgte, in seinen Ausformungen wie auch hinsichtlich seiner rechtlichen Rahmenbedingungen um ein Vielfaches tiefgreifender, konsequenter und brutaler.

Die gesetzliche Grundlage für die Ausschaltung aller Gegner, die Beseitigung des demokratischen Parteienstaates und die Legalisierung des Terrors war das unter dem euphemistischen Namen »Gesetz zur Behebung der Not von Volk und Reich« verabschiedete »Ermächtigungsgesetz« vom 24. März 1933. Es ermöglichte nicht nur den Erlass von Gesetzen ohne Zustimmung des Reichstages, sondern es ermächtigte die Regierung sogar, dabei inhaltlich von der »Reichsverfassung ab[zu]weichen«. Dass dieses Gesetz, dem zwei Drittel der Abgeordneten zustimmen mussten, dennoch vom Reichstag verabschiedet wurde, ist auf den ersten Blick erstaunlich, wirft freilich zugleich auch ein Schlaglicht auf die allgemeine Lage. So hatte Hitler alle KPD-Abgeordneten bereits im Vorfeld die Man-

Mit Hakenkreuzfahnen geschmückte Häuser in Berlin am 1. Mai 1933.

date aberkennen und verhaften lassen, soweit sie nicht von selbst geflohen waren. Die im Reichstag vertretenen bürgerlichen Parteien links der DNVP, Hitlers Koalitionspartner, stimmten trotz erheblicher Bedenken der zeitweiligen Ausnahmesituation zu – das Gesetz war zunächst auf vier Jahre befristet. Nur so glaubten Zentrum und Linksliberale Einfluss auf die weitere Gestaltung der Politik nehmen, die eigenen Mitglieder vor dem Terror von SA und SS schützen und die eigene Parteiorganisation retten zu können. Sie glaubten Hitlers Versicherung, dass er den Reichstag »von Zeit zu Zeit« informieren und den »Parteien des Reichstags die Möglichkeit einer ruhigen Entwicklung« geben wolle. Dabei hätte ihnen seine unverhohlene Drohung, mit oder ohne ihre Zustimmung selber über »Frieden oder Krieg« zu entscheiden, eigentlich eine Warnung sein müssen. Gleichwohl: Der Glaube an die Gültigkeit rechtsstaatlicher Prinzipien, die selbst die Präsidialkabinette nicht grundsätzlich infrage gestellt hatten, war maßgeblich dafür verantwortlich, dass sie das Wesensmerkmal der Diktatur unterschätzten: Hier gab es keine Mitgestaltung, sondern nur Unterwerfung. Allein die SPD, deren Vorsitzender Otto Wels in einer mutigen Rede die Haltung seiner Partei begründete, lehnte das von Hitler eingebrachte Gesetz ab. »Freiheit und Leben kann man uns nehmen, die Ehre nicht.«

## Gleichschaltung

In einem geradezu atemberaubenden Tempo erließ die Reichsregierung nach Verabschiedung des »Ermächtigungsgesetzes« Gesetze und Verordnungen, die Staat, Gesellschaft und Wirtschaft grundlegend im nationalsozialistischen Sinne veränderten. Das föderale System, eine der wichtigsten Grundlagen des Reiches, wurde in diesem Prozess der »Gleichschaltung« beseitigt, Länderregierungen durch nationalsozialistische Kabinette ersetzt. Gleichzeitig »stürmte« die NSDAP – teilweise im wahrsten Sinne des Wortes – die Rathäuser und setzte ihre eigenen Bürgermeister ein. Alle missliebigen Beamten wurden Anfang April aus dem öffentlichen Dienst entfernt, alle Gewerkschaften am Tag nach den erstmals allgemeinen Feiern zum 1. Mai abgeschafft. Bis Ende Juni waren alle Parteien entweder verboten oder hatten sich selbst aufgelöst. Sogar die DNVP, Hitlers »Steigbügelhalter« und Koalitionspartner blieb davon nicht verschont. Gewerkschaften und Arbeitergeber schlossen sich in der »Deutschen Arbeitsfront« zusammen; Presse und Rundfunk, Kunst und Kulturleben passten sich ebenfalls an die neuen Verhältnisse an oder wurden dazu gezwungen.

Diese Eingriffe in den Alltag stießen nur auf geringen Widerstand. Viele glaubten vielmehr, darin eine unvermeidliche Entwicklung auf dem Weg zum Besseren zu erkennen. In Scharen traten sie bald freiwillig der NSDAP bei, um den »Zug der Zeit« nicht zu verpassen, aber auch, um die damit verbundenen beruflichen oder gesellschaftlichen Vorteile genießen zu können. Dabei ignorierten sie bewusst den Terror des Regimes: Bereits im März wurden die ersten »wilden« Konzentrationslager eingerichtet, um dort politische Gegner außerhalb jeglichen rechtsstaatlichen Verfahrens zu inhaftieren; Anfang April machten die Nationalsozialisten mit dem Aufruf zum Judenboykott deutlich, dass sie gewillt waren, auch ihre rassenpolitischen Vorstellungen rücksichtslos in die Tat umzusetzen. Im Sommer 1934 schließlich beseitigte Hitler in einer »Nacht der langen Messer« die Führung der eigenen SA unter Ernst Röhm. Dessen Vorstellungen von der neuen Ordnung widersprachen Hitlers Zielen, und sein Anspruch auf den Vorrang der SA vor der Reichswehr bedrohte diese für die zukünftige Expansion wichtige Säule des Staates in ihren Fundamenten. Skrupellos ließ Hitler diese Morde, denen auch der letzte Reichskanzler und ehemalige General Kurt von Schleicher und seine Frau zum Opfer fielen, als »Staatsnotstand« rechtfertigen. Reichswehr und Justiz nahmen diese Morde widerstandslos hin. Damit machten sie deutlich, dass sie sich aus unterschiedlichen Gründen mit dem neuen System arrangiert bzw. iden-

*Das national-sozialistische Herrschaftssystem.*

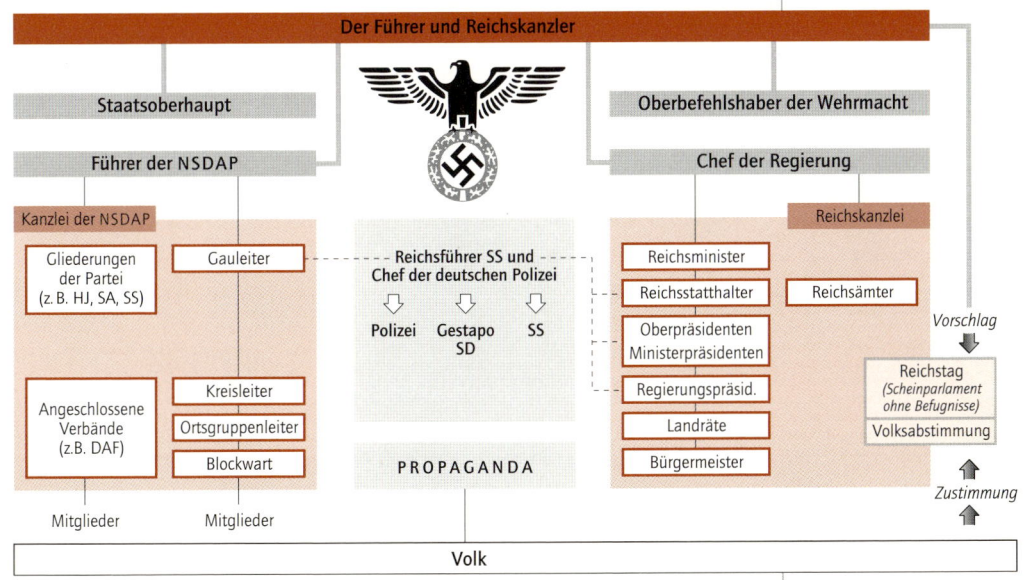

tifiziert hatten, und bereit waren, überlieferte rechtsstaatliche Prinzipien endgültig über Bord zu werfen.

Die Ereignisse um den »Röhm-Putsch« waren der vorläufige Abschluss der »Gleichschaltung«. Der Tod des Reichspräsidenten, Hindenburg, nur wenige Tage später, war schließlich der geeignete Anlass, das Amt des Reichskanzlers mit dem des Reichspräsidenten zu vereinigen. Als »Führer und Reichskanzler« – so der offizielle Titel – war Hitler nun Oberhaupt des Staates. Damit verfügte er außerdem allein über die Reichswehr, die er noch am gleichen Tage, dem 2. August 1934, auf sich vereidigen ließ. Eineinhalb Jahre nach der »Machtergreifung« besaß er tatsächlich die unumschränkte Macht in Deutschland.

Der Reichsarbeitsdienst ruft! Undatiertes Propagandaplakat für den nationalsozialistischen Reichsarbeitsdienst.

## Das Leben wird besser?

Viele Zeitgenossen glaubten, dass diese Zusammenballung der Macht, die durch die Gleichschaltung und die Verbindung staatlicher, gesellschaftlicher und wirtschaftlicher Organisationen mit den entsprechenden Gliederungen der Partei auf allen lokalen, regionalen und überregionalen Ebenen eine der wesentlichen Ursachen für die Beseitigung der Arbeitslosigkeit und den beginnenden wirtschaftlichen Aufschwung waren. Dabei übersahen sie freilich, dass die »berühmten« Reichsautobahnen, deren Bau bald über 100 000 Arbeiter beschäftigte, bereits vor 1933 geplant worden waren. Gleichermaßen hatte der Reichsarbeitsdienst seine Vorläufer in – allerdings freiwilligen – Organisationen aus der Zeit der Präsidialkabinette. Er entlastete den Arbeitsmarkt bei vergleichsweise geringen Kosten – die tägliche Entlohnung belief sich auf 25 Pfennig – durch das Einziehen von 200 000 bis 300 000 Jungen und Mädchen. Hinzu kamen staatlich finanzierte Großprojekte, angefangen beim Bau des riesigen Reichsparteitagsgeländes in Nürnberg, der Neugestaltung Berlins, die gigantomanische Auswüchse haben sollte, bis hin zum Bau von Kasernen, neuen großen Stützpunkten und Rüstungsbetrieben, von der Beschleunigung der Aufrüstung von Heer, Luftwaffe und Marine zur Vorbereitung des bereits im Februar 1933 intern angekündigten Krieges um »Lebensraum« einmal ganz abgesehen.

Parallel investierte der Staat in die Herstellung von Ersatzstoffen, wenn Deutschland auch weiterhin von der Einfuhr wichtiger Rohstoffe wie Öl oder hochwertigen Erzen und Metallen abhängig blieb. Der Wille, autark zu werden und nicht, wie im Ersten Weltkrieg, durch eine Blockade von allen Zufuhren abgeschnitten und ausgehungert zu werden, galt gleichermaßen für die Landwirtschaft. Auch sie stand ganz im Zeichen der Kriegsvorbereitung: Autarkie war dabei vor dem Hintergrund der Blockade des Ersten Weltkrieges das »Zauberwort«. Der »Reichsnährstand« fasste alle Bauern zusammen, erteilte ihnen genaue Anweisungen über Anbau, Preis, Ablieferung und Verkauf. Das »Reichserbhofgesetz« sicherte den Zusammenhalt der Höfe.

Der Eindruck eines »Wirtschaftswunders« erweist sich bei näherem Hinsehen freilich als falsch. Zahlreiche Versorgungsgüter blieben knapp, die Möglichkeiten des Konsums waren letztlich doch eingeschränkt, da die Rüstung eindeutig Vorrang hatte. Auch ein Vergleich der Löhne von Facharbeitern macht deutlich, dass der »Aufschwung« bei ihnen keineswegs ankam. 1936 bzw. 1939 lagen die Stundenlöhne mit 78,3 bzw. 79,1 Pfennig immer noch unter denen von 1929 (101,1) bzw. sogar 1932 (81,6 Pfennig), als die Krise auf dem absoluten Höhepunkt war. Der Verbrauchsindex wichtiger Nahrungsmittel zeigt ebenfalls, dass 1937 der Stand des Jahres 1928 noch nicht wieder erreicht war (Fleisch in kg: 118,5 – 146,5; Milch in l: 358 – 481; Gemüse in kg: 117,8 – 127,3). Darüber hinaus darf man nicht übersehen, dass die Einführung der Wehrpflicht und des Reichsarbeitsdienstes die Arbeitslosenstatistik schönte. Auch die Verdrängung der Frauen aus der Arbeitswelt im Zuge der Propagierung eines neuen Mutter- und Familienbildes trug dazu bei. Diese Zusammenhänge konnten freilich nur wenige erkennen. Dies galt ebenso für die schon früh absehbare Krise. Die Finanzierung der Aufrüstung mit Wechseln, deren Einlösung verschoben wurde, beschleunigte nicht nur die Inflation, sondern steuerte auf einen Abgrund zu. Nur ein Raubkrieg, der die Nachbarstaaten rücksichtslos ausplünderte und der deutschen Wirtschaft billige Zwangsarbeiter zur Verfügung stellte, konnte einen Staatsbankrott noch verhindern.

»Jugend dient dem Führer«. Aufruf aller Zehnjährigen zum Eintritt in die Hilterjugend (HJ). Plakat um 1935.

### Führerkult und Volksgemeinschaft

Dem Regime gelang es dennoch, der Bevölkerung das Gefühl besserer Lebensumstände zu geben. Mit propagandistischem Geschick und mit Hilfe zahlreicher Organisationen wie der NS-Frauenschaft, dem NS-Studentenbund oder dem NS-Kraftfahrerkorps, der Hitlerjugend und dem Bund deutscher Mädel erfassten die Nationalsozialisten alle Lebensbereiche und vermittelten den Deutschen das Bild einer entstehenden Volksgemeinschaft, die die frühere Zerklüftung der Gesellschaft endgültig und zum Vorteil aller überwand. Über allem stand der »Führer«, um dessen Person ein immer ausgeprägterer Kult entwickelt wurde. Die massenwirksame Inszenierung von Hitlers Auftritten und Reden, die millionenfache Verbreitung seines in Landsberg verfassten Buches »Mein Kampf« und dessen »Erfolge« trugen dazu ebenso bei wie die bei vielen vorhandene »Sehnsucht« nach einem »Führer«, der nach den von vielen als traumatisch empfundenen Jahren des Niedergangs, der allgemeinen und der persönlichen Krisen Einheit und Zusammenhalt des deutschen Volkes symbolisierte.

### Wer bleibt außen vor?

Dabei übersahen die meisten allerdings, dass die von den Nationalsozialisten propagierte »Volksgemeinschaft« keineswegs alle Deutschen einschloss,

Boykottpropaganda gegen jüdische Geschäftsinhaber in der Grindelallee in Hamburg: »Deutsche kauft nicht bei Juden« (1. April 1933).

ja viele bewusst ausschloss. Kritiker landeten schon früh in Gefängnissen oder Konzentrationslagern, wanderten freiwillig oder unter Druck aus. Hinzu kamen die Ausgrenzung und wachsende Verfolgung von Minderheiten, allen voran der ca. 500 000 Juden. Bereits Anfang April 1933 hatten die Nationalsozialisten zu einem Boykott jüdischer Geschäfte aufgerufen. Einen vorläufigen Höhepunkt bildeten 1935 die Nürnberger »Rassegesetze«. Sie ermöglichten es, Juden »ganz legal« aus allen öffentlichen Ämtern zu drängen, jüdischen Ärzten, Apothekern und Anwälten die Zulassung zu entziehen. Auch deutsche Schulen und Universitäten durften sie nicht mehr besuchen. Ehen oder außereheliche Beziehungen zwischen Deutschen und Juden galten als »Rassenschande« und wurden bestraft. Ein »Ahnenpass« wurde Voraussetzung für eine Eheschließung unter Deutschen oder die Aufnahme in den öffentlichen Dienst. Der Mord an einem NS-Diplomaten durch einen polnischen Juden in Paris war im November 1938 das Signal für eine weitere Eskalation: Synagogen wurden in der »Reichspogromnacht« am 9. November angezündet, jüdische Geschäfte zerstört, Tausende Juden von der SA durch die Straßen gejagt, misshandelt und eingesperrt. Wer konnte, wanderte unter Aufgabe all seines Vermögens aus. Doch viele Juden konnten oder wollten Deutschland nicht verlassen, sie fühlten sich seit Generationen als Deutsche.

Neben Juden gehörten auch Angehörige anderer religiöser Gemeinschaften wie den Zeugen Jehovas, Pazifisten oder Menschen, die anders lebten wie z.B. Homosexuelle zu den Verfolgten des Regimes. Gleichermaßen brutal verfolgt wurden psychisch Kranke, missgebildete und behinderte Menschen. Sondergesetze erlaubten es, sie zu sterilisieren, seit 1939 sie sogar »als unwertes Leben« zu töten.

Darüber hinaus bestimmte das Regime, was »Kunst« oder Literatur war: Bereits im Sommer 1933 wurden Tausende von Büchern »undeutscher Autoren«, darunter die Brüder Mann, Heinrich Heine und Berthold Brecht, in spektakulären Aktionen öffentlich verbrannt. Auch bestimmte Musikrichtungen wie Jazz galten als »entartet«, gleiches galt für verschiedene Stilrichtungen in der Kunst.

## Widerstand

Die Maßnahmen gegen Minderheiten stießen keineswegs auf die Zustimmung aller Deutscher. Viele fanden dieses Vorgehen, vor allem den Terror, den SA, SS und Geheime Staatspolizei (Gestapo) verbreiteten, abstoßend. Häufig genug trösteten sie sich jedoch mit dem Hinweis darüber hinweg, dass dies bedauerliche Einzelfälle seien, von denen der »Führer« nichts wisse und die irgendwann aufhören würden. Daneben gab es freilich auch Gruppen, die konsequent Widerstand leisteten: Kommunisten, Sozialdemokraten, Pazifisten, aber auch Angehörige der beiden großen Kirchen, die, wie Martin Niemöller von der Bekennenden Kirche oder zahllose katholische Pfarrer, nicht bereit waren, mit dem Regime faule Kompromisse einzugehen und dabei christliche Gebote zu verletzen. Zahllose wanderten daher in die Konzentrationslager oder Gefängnisse. Gleiches galt für Angehörige politischer Gruppen, die mit viel Mut, unter Einsatz ihres Lebens versuchten, ihre Zeitgenossen durch das Verteilen illegal gedruckter Flugblätter oder Maueranschläge vor dem drohenden Gang ins Verderben zu warnen. Gewürdigt wurde deren Leistung lange Zeit nicht. Für viele Deutsche waren sie Verräter am eigenen Volk, zumal wenn sie dem kommunistischen, aber auch dem militärischen Widerstand angehörten. Die NS-Propaganda sowie falsche Vorstellungen von »Treue« waren für diese Einschätzung verantwortlich.

## Der Weg in den Krieg

Die Warnung, dass Nationalsozialismus Krieg bedeute, war in jeder Hinsicht zutreffend. Bereits Anfang Februar 1933 hatte Hitler in einer Ansprache vor führenden Generälen und Admirälen mit einer verblüffenden Offenheit die »Eroberung neuen Lebensraumes im Osten u[nd] dessen rücksichtslose Germanisierung« als eines seiner wichtigsten Ziele bezeichnet, ohne damit auf Widerspruch zu stoßen. Im Gegenteil: Hitlers Maßnahmen in der Folgezeit – Austritt aus dem Völkerbund (1933), Wiedereinführung der allgemeinen Wehrpflicht und Kündigung der militärischen Bestimmungen des Versailler Vertrages (1935), Besetzung des Rheinlandes (1936), Eingreifen in den Spanischen Bürgerkrieg an der Seite der spanischen Faschisten (1936-39), »Anschluss Österreichs« (1938) sowie die Besetzung des Sudentenlandes (1938) fanden breite Zustimmung. Das Deutsche Reich, so der weit verbreitete Eindruck, war auf dem besten Wege, seine alte, ihm zustehende Stellung wiederzugewinnen. Zahlreiche Nichtangriffspakte oder auch das Flottenabkommen zwischen England und Deutschland (1935), zwei alten Rivalen auf diesem Gebiet seit der Jahrhundertwende, die Rückkehr des Saargebietes (1935), neue Bündnispartner wie Italien und Japan sowie die zumindest stillschweigende Duldung dieser Politik durch die ehemaligen Siegermächte vermittelten zudem den Eindruck, dass sie Hitlers Politik akzeptierten. Der Glanz der Olympischen Spiele, die 1936 in Berlin stattfanden, trug ebenfalls dazu bei, die Aggressivität des Regimes zu verschleiern.

Spätestens 1938 war dabei eigentlich unübersehbar, dass Hitler Krieg wollte – und er machte daraus auch gar keinen Hehl. Bereits im November 1937 hatte er vor den Spitzen der Wehrmacht »seinen Entschluss zur Anwendung von Gewalt unter Risiko« bekannt gegeben und deutlich gemacht, dass die Gewinnung von »Lebensraum« nun bald erfolgen solle. Nur das Nachgeben der österreichischen Regierung verhinderte, dass die Besetzung der Alpenrepublik gewaltsam verlief. Gleichermaßen war es allein der Intervention der anderen europäischen Mächte zu verdanken, dass es, sehr zum Unwillen Hitlers, im Herbst 1938 zu keiner militärischen Auseinandersetzung über die Zerschlagung der Tschechoslowakei kam. Indem sie auf der Münchener Konferenz das Sudetenland preisgaben, erhielten sie den Frieden. Diese Politik, die bereits damals verächtlich mit dem Schlagwort »Appeasement« kritisiert wurde, beruhte auf der Idee, Hitler durch Verträge zu binden, gleichzeitig aber auch Zeit zur eigenen Aufrüstung zu gewinnen. Beide Auffassungen verkannten jedoch die Aggressivität des Regimes wie auch dessen Zwang, allein aus ökonomischen Gründen zu handeln. Auf die Dauer war die Politik der Hochrüstung im Zeichen des 1936 verabschiedeten »Vierjahresplans«, der die deutsche Wirtschaft hatte »kriegsfähig« und die Wehrmacht hatte »einsatzfähig« machen sollen, nämlich nicht durchzuhalten. Im Frühjahr 1939 verschärfte Hitler das Tempo – es müsse endlich Schluss sein mit der »pazifistischen Platte«, hatte er vor Journalisten offen erklärt. Er besetzte im März die Resttschechei, deren Bestand er nur wenige Monate vorher garantiert hatte, zwang Litauen zur Rückgabe des Sudetenlandes und forderte die Rückgabe der freien, unter Mandat des Völkerbundes stehende Stadt Danzig sowie die Gewährung eines exterritorialen Korridors nach Ostpreußen.

Dass Großbritannien dieses Mal nicht zurückwich, sondern die Existenz Polens ausdrücklich garantierte, schreckte ihn nicht. Während die Westmächte noch mit der kommunistischen Sowjetunion über eine Unterstützung im Falle eines deutschen Angriffs verhandelten, schloss Hitler mit Stalin am 23. August 1939 einen Nichtangriffspakt, der Polen und das Baltikum zwischen beiden Diktatoren skrupellos aufteilte. Diese Rückendeckung aus dem Osten, die die Gefahr eines Zweifrontenkrieges beseitigen sollte, veranlasste Hitler nunmehr, den ohnehin schon beschlossenen Krieg gegen Polen auszulösen. Am 1. September 1939 marschierten deutsche Truppen nach einem inszenierten Zwischenfall in Polen ein. Der Sender Gleiwitz war angeblich durch polnische »Eindringlinge« besetzt worden, die aber in Wahrheit Insassen aus Konzentrationslagern waren und unmittelbar darauf erschossen wurden. Hitlers Behauptung, »seit 5.45 Uhr werde zurückgeschossen«, war insofern nichts anderes als eine Lüge, die einen Angriff rechtfertigen sollte. Dass dieser Krieg mehr sein würde als ein klassisches Mittel der Machtpolitik, dass es sich vielmehr um den Auftakt zur Gewinnung von »Lebensraum« handelte, begriffen nur die wenigstens. Dennoch sollten sie schneller als erwartet erkennen, dass eine neue Art von Krieg, ein totaler Zweiter Weltkrieg begonnen hatte.

## Der Zweite Weltkrieg: Expansion, Raubkriege und Vernichtung

Als Hitler am 1. September 1939 vor dem Reichstag den »Angriff« Polens bekannt gab und erklärte, dass von nun an »zurückgeschossen« werde, fand er zwar die lautstarke Zustimmung der eigens zusammengerufenen Abgeordneten der NSDAP. Anders als 1914, als viele Zeitgenossen den Ausbruch des Krieges als Befreiung von einer unerträglichen Spannung empfunden hatten, blieb der Jubel der Massen dieses Mal zunächst aber aus. Nach den Erfahrungen des Ersten Weltkrieges war die Stimmung der Mehrheit der Deutschen eher gedrückt. Obwohl die Westmächte, England und Frankreich am 3. September und bald danach auch die Commonwealth-Staaten dem Deutschen Reich den Krieg erklärten, hofften sie, dass es nur ein kurzer sein würde.

### Blitzkriege?

Die Hoffnung, dass der Krieg schnell zuende sein würde, schien sich zunächst auch zu erfüllen. Der Vormarsch gegen den kleinen Nachbarstaat Polen (»Fall Weiß«) verlief viel schneller, als es die Planer der Wehrmacht erwartet hatten. Den modern ausgerüsteten deutschen Truppen war die polnische Armee in jeder Hinsicht unterlegen. Bereits am 17. September flüchtete die polnische Regierung auf rumänisches Gebiet; am 27. September zerstörte die Luftwaffe große Teile Warschaus, und am 6. Oktober ergaben sich die letzten polnischen Einheiten auf der Halbinsel Hela. Zwischenzeitlich war die Rote Armee, wie im Hitler-Stalin-Pakt zuvor vereinbart, in die östlichen Teile Polens und das Baltikum eingerückt.

Auch wenn es an der Westgrenze nicht zu Kämpfen gekommen war, weil die Westmächte nach den traumatischen Erfahrungen des Ersten Weltkrieges ihre Bündniszusagen unter teilweise fadenscheinigen Gründen nicht einhielten, sie die militärische Defensive der Offensive vorzogen und langfristig doch hofften, mit der Unterstützung der Vereinigten

Staaten rechnen zu können, war der Krieg damit keineswegs vorüber. Um sein »Lebensraumprogramm« umsetzen zu können, musste Hitler die Vormachtstellung auf dem Kontinent erringen. Wie vor 1939, als England lange sein »Wunschpartner« – freilich nur zu seinen Bedingungen – gewesen war, hoffte er zeitweilig, dass die Inselmacht nachgeben, Deutschland den Kontinent überlassen würde. »Ich habe es«, erklärte Hitler am 6. Oktober, nach dem vorläufigen Abschluss der Kampfhandlungen in Polen, »geradezu als ein Ziel meines Lebens empfunden, die beiden Völker nicht nur verstandes-, sondern auch gefühlsmäßig einander näher zu bringen.« Glaubwürdig waren diese Äußerungen nicht. Sie übersahen zudem, dass England ganz im Sinne der überlieferten Doktrin der Balance of Power gar kein Interesse daran haben konnte, dem Deutschen Reich den Kontinent zu überlassen und damit weltpolitisch erpressbar zu werden. Da England es ablehnte, Hitlers Angebot von Verhandlungen anzunehmen, erließ er bereits in diesen Tagen die notwendigen »Weisungen« für den Angriff im Westen.

Ursprüngliche Planungen, den Angriff noch im Herbst 1939 zu beginnen, scheiterten an Verschleißerscheinungen der Ausrüstung der Wehrmacht, dem Widerstand führender Militärs und schließlich dem eisigen Winter. Seit Herbst 1939 forderte darüber hinaus die Marineführung unter Großadmiral Erich Raeder die Sicherung der Nordflanke des Reiches. Damit wollte sie verhindern, dass das Deutsche Reich trotz militärischer Erfolge auf dem Kontinent erneut von den Weltmeeren und damit von der Zufuhr wichtiger Rohstoffe, allen voran dem schwedischen Eisenerz, abgeschnitten und ausgehungert werden könnte. Am 9. April 1940 griffen deutsche Marine-, Luft- und Heeresverbände das neutrale Dänemark und Norwegen an (»Operation Weserübung«). Während Dänemark sich der deutschen Übermacht widerstandslos ergab, leisteten norwegische Truppen, unterstützt von gelandeten englischen Einheiten, erbitterten Widerstand. Erst der Rückzug der Alliierten nach dem deutschen Angriff im Westen (»Fall Gelb«), der am 10. Mai begonnen hatte, zwang Norwegen am 10. Juni zur Kapitulation.

Der Angriff im Westen, bei dem, wie im Falle Dänemarks und Norwegens, rücksichtslos die Neutralität der Niederlande, Belgiens und Luxemburgs verletzt wurde, endete mit der Kapitulation Frankreichs am 22. Juni im gleichen Salonwagen im Wald von Compiègne, in dem am 11. November 1918 deutsche Unterhändler die militärische Niederlage des kaiserlichen Deutschlands hatten eingestehen müssen. Ein unkonventioneller Operationsplan (»Operation Sichelschnitt«), der schnelle Panzerverbände, unterstützt von der Luftwaffe, durch die unwegsamen Ardennen hatte vorstoßen lassen, hatte maßgeblich dazu beigetragen. Die französischen Bunkersysteme im Osten des Landes (»Maginot-Linie«) hatten sich gegenüber dieser Form der Kriegführung als wertlos erwiesen. Hitlers Wille, die eigenen Panzerverbände für die erwartete Panzerschlacht in Zentralfrankreich zu schonen, führte allerdings dazu, dass sich das englische Expeditionsheer und Teile der französischen Armee – insgesamt ca. 338 000 Mann – von Dünkirchen aus in einer bis dahin beispiellosen Evakuierungsaktion über den Kanal hatten retten können. Mit der Niederlage Frankreichs, das Elsass und Lothringen abtreten musste, beherrschte Hitler, an dessen Seite seit dem 10. Juni auch Mussolini und das faschistische Italien kämpften, den Westen des europäischen Kontinents. Nachdem er selber seinen Sieg mit einer Fahrt durch das eroberte Paris genossen hatte, zog er Anfang Juli als triumphaler Sieger in Berlin ein.

Die NS-Propaganda hat diese schnellen und von vielen unerwarteten Siege im Herbst 1939 und im Frühjahr 1940 als »Blitzkriege« bezeichnet. In sechs Wochen hatte Hitler erreicht, was das kaiserliche Deutschland 1914 vergeblich versucht hatte: Frankreich zu besiegen und England vom Kontinent zu verjagen. Indem die Propaganda die »Genialität« des Führers herausstellte, ihn, der seit 1938 auch Oberbefehlshaber der Wehrmacht war, zum »größten Feldherrn aller Zeiten« hochstilisierte, wollte sie die Bevölkerung fest hinter dem Regime vereinigen. Auch wenn den militärischen Planungen bei nüchterner Betrachtung keine »Blitzkriegskonzepte« zugrunde gelegen haben, so gingen die mit dieser Propaganda verbundenen Ziele auf: »Man kann ruhig sagen, die ganze Nation ist nun von einem so gläubigen Vertrauen zum Führer erfüllt, wie dies vielleicht in diesem Ausmaße noch nie der Fall war. [...] Wenn überhaupt eine Steigerung der Gefühle für Adolf Hitler möglich war, so ist dies mit dem Tage der Rückkehr nach Berlin Tatsache geworden«, hieß es in einem Lagebericht des Sicherheitsdienstes aus Augsburg. Das Gefühl, die Schmach von 1914/18 überwunden zu haben und die irrige Vorstellung, das Deutsche Reich habe damit endlich den ihm gebührenden Platz auf dem Kontinent errungen, waren wesentliche Motive dieser Begeisterung.

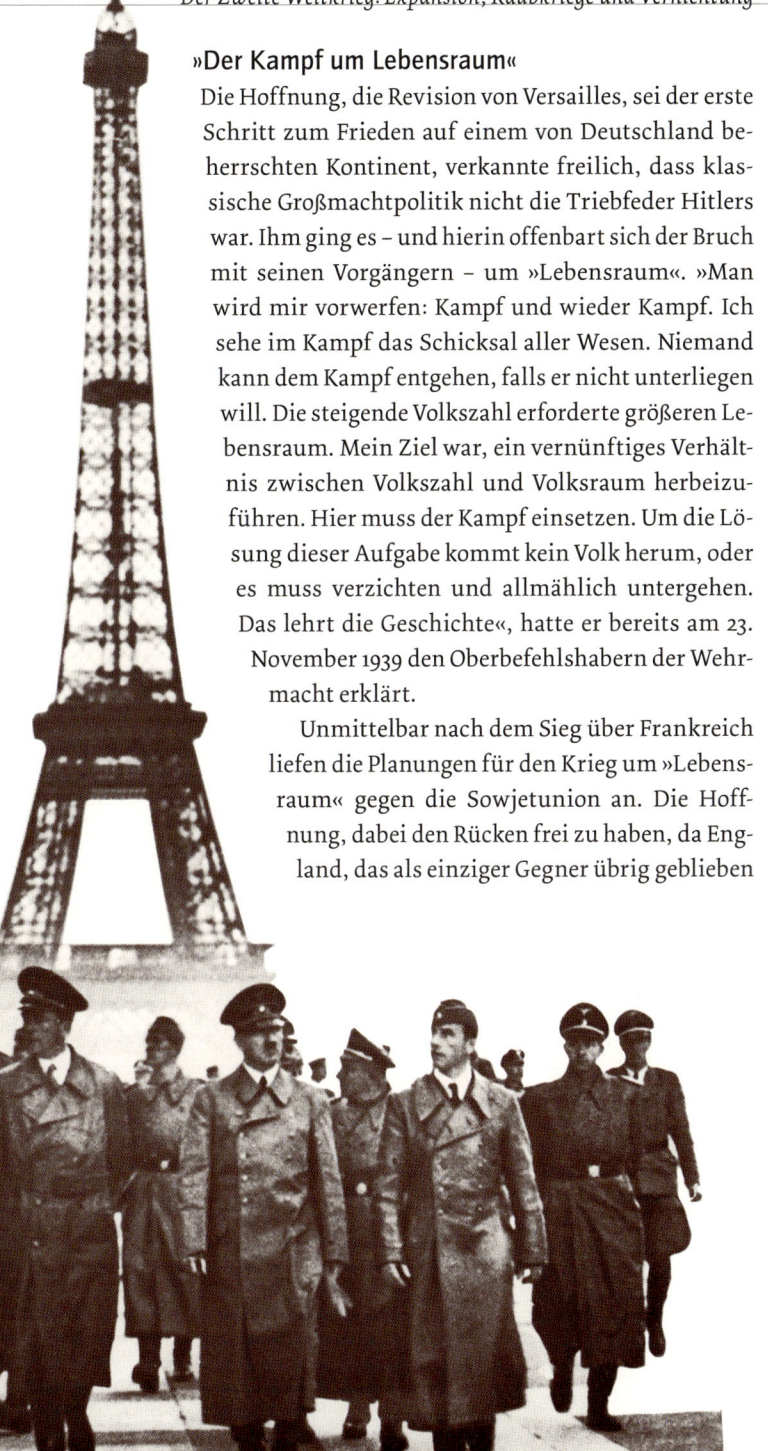

### »Der Kampf um Lebensraum«

Die Hoffnung, die Revision von Versailles, sei der erste Schritt zum Frieden auf einem von Deutschland beherrschten Kontinent, verkannte freilich, dass klassische Großmachtpolitik nicht die Triebfeder Hitlers war. Ihm ging es – und hierin offenbart sich der Bruch mit seinen Vorgängern – um »Lebensraum«. »Man wird mir vorwerfen: Kampf und wieder Kampf. Ich sehe im Kampf das Schicksal aller Wesen. Niemand kann dem Kampf entgehen, falls er nicht unterliegen will. Die steigende Volkszahl erforderte größeren Lebensraum. Mein Ziel war, ein vernünftiges Verhältnis zwischen Volkszahl und Volksraum herbeizuführen. Hier muss der Kampf einsetzen. Um die Lösung dieser Aufgabe kommt kein Volk herum, oder es muss verzichten und allmählich untergehen. Das lehrt die Geschichte«, hatte er bereits am 23. November 1939 den Oberbefehlshabern der Wehrmacht erklärt.

Unmittelbar nach dem Sieg über Frankreich liefen die Planungen für den Krieg um »Lebensraum« gegen die Sowjetunion an. Die Hoffnung, dabei den Rücken frei zu haben, da England, das als einziger Gegner übrig geblieben

Adolf Hitler besucht Paris am frühen Morgen des 28. Juni 1940 war und das mit Winston S. Churchill einen zu zähem Widerstand entschlossenen Premierminister an der Spitze hatte, zum Frieden gezwungen zu haben, erfüllte sich nicht. Die »Luftschlacht um England« ging verloren, alle Pläne, mit einer Invasionsarmee über den Kanal zu setzen, zerschlugen sich im Herbst 1940. Am 18. Dezember 1940 erließ Hitler die Weisung für den »Fall Barbarossa«, den Angriff auf die Sowjetunion im Frühjahr 1941. Dieser Feldzug war der einzige geplante »Blitzkrieg«. »In

Europa im Herbst 1942:
Die territorialen Eroberungen.

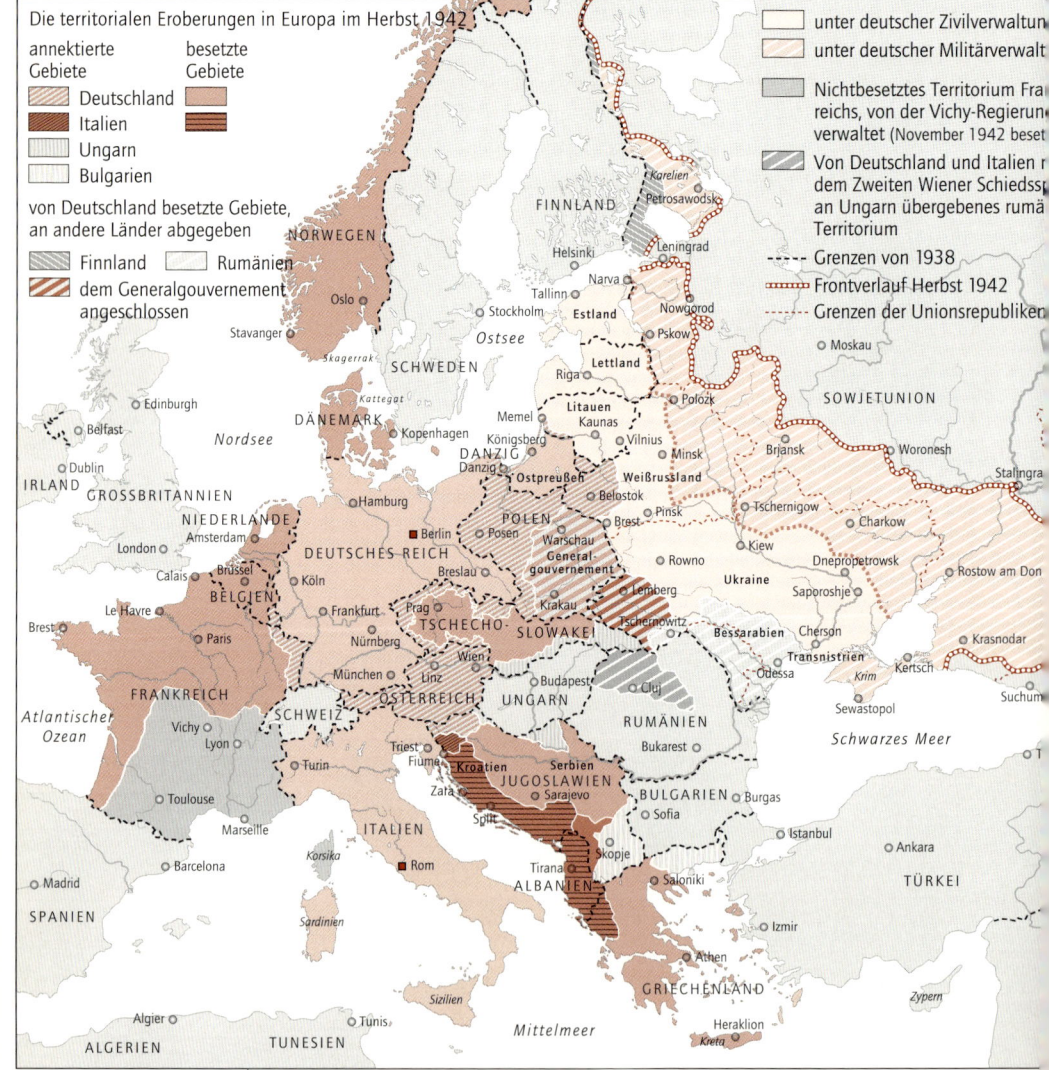

kühnen Operationen unter weitem Vortreiben von Panzerkeilen« sollte die russische Armee vernichtet, die Sowjetunion bis zum Ural erobert werden. Die Niederlagen Italiens, das geglaubt hatte, im Windschatten deutscher Erfolge seine Position auf dem Balkan und in Nordafrika verbessern zu können, zwangen Hitler zwar dazu, zuvor auf dem Balkan einzugreifen, Jugoslawien und Griechenland zu erobern sowie mit General Erwin Rommel ein »Afrika-Korps« nach Libyen zu entsenden, der Entschluss, die Sowjetunion anzugreifen, wurde dadurch aber nicht beeinträchtigt. Am 22. Juni 1941 überschritten drei Millionen deutsche Soldaten, unterstützt von 600 000 Finnen, Rumänen und Ungarn, die russische Grenze. Entgegen manchen Thesen war dieser Krieg kein Präventivkrieg. Selbst wenn die Sowjetunion Angriffspläne gehabt haben mag, wofür es keine Beweise gibt, ist der Entschluss zum Angriff allein Hitlers »Lebensraumideologie« entsprungen, nicht der Sorge, zu spät zu kommen.

Nach schnellem Vormarsch, bei dem Hunderttausende sowjetischer Soldaten in Gefangenschaft gerieten, erreichten die deutschen Truppen schließlich Anfang Dezember Moskau, scheiterten aber an dessen Eroberung wie auch an der des gleichermaßen symbolisch bedeutsamen Leningrad. Der russische Widerstand erwies sich inzwischen als viel stärker als erwartet; hinzu kamen die katastrophalen Wetterbedingungen – erst Regen, der die Wege aufweichte, dann ein früher Wintereinbruch –, die den Truppen schwer zu schaffen machten und sie schließlich zwangen, sich vor neu eingesetzten russischen Armeen zurückzuziehen.

Diese »Wende vor Moskau« ging einher mit dem Eintritt der Vereinigten Staaten in den Krieg. Sie hatten England zwar seit 1940 schon materiell unterstützt, und im Atlantik war es bereits zu ersten Zwischenfällen zwischen US-Zerstörern und deutschen U-Booten gekommen, aber erst der Angriff des deutschen Verbündeten Japan auf Pearl Harbour hatte die Vereinigten Staaten zu Kombattanten gemacht. Die Kriegserklärung ging von deutscher Seite aus: Aus Prestigegründen, aber auch aus strategischen Überlegungen erklärte Hitler den USA am 11. Dezember den Krieg. Aus einem Kontinentalkrieg war damit endgültig ein Weltkrieg geworden.

## Weltanschauungskrieg, Besatzungsterror und Plünderung

Im Herbst/Winter 1941 war der Krieg aber nicht nur ein Weltkrieg, sondern auch ein brutal geführter »Weltanschauungskrieg«. Bereits in Polen hatte die deutsche Besatzung rücksichtslos die polnische Intelligenz – Ärzte, Gutsbesitzer und Geistliche, Professoren und Lehrer – liquidiert,

# DER HOLOCAUST

Ein Wesensmerkmal der Kriegführung auf deutscher Seite war der Wille zur Vernichtung der europäischen Juden. Seit 1933 wurden Juden in Deutschland schikaniert, entrechtet und teilweise ermordet. Bereits am 30. Januar 1939, ein dreiviertel Jahr vor der gezielten Entfesselung des Zweiten Weltkrieges, hatte Hitler angekündigt, dass ein neuer Weltkrieg, für den er die Juden verantwortlich machte, auf jeden Fall zur »Vernichtung der jüdischen Rasse in Europa« führen werde. Nach dem Beginn des Krieges sollte er diese Drohung mehrfach – 1941 und 1942 allein je vier Mal – wiederholen. Rücksichtslos ließ er dieser Drohung seitdem Taten folgen. Verschiedene Überlegungen, wie diese Drohung umzusetzen sei – darunter der Plan, alle Juden nach Madagaskar umzusiedeln –, wurden angestellt und wieder verworfen. Gleichzeitig hatte der »Kommissar für deutsches Volkstum«, Heinrich Himmler, zugleich Reichsführer SS und Chef des Reichssicherheitshauptamtes, in Polen damit begonnen, jüdische Ghettos einzurichten. Tausende wurden bereits in dieser Zeit ermordet.

Der Krieg gegen Rußland war dann der eigentliche Auftakt für die Vernichtung des europäischen Judentums, den Holocaust. Mit Sondervollmachten ausgestattete »Einsatzgruppen« von SS und SD begannen bereits zwei Tage nach

Das Einfahrtstor zum KZ Auschwitz-Birkenau, aufgenommen nach der Befreiung durch sowjetische Truppen im Januar 1945.

den jeden Alters, soweit sie nicht zur Arbeit benötigt wurden, unmittelbar nach ihrer Ankunft ermordet und in großen Krematorien verbrannt.

Zur Koordinierung der Vernichtung des europäischen Judentums fand am 20. Januar 1942 unter Leitung des »Chefs der Sicherheitspolizei und des SD«, Reinhard Heydrich, die so genannte Wannseekonferenz statt. Das

Das Krematorium im ehemaligen KZ Dachau (Aufnahme in der Gedenkstätte aus dem Jahr 1983).

Protokoll der Konferenz enthüllte später, dass dort die Vernichtung von 11 Millionen europäischen Juden geplant wurde.

Bis zum Kriegsende arbeitete diese Mordmaschinerie ungeachtet der zusammenbrechenden Fronten in Ost und West. Der verzweifelte Aufstand der Juden des Warschauer Ghettos im April 1943 wurde brutal niedergeschlagen; 56 000 Juden kamen dabei um.

Nach jüngeren Schätzungen fielen dem Holocaust ca. 6,2-6,3 Millionen Juden aus allen Teilen Europas zum Opfer. Kollaborationswillige Regime in den besetzten Ländern oder auch eigene Bündnispartner wie Rumänien und Ungarn beteiligten sich aktiv daran. Zusammen mit den Juden wurden in den Vernichtungslagern auch Angehörige von Minderheiten wie Sinti und Roma, die als rassisch »minderwertig« galten, Homosexuelle, politische Gegner, oppositionelle Christen, russische Kriegsgefangene und polnische Widerständler ebenfalls zu Tausenden umgebracht.

In der deutschen Öffentlichkeit war über diese Verbrechen, insbesondere deren Ausmaß, nur wenig bekannt, wenn auch mehr, als viele später wahrhaben wollten. Frontsoldaten waren Zeugen dessen geworden, was im Osten geschah und berichteten darüber, und auch die Güterzüge der Deportierten waren nicht zu übersehen. Aber viele hatten Angst zu helfen und Widerstand zu leisten, manche mag ein latenter Antisemitismus bewogen haben, bewusst wegzusehen, obwohl sie das Treiben der SS nicht in letzter Konsequenz billigten. Andere wiederum waren direkt oder indirekt beteiligt: als Eisenbahner der Reichsbahn, die die Opfer in den Tod fuhren, als Ingenieure, die die »Todesfabriken« errichteten, als Buchhalter, Lieferanten oder Wachpersonal. Auch Angehörige der Wehrmacht haben dabei eine größere Rolle gespielt als zeitweilig angenommen. Den Verfolgten wirkliche Hilfe geleistet, wie beispielsweise Oskar Schindler, haben nur sehr wenige. Die große Mehrheit hat einfach weggeschaut.

Blick in eine Frauenbaracke nach der Befreiung des KZ Auschwitz durch Einheiten der Roten Armee.

Kriegsbeginn, zunächst alle erwachsenen männlichen Juden, dann alle jüdischen Frauen, Männer und Kinder in den eroberten Städten und Dörfern zu sammeln, um sie massenhaft zu erschießen. Allein am Stadtrand von Kiew, in der Schlucht von Babi-Yar, erschossen sie Ende September 1941, nur wenige Tage nach der Eroberung der Stadt, an zwei Tagen 33 741 Menschen. Sukzessive erreichten diese Mordwellen schließlich alle besetzten Gebiete. Gleichzeitig wurden alle bestehenden Ghettos »geräumt«, d.h. deren Insassen wie Vieh in Güterwagen in teilweise eigens angelegte Lager abtransportiert und umgebracht. Bis Ende 1942 fielen diesem Morden allein 1,8 Millionen Juden zum Opfer. Mit diesem Morden ging eine nunmehr vollständige Entrechtung der Juden einher. Als Zeichen der Ausgrenzung mußten sie seit September 1941 auch im Reich, nicht nur im Generalgouvernement Polen einen weithin sichtbaren gelben Judenstern tragen. Die restlichen Teile ihrer Vermögen und ihres Besitzes wurden beschlagnahmt, wichtige Lebensmittel wurden ihnen vorenthalten. Zugleich liefen die Deportationen in den Osten an, die in der Regel Fahrten in den Tod waren. Massenerschießungen galten bald jedoch als »ineffizient«. Daher »experimentierten« die Verantwortlichen in der SS mit neuen Methoden der Massentötung. Sie liefen seit 1941 auf die fabrikmäßige Ermordung möglichst großer Menschenmassen in eigens dafür eingerichteten Vernichtungslagern hinaus. Zu diesen Lagern, die in den eroberten östlichen Gebieten lagen, gehörten u.a. Auschwitz-Birkenau, Kulmhof, Majdanek, Sobibor und Treblinka. In Gaskammern wurden Ju-

Teile der Bevölkerung zugunsten deutscher Siedler vertrieben und mit Hilfe von SS und SD ein Terrorregime errichtet. Hinzu kam die Verfolgung der Juden, die auf dem Weg zur »Endlösung« in Ghettos getrieben wurde. Auch in den besetzten Gebieten im Norden, Westen und Süden Europas verbreiteten SS, SD und eigens aufgestellte Polizeibataillone Angst und Schrecken; je länger der Krieg dauerte, umso häufiger kam es zu Geiselerschießungen oder anderen Repressalien gegen die Bevölkerung, um Widerstandsgruppen das Rückgrat zu brechen. Tausende kamen in Konzentrationslager oder wurden als Zwangsarbeiter nach Deutschland deportiert. Am brutalsten war freilich das Verhalten der dem »Reichsführer SS«, Heinrich Himmler, unterstehenden Verbände im Osten. Besondere Erlasse, darunter der »Kommissarbefehl«, gaben ihnen uneingeschränkte Freiheiten in einem Vernichtungskrieg, der mehr als zwanzig Millionen Russen das Leben kostete. Kriegsgefangene wurden häufig erschossen oder verhungerten in deutschen Lagern. Juden wurden im Zuge der »Endlösung« systematisch aufgespürt und in Vernichtungslagern ermordet. Auch die Zivilbevölkerung wurde schikaniert, Unzählige fielen im Partisanenkampf Vergeltungsaktionen zum Opfer. Angehörige der Wehrmacht sahen diesem Treiben entgegen vieler Legenden nicht nur untätig zu, sondern beteiligten sich immer wieder aktiv an Kriegsverbrechen.

Gleichzeitig plünderten Besatzungsverwaltung, SS und Wehrmacht die besetzten Gebiete zur Stärkung der eigenen Rüstung, zur Versorgung der einmarschierten Truppen wie auch der Bevölkerung in der Heimat rücksichtslos aus.

## Die Wende des Krieges

Die Niederlage vor Moskau ist häufig als die »Wende des Krieges« bezeichnet worden. Angesichts der Tatsache, dass der Krieg gegen die Sowjetunion der einzige geplante »Blitzkrieg« war, ist diese Bezeichnung nicht falsch. Dies gilt umso mehr, als auch die Verluste enorm waren. Im Gegensatz zu den vorangegangenen Offensiven, in denen die Verluste der Wehrmacht relativ gering gewesen waren (Polen: 10 572 Gefallene; Dänemark und Norwegen: 3692 Tote; Frankreich: 27 000 Gefallene), verlor sie bis Ende 1941 mit 831 000 Gefallenen, Vermissten, Verwundeten und Kranken ein Drittel ihrer Ausgangsstärke. Bis zum Frühjahr 1942 sollten diese sich um weitere 900 000 Soldaten erhöhen. Hinzu kamen die hohen Materialverluste: Viele Panzerverbände, die Hauptwaffe in den Weiten Russlands, besaßen nur noch 35 Prozent ihrer Ausgangsstärke. Beim Versuch, im Frühjahr 1942 mit einem erneuten Anlauf die Entscheidung

**Gefallene sowjetische Soldaten** und vernichtetes Kriegsmaterial während der Kämpfe bei Kursk.

zugunsten Deutschlands zu erzwingen, stieß die Wehrmacht zwar noch einmal weit vor, hisste die deutsche Reichskriegsflagge sogar auf den Höhen des Kaukasus, doch nach sowjetischen Gegenstößen mussten die deutschen Truppen sich zurückziehen. Große Teile wurden dabei bei Stalingrad eingekesselt und kapitulierten schließlich am 31. Januar 1943. Von 250 000 Soldaten konnten nur 34 000 rechtzeitig ausgeflogen werden; 91 000 gerieten in Gefangenschaft, die übrigen waren gefallen.

Im Osten ging damit die Initiative endgültig an die Rote Armee über. Darüber konnten auch einzelne lokale Erfolge nicht hinwegtäuschen. Schritt für Schritt zog sich die Wehrmacht seitdem aus den Weiten Rußlands zurück und hinterließ eine beispiellose Spur der Verwüstung. Ein Jahr später, im Sommer 1944, standen russische Truppen schließlich an der Grenze des Reiches.

Kaum weniger gravierend, wenn auch im öffentlichen Bewußtsein weniger präsent war die Niederlage in Nordafrika. Dort gingen im Mai 1943 annähernd 250 000 Soldaten in alliierte Gefangenschaft. Nach Jahren der Defensive waren die Alliierten nunmehr zum Gegenangriff übergegangen. Im Juli 1943 landeten sie schließlich auf Sizilien, um die Front von Süden her aufzurollen. Das faschistische Regime Mussolinis, Hitlers engstem Verbündeten, brach innerhalb weniger Wochen zusammen. Auch wenn die neue italienische Regierung nun die Seiten wechselte, dauerten die Kämpfe in Italien an.

Schwerwiegend war auch die Niederlage in der »Schlacht im Atlantik«. Im Gegensatz zum Ersten Weltkrieg hatte die Marineführung vom ersten Kriegstag an rücksichtslos mit U-Booten alliierte Schiffe angegriffen und versenkt. Nach anfänglichen Erfolgen gingen jedoch zunehmend mehr Boote verloren bzw. konnten immer zahlreichere Konvois umgeleitet werden. Verantwortlich dafür waren die verstärkte Bekämpfung der U-Boote aus der Luft und eine bessere Technik bei der Ortung, vor allem aber die Entschlüsselung des deutschen Funkcodes (»Enigma«). Ende Mai 1943 stellte die Seekriegsleitung die Angriffe daher vorläufig ein.

## Die »Heimatfront«

Auch wenn sich der Krieg zunächst noch außerhalb der Grenzen des Reiches abspielte, begann die Bevölkerung die Auswirkungen neben der wachsenden Zahl von Gefallenen immer stärker direkt zu spüren. Alliierte Flugzeuge hatten zwar seit den ersten Kriegstagen deutsche Städte angegriffen, das eigentliche strategische Bombardement begann jedoch erst im Laufe des Jahres 1942. Große Bombergeschwader griffen nun deutsche Städte und kriegswichtige Rüstungsbetriebe an und legten sie in Schutt und Asche. Die Moral der Bevölkerung konnten sie dabei, anders als erhofft, nicht brechen; die Beschädigung bzw. Zerstörung wichtiger Rüstungsfabriken erwies sich hingegen als fatal. Kriegswichtige Rohstoffe bzw. Produkte waren bald Mangelware, und viele Verkehrswege nur eingeschränkt oder gar nicht mehr benutzbar. Umso erstaunlicher ist es, dass es der auf Höchstleistung getrimmten Rüstungswirtschaft gelang, die Rüstungsproduktion im Zeichen des »Totalen Krieges« sogar noch zu steigern. Die »Modernisierungsleistungen« des Regimes sind diesbezüglich unbestreitbar. Auch wenn man bedenkt, dass diese in ihren Auswirkungen oft gar nicht gewollt waren bzw. anderen, aggressiven Zielen dienten, so öffneten die staatlichen Rüstungsplaner um Albert Speer bei ihrem Bemühen, die Produktion um ein Vielfaches zu steigern, u.a. die Schleusen für die Professionalisierung und anwendungsbezogene Großforschung. Neben den noch verfügbaren Männern wurden nun auch Frauen zwischen 17 und 45 – insgesamt schließlich 60 Prozent der weiblichen Bevölkerung – mobilisiert. Doch ohne die 7,65 Millionen »Fremdarbeiter« jeden Alters und jeden Geschlechts, die im Verlauf des Krieges aus allen Teilen Europas nach Deutschland deportiert wurden, um dort in der Landwirtschaft oder in Rüstungsbetrieben unter in der Regel menschenunwürdigen Bedingungen zu arbeiten, wären diese Anstrengungen vergeblich gewesen. Nur sie konnten die steigenden Verluste der Wehrmacht auffangen und jene Arbeitskräfte ersetzen, die an die Fronten eingezogen wurden und dort fielen.

Gleichwohl stand die Bevölkerung, die nun in Massen zu Opfern des eigenen Regimes wurde, anders als im Ersten Weltkrieg, bis zuletzt nicht dagegen auf. Durchhalteparolen und -reden, allen voran Goebbels' berüchtigter Aufruf zum »Totalen Krieg« im Zeichen der Niederlage bei Stalingrad –, ein ausgefeilter Opferkult, geschickte Propaganda sowie immer neue Versuche, den Hitler-Mythos hoch zu stilisieren, trugen dazu ebenso bei wie die lange relativ gute Versorgungslage, aber auch die Angst vor dem Terror der Gestapo. Widerstand leisteten nur wenige Frauen und Männer, die sich in unterschiedlichen kirchlichen, parteipolitischen und militärischen Gruppen und Organisationen zusammenfanden. Sie alle zahlten einen hohen Blutzoll, da der Unterdrückungsapparat rücksichtslos gegen sie vorging, wenn er ihrer habhaft wurde. Allein nach dem Attentat auf Hitler am 20. Juli 1944 wurden neben 180 bis 200 unmittelbar Beteiligten von den Schergen des Volksgerichtshofs weitere 4000 bis 5000 direkt oder indirekt Beteiligte hingerichtet. Zu den bekanntesten Widerstandsgruppen während des Krieges gehören der Kreisauer Kreis um Helmuth James Graf von Moltke, die kommunistische »Rote Kapelle«, die Männer des 20. Juli 1944 um Claus Schenk Graf Stauffenberg sowie die »Weiße Rose« um die Geschwister Sophie und Hans Scholl. Aber auch der Münsteraner Bischof Clemens Graf von Galen, der mutig öffentlich die Ermordung »unwerten Lebens« geißelte, sollte nicht vergessen werden.

Im Februar 1945 ziehen Flüchtlingstrecks über das zugefrorene Frische Haff bei Heiligenbeil (Ostpreußen).

## Dem Ende entgegen

Der Rückzug aus den Weiten Russlands wurde im Westen durch die Landung und den anschließenden Vormarsch der Alliierten in der Normandie im Juni 1944 ergänzt. Bereits im August räumten die Deutschen Paris, und am Jahresende standen die Alliierten auch an der Westgrenze des Reiches. Am 11. September erreichten sie Trier, am 21. Oktober fiel Aachen. Gemeinsam mit der Roten Armee, die im Januar 1945 zur Großoffensive im Osten antrat, eroberten das Reich. Gegenoffensiven scheiterten, und die von vielen erhofften »Wunderwaffen« konnten dem Krieg ebenfalls keine neue Wende in letzter Minute mehr geben. Auch die Mobilisierung des »Volkssturms«, der alle Männer zwischen 16 und 60 Jahren zu den Waffen rief, und die den Krieg endgültig »endgrenzte«, war vergeblich. Die Masse der Bevölkerung war nicht zur Selbstopferung bereit, war kriegsmüde, hisste beim Herannahen alliierter Truppen – zumindest im Westen – häufig genug von selbst die weiße Fahne. Daran konnten auch drakonische Strafen, die für »Wehrkraftzersetzung« und Desertion ausgesetzt wurden und denen Tausende eigene Soldaten und Bürger zum Opfer fielen, nichts ändern. Gleichwohl: Die ungebrochene Loyalität fanatisierter Offiziere und Parteiangehöriger wie auch »normaler« Bürger, die einfach nicht bereit waren, sich einzugestehen, für eine »falsche Sache« gekämpft zu haben und im idealistischen Dienst für diese Sache um die eigene Jugend betrogen worden zu sein, und die daher ohne Rücksicht auf die eigenen Soldaten oder die Zivilbevölkerung weiterkämpften, sollte auch nicht übersehen werden. Im Gegensatz zu 1918 endete der Krieg daher im Westen nicht mit einem Aufbegehren von Soldaten und Bürgern, sondern erst mit der Besetzung der letzten Stadt oder des entlegensten Dorfes und der Kapitulation der letzten Einheit und des letzten Soldaten im Reiche. Hinzu kamen in dieser Zusammenbruchgesellschaft die Millionen, die vor der Roten Armee seit Ende des Jahres auf der Flucht waren, um den Schrecken zu entfliehen, die sie verbreitete. Dass auch sie Opfer, nicht Täter waren, spielte in dieser Situation keine Rolle.

Nach der Eroberung Berlins Ende April durch russische Truppen unterzeichnete die neue Führung des Reiches unter Großadmiral Karl Dönitz schließlich am 7./8. Mai die Kapitulationsurkunde: zunächst in Reims, dann noch einmal in Berlin-Karlshorst. Hitler hatte sich zuvor, am 30. April, selber das Leben genommen, um nicht in die Hände der Russen zu fallen. Der Zweite Weltkrieg, der wie der Erste von Berlin ausgegangen war, nahm nun dort, in den Trümmern einer völlig zerstörten Hauptstadt, seine Ende. Zumindest in Europa hörte dieser Krieg damit auf.

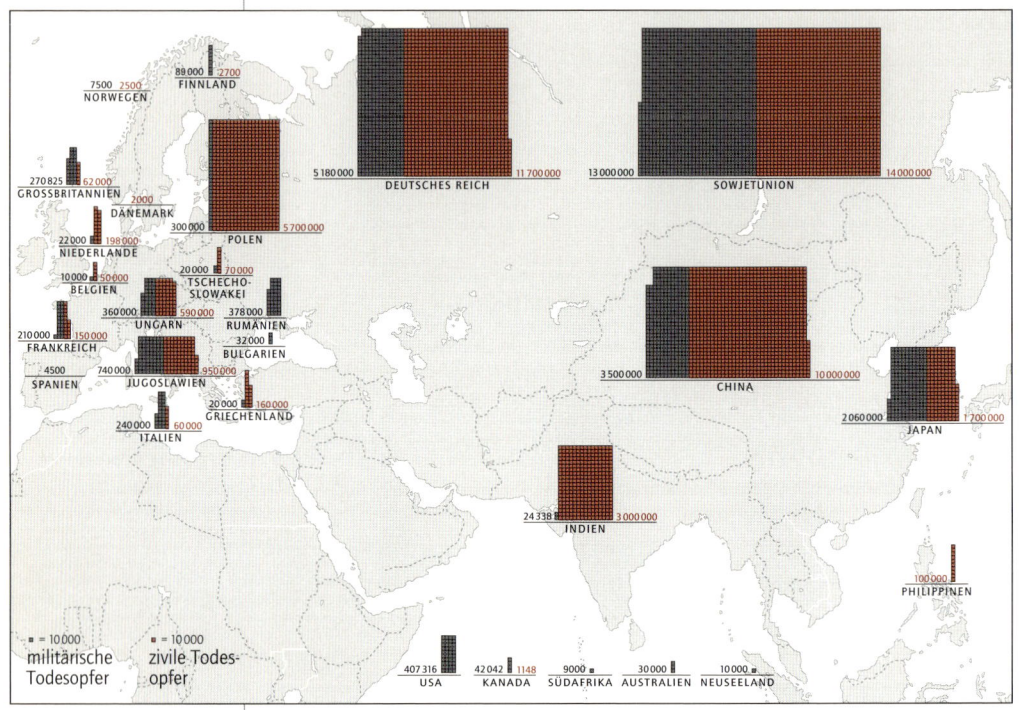

Die militarischen und zivilen Opfer des Zweiten Weltkriegs.

## Bilanz

Der Preis, den die Deutschen für die Auslösung des Zweiten Weltkriegs zahlen mussten, war enorm: 5,3 Millionen Soldaten waren gefallen, 1,2 Millionen Zivilisten umgekommen. 14 Millionen waren durch die Zerstörung der Städte wohnungslos, die gleiche Zahl entweder aus den Ostgebieten geflohen oder vertrieben worden. Hinzu kam die Zerstörung der Infrastruktur und der Fabriken. Anders als 1918 verlor Deutschland auch seine Eigenstaatlichkeit: Aus einem Land wurden vier Besatzungszonen; wichtige Teile im Osten wurden ganz abgetreten. Nicht messbar hingegen ist der moralische »Schaden«, ist das Gefühl der Apathie und der Desillusionierung über die »Deutsche Katastrophe«, als die ein liberaler Historiker, Friedrich Meinecke, in diesen Tagen die zurückliegenden zwölf Jahre nationalsozialistischer Herrschaft bezeichnete. Die extreme Steigerung der Gewalt war dabei das Ergebnis einer »zivilisatorischen Entgleisung« (Rolf Dieter Müller), wie sie sich nur wenige haben vorstellen können. Der fabrikmäßige, organisierte Massenmord an den europäischen Juden, aber auch anderen rassisch als minderwertig erachteten Personen war ohne Beispiel in der Geschichte. Am Ende summierten sich die Toten – Soldaten und Zivilisten – auf allen Kriegsschauplätzen auf annähernd 60 Millionen Menschen. Vor diesem Hintergrund einen Neuanfang zu wagen, war schwierig, erschien zeitweilig sogar unmöglich.

## Niederlage und Neuanfang

### Totale Niederlage

Der »Totale Krieg«, den Joseph Goebbels im Februar 1943 proklamiert hatte, endete mit einer totalen Niederlage. Elf Millionen deutsche Soldaten gingen nach der Kapitulation in alliierte Gefangenschaft, Millionen Flüchtlinge suchten nach einer neuen Bleibe, Millionen andere in den zerstörten Städten nach einem neuen Obdach. Arbeit war angesichts der Zerstörung der Industrieanlagen ebenfalls kaum vorhanden. Viele kämpften dabei buchstäblich ums Überleben. Hunger und Not kennzeichneten den Alltag. Hinzu kam die Sorge um vermisste Angehörige, die in den Wirren der Niederlage verschollen, Familien die auf der Flucht auseinandergerissen worden waren. Kaum weniger bedrückend war die Erkenntnis, Teil eines verbrecherischen Systems gewesen zu sein. Die ausgemergelten, oft halbtoten Häftlinge aus nahezu allen Teilen Europas, die in letzter Minute von alliierten Truppen befreit worden waren, und die Tausenden von verschleppten Fremdarbeitern ließen in Ansätzen erahnen, wie groß die Schuld war, die die Deutschen auf sich geladen hatten. Um diese Schuld sichtbar zu machen, zwangen die Alliierten die Einwohner benachbarter Städte häufig, sich das Grauen der Lager anzusehen.

### Wie soll es weitergehen?

Wie es weitergehen sollte, entschieden – anders als am Ende des Ersten Weltkrieges – nicht die Deutschen selbst, sondern die Alliierten. Sie hatten aus der Erfahrung des Ersten Weltkrieges gelernt und seit der Konferenz von Casablanca auf der bedingungslosen Kapitulation Deutschlands bestanden. Sie wurde durch die Einteilung in vier Besatzungszonen umgesetzt. Nur so schien es möglich, dem deutschen Militarismus endgültig das Rückgrat zu brechen und die Grundlage für ein wirklich demokratisches Deutschland zu legen. Die in Flensburg sitzende letzte Reichsregierung wurde Ende Mai 1945 verhaftet, und am 5. Juni übernahmen die Oberbefehlshaber der alliierten Armeen auch offiziell die Regierungsgewalt in Deutschland. Im Juli schließlich trafen sich die Staats- und Regierungschefs der Vereinigten Staaten, der Sowjetunion und Englands in Potsdam, um über das weitere Schicksal Deutschlands zu entscheiden.

Dabei beschlossen sie die Ausrottung des Nationalsozialismus sowie die Demilitarisierung und die Demokratisierung Deutschlands. Darüber hinaus sollte das Land politisch und wirtschaftlich dezentralisiert werden. Schwieriger zu regeln waren die Reparationsfrage und die Festlegung der Ostgrenze. In beiden Fällen einigten sich die Alliierten schließlich auf Kompromisse. Um eine Wiederholung der Verhältnisse nach dem Ersten Weltkrieg zu vermeiden, als die Reparationsfrage sich als politisch und ökonomisch äußerst problematisch herausgestellt hatte, wurde keine Höhe der zu zahlenden Summe vereinbart. Jede Besatzungsmacht sollte ihre Ansprüche aus ihrer Zone befriedigen. Darüber hinaus sollte die am stärksten zerstörte Sowjetunion Leistungen aus den Westzonen enthalten. Im Gegenzug akzeptierten die Westmächte, dass die deutschen Ostgebiete jenseits von Oder und Neiße bis zum Abschluss eines Friedensvertrages unter polnischer bzw. russischer Verwaltung blieben. In Ansätzen zeichneten sich in diesen Meinungsverschiedenheiten bereits jene grundlegenden Konflikte ab, die bald in den Kalten Krieg münden sollten.

Ansicht der Zerstörungen am Brandenburger Tor bei Kriegsende 1945.

## Neuanfang

Der Neuanfang nach der Katastrophe war schwer. Der Nürnberger Prozess gegen die Hauptkriegsverbrecher versuchte, durch die Verurteilung und zum Teil durch die Hinrichtung der Hauptangeklagten nach außen zu dokumentieren, dass begangene Verbrechen tatsächlich geahndet würden. Zugleich begannen die Alliierten mit der Entnazifizierung, die darauf abzielte, Nationalsozialisten aus wichtigen Ämtern in Politik, Gesellschaft und Wirtschaft zu entfernen, und mit der Umerziehung (*reeducation*) die Grundlagen für eine gefestigte wirkliche Demokratie zu legen. Erfolgreich waren beide Maßnahmen nur bedingt. In der Ostzone gingen die Behörden zwar konsequenter vor, nutzten die entsprechenden Regelungen allerdings auch, um gegen Kritiker des im Aufbau befindlichen kommunistischen Systems vorgehen zu können. Bis 1950 fanden sich nahezu 150 000 Kritiker als Gefangene in den ehemaligen Konzentrationslagern wieder – darunter manche, die dort bereits zuvor unter den Nationalsozialisten wegen ihrer Gesinnung inhaftiert waren.

Wichtigster Teil des Neuanfangs war der Aufbau demokratischer Strukturen in den Städten und Dörfern. Vor allem ehemalige Mitglieder demokratischer Parteien in der Weimarer Republik spielten dabei nicht zuletzt mangels Alternative eine bedeutende Rolle. Erste Länder entstanden – zu Lasten des alten Preußen, das schließlich aufgelöst wurde. Bald durften auch Parteien wieder gegründet bzw. neue gegründet werden: SPD und Zentrum bzw. CDU/CSU (Christlich Demokratische/Soziale Union) und FDP (Freie Demokratische Partei), um nur einige zu nennen. In der Ostzone ließ die sowjetische Militäradministration zwar gleichfalls Parteien zu, erwartete aber, dass sie sich der KPD unterordneten. Als

oben: Festnahme der »Geschäftsführenden Reichsregierung« durch die Engländer in Flensburg am 23. Mai 1945: Großadmiral Karl Dönitz, Albert Speer und Generaloberst Alfred Jodl.

unten: Die Angeklagten während der Eröffnungsverhandlung des Nürnberger Kriegsverbrecherprozesses 1945.

deutlich wurde, dass diese nicht die Mehrheit würde gewinnen können, wurde sie bereits im Frühjahr 1946 mit der SPD zur SED (Sozialistische Einheitspartei Deutschlands) zwangsvereinigt. Anders als im Westen machten die Verantwortlichen in der Ostzone von Anfang an klar, dass sie auch bereit waren, in die bestehenden gesellschaftlichen und Besitzverhältnisse einzugreifen: »Junkerland« über 100 Hektar wurde in groß angelegten Kampagnen zu »Bauernland«; auch mehr als die Hälfte der Industriebetriebe und alle Banken wurden enteignet. Eine kommunistische, nicht eine kapitalistische Gesellschaft wie im Westen, war das Ziel.

### Kalter Krieg, Berlin-Blockade, zweierlei Staatsgründungen

Bereits seit 1945 wurden die Beziehungen zwischen den ehemaligen Alliierten in West und Ost immer frostiger. Verantwortlich dafür waren Interessenkonflikte auf dem Balkan und in Asien, sowjetische Versuche, weiteren Staaten ihr Gesellschaftssystem aufzuzwingen, sowie die Schwierigkeiten, die leidige Reparationsfrage zu klären. Jede Besatzungsmacht betrieb nämlich, entgegen den Bestimmungen des Potsdamer Vertrages, ihre eigene Wirtschaftspolitik. Die Sowjetunion veranlasste im Osten die Demontage großer Industrieanlagen, während die Vereinigten Staaten und England zum 1. Januar 1947 die Bizone gründeten, um die Wirtschaft wiederzubeleben; mit dem Beitritt der französischen Besatzungszone wurde daraus bald die Trizone. Damit verabschiedeten sich die Alliierten von der Vorstellung eines einheitlichen Deutschland und setzten stattdessen auf die

Ein Junge verfolgt von einem Baum aus den Landeanflug eines US-amerikanischen Transportflugzeugs in der Zeit der Berlin-Blockade 1948/49.

Gründung eines eigenen Staates im Westen. Mit Hilfe des Marshall-Plans, dann der Einführung der Deutschen Mark 1948, einer neuen Währung, versuchten sie, ihre Zonen wie auch Europa insgesamt politisch zu stabilisieren. Angesichts der sich vergrößernden Kluft zwischen den ehemaligen Verbündeten, die sich im Zeichen wachsender Spannungen immer feindseliger gegenüberstanden, war dies mehr als verständlich. Die Sowjetunion hingegen betrachtete diese Konstellation als Bedrohung und versuchte ihrerseits, den Vereinigten Staaten Einhalt zu gebieten. Die Währungsreform im Westen war ein geeigneter Anlass, die Muskeln spielen zu lassen. Von einem Tag auf den anderen sperrte die Sowjetunion alle Verkehrswege nach Berlin. Damit wollte sie die Westalliierten zwingen, die Stadt zu verlassen. Diese aber flogen in einer bis dahin beispiellosen Aktion alle benötigten Güter über eine Luftbrücke in die ehemalige Reichshauptstadt und sicherten so ihr Überleben. Nach mehr als einem Jahr hob die Sowjetunion die Blockade auf und suchte nach anderen Wegen. Teil dieses Weges – im Osten wie im Westen – war die Etablierung eigener Staaten. Am 7. September 1949 wurde die Bundesrepublik, und vier Wochen später die Deutsche Demokratische Republik gegründet.

## Ein erfolgreicher Weg nach Westen: Die Bundesrepublik Deutschland 1949–1989

Die Verabschiedung des Grundgesetzes am 23. Mai 1949 war die Voraussetzung für die Gründung der Bundesrepublik Deutschland. Die – zumindest vorläufige – Teilung Deutschlands in zwei Staaten – einen westlichen, bestehend aus den drei Besatzungszonen der Vereinigten Staaten, Großbritanniens und Frankreichs – und einen östlichen, bestehend aus der sowjetischen Besatzungszone war damit eine unübersehbare Tatsache. Sie trug der Entfremdung der ehemaligen Kriegsalliierten Rechnung, die sich seit 1947 auf den Außenministerkonferenzen und dann für alle augenfällig in der Berlin-Blockade dokumentiert hatte.

### Unfreiwillige Teilung

Der Entschluss, die vorläufige Teilung zu akzeptieren, ist allen politisch Verantwortlichen schwer gefallen. Die Konferenzen der Ministerpräsidenten der deutschen Länder machten jedoch deutlich, dass eine gemeinsame Politik nicht mehr möglich war. Die Entscheidung, vorläufig nur ein »Grundgesetz«, keine Verfassung auszuarbeiten und dieses nur von den Länderparlamenten, nicht der gesamten Bevölkerung verabschieden

Das geteilte Deutsch-
land: Die Bundesrepu-
blik Deutschland und
die Deutsche Demokra-
tische Republik 1949–
1989.

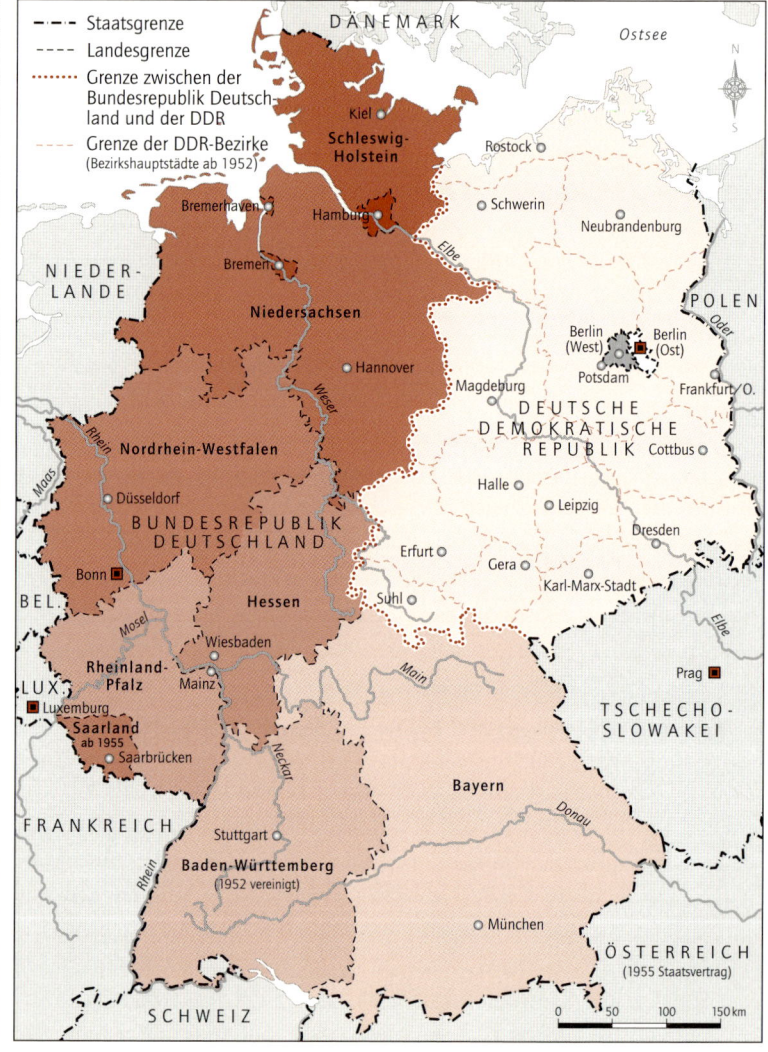

zu lassen, betonte noch einmal ausdrücklich den vorübergehenden Charakter der Teilung. Nach langen Beratungen verabschiedete der Parlamentarische Rat, der sich aus Abgeordneten der Länderparlamente zusam-
mensetzte, schließlich am 7./8. Mai 1949 das Grundgesetz, das noch im
gleichen Monat in Kraft trat. Bundeshauptstadt wurde Bonn. Auch dies
sollte – von ganz pragmatischen Gründen einmal abgesehen – das Provisorische der Weststaatsgründung unterstreichen. Frankfurt am Main,
das angesichts seiner Rolle in der Revolution von 1848/49 von der SPD fa-

vorisiert worden war, hätte nach Meinung vieler hingegen zu stark den Willen zu einem Neuanfang mit all seinen Konsequenzen im Hinblick auf eine mögliche Wiedervereinigung unterstrichen. Am 14. August wurde der erste deutsche Bundestag gewählt, am 7. September trat dieser erstmals zusammen, und am 15. September wurde Konrad Adenauer, Vorsitzender der Christlich-Demokratischen Union, zum ersten Bundeskanzler gewählt. Zuvor war Theodor Heuss, führendes Mitglied der Freien Demokratischen Partei Deutschlands, zum ersten Bundespräsidenten gewählt worden. Mit diesen Wahlen war die Bundesrepublik zwar noch kein souveräner Staat, da die Besatzungsmächte, vertreten durch ihre Hohen Kommissare, weiterhin erhebliche Kontrollbefugnisse hatten. Gleichwohl war der erste Schritt auf dem Weg zu einem anerkannten Mitglied der Staatengemeinschaft vier Jahre nach Kriegsende getan.

## Lehren aus der Geschichte

Das Grundgesetz spiegelte in vieler Hinsicht das ehrliche Bemühen, aus der Geschichte zu lernen. So wurden zwar viele Bestimmungen der Weimarer Reichsverfassung von 1919 beim Aufbau des neuen Staates übernommen, manches aber, das sich nicht bewährt und die erste deutsche Demokratie in die Krise gestürzt hatte, entfiel nun. Dies erklärt den zentralen Charakter der Grundrechte, die unveräußerlich waren, die Bedeutung der Parteien bei der politischen Willensbildung und die schwache Stellung des Präsidenten. Ein Notverordnungsrecht gab es ebenso wenig wie Volksabstimmungen, die in der Weimarer Republik der extremen Linken wie Rechten Anlässe zur demagogischen Agitation gegen die Republik geboten hatten, und auch der Kanzler konnte nur nach einem konstruktiven Misstrauensvotum abgewählt werden. Lähmende Staatskrisen sollten damit bereits im Ansatz verhindert werden. Ausdrücklich betont wurden auch die Rolle der Länder bei der Gesetzgebung und die des Bundesverfassungsgerichts als Wächter der Demokratie. Schon früh machte dieses in grundsätzlichen Entscheidungen deutlich, dass es bereit war, diese Rolle aktiv zu übernehmen. Eine Nachfolgeorganisation der ehemaligen NSDAP, die Sozialistische Reichspartei, wurde 1951 verboten, die Kommunistische Partei Deutschlands, die bei der ersten Bundestagswahl immerhin 5,7 Prozent der Stimmen erreicht hatte, schließlich 1956.

## Der Weg nach Westen

Die Personifizierung des Wegs nach Westen war Konrad Adenauer, der erste Bundeskanzler. Im Gegensatz zu dem Vorsitzenden der SPD, Kurt

## KONRAD ADENAUER –
## »VATER DER BUNDESREPUBLIK«

Kaum ein anderer hat die frühe Bundesrepublik so geprägt wie Konrad Adenauer. Dabei war er 1949, als er zum ersten Mal mit der Mehrheit von einer Stimme – seiner eigenen – zum Bundeskanzler gewählt worden war, bereits ein Mann in fortgeschrittenem Lebensalter. Am 5. Januar 1876 geboren, stand er kurz vor Vollendung seines 74. Lebensjahres. Nichts kennzeichnet umgekehrt die Schwierigkeiten des Neuanfangs nach der totalen Katastrophe stärker als die Tatsache, dass die junge Bundesrepublik auf das Wissen und die Erfahrung einer Generation angewiesen war, die eigentlich schon lange das Rentenalter erreicht hatte, auf die aber angesichts des Ausfalls einer ganzen Generation – sei es durch Krieg, sei es durch Mittäterschaft – unverzichtbar geworden war. Theodor Heuss (geb. 1884), der erste Bundespräsident, oder Friedrich Meinecke (geb. 1862), erster Rektor der neugegründeten Berliner Freien Universität, sind weitere Beispiele.

Aus kleinbürgerlichen Verhältnissen stammend, hatte es Adenauer als Jurist bereits vor dem Ersten Weltkrieg geschafft, innerhalb der Kölner Stadtverwaltung aufzusteigen, schließlich 1917 sogar dort zum Oberbürgermeister gewählt zu werden. Dieses Amt hatte Adenauer, der dem katholischen Zentrum angehörte, auch über alle Umbrüche hinweg bis 1933 inne. Bereits damals hatte sich Adenauer für eine Trennung der Rheinprovinzen von Preußen und für die Schaffung eines westdeutschen Gliedstaates innerhalb des Reiches ausgesprochen. 1933 wurde er seines Amtes enthoben, 1944 im Zuge der Verfolgungen von Widerständlern zeitweilig sogar inhaftiert.

Nach Kriegsende gehörte Adenauer zu den Gründern der Christlich Demokratischen Partei Deutschlands (CDU), in der er schnell zur bedeutendsten Persönlichkeit aufstieg. Im September 1949 wurde er zum ersten deutschen Bundeskanzler gewählt. In dieser Funktion leitete er den Wiederaufbau des völlig zerstörten Landes. Zu den wichtigsten Prinzipien gehörte dabei die Politik der Sozialen Marktwirtschaft, die von seinem langjährigen Wirtschaftsminister Ludwig Erhard konzipiert worden war. Um seine Politik durchzusetzen, bekämpfte Adenauer seinen Gegner, die SPD unter Kurt Schumacher, mit allen Mitteln. Immer wieder wies er, wie im CDU-Wahlplakat 1953, darauf hin, dass »Alle Wege des Marxismus [...] nach Moskau« führen. Die Furcht vor dem Kommunismus, die Wiederaufbauleistungen, aber auch das Versprechen, einer Dynamisierung der Rentenzahlung verhalfen seiner Regierung 1957 sogar zur absoluten Mehrheit im Bundestag.

Auch nach außen war Adenauer, der das Amt des Außenministers zunächst selber übernahm, erfolgreich: Die Westintegration – Montanunion, Deutsch-

Konrad Adenauer und Charles De Gaulle im offenen Auto auf der Fahrt durch Reims am 8. Juli 1962.

landvertrag, NATO-Beitritt, EWG-Vertrag – kam vergleichsweise schnell voran. Dies galt auch für das für ihn nach zwei Weltkriegen und Jahrzehnten der »Erbfeindschaft« besonders bedeutsame Verhältnis zu Frankreich. Symbolträchtig reichten er und Staatspräsident Charles de Gaulle sich 1962 in der Kathedrale von Reims, die während des Ersten Weltkrieges von deutschen Truppen schwer beschädigt worden war, die Hand. 1955 gelang ihm sogar die Anknüpfung erster Kontakte mit der Sowjetunion, die er dazu veranlassen konnte, die letzten deutschen Kriegsgefangenen endlich freizulassen.

Diese Erfolge verhinderten aber nicht, dass zu Beginn der 1960er Jahre die Kritik an seiner Innen- und Außenpolitik zunahm. Nicht zuletzt sein Verhalten während des Mauerbaus 1961 oder auch in der »Spiegel«-Affäre 1962 galt als unglücklich. Hinzu kam sein hohes Alter. 1963 trat Adenauer zurück und machte Ludwig Erhard widerwillig Platz.

Seine Leistungen sind bei aller Kritik bis heute unbestritten; als Gründervater des westdeutschen Teilstaates ist er in die Geschichte eingegangen. Seine Beerdigung 1967, die unter großer Teilnahme der Bevölkerung, aber auch des Auslandes erfolgte, machte dies einmal mehr deutlich.

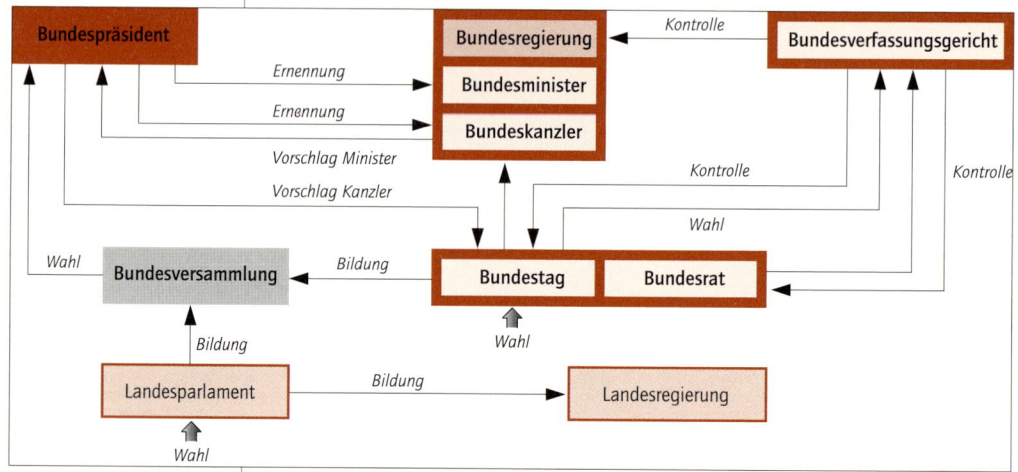

Das Grundgesetz der Bundesrepublik Deutschland vom 23. Mai 1949.

Schumacher, der für ein neutrales Gesamtdeutschland eintrat, war er überzeugt, dass allein darin die Zukunft Deutschlands lag. Dieser Weg nach Westen beinhaltete aber nicht allein die außenpolitische Anlehnung an die ehemaligen Siegermächte des Westens, sondern auch die Übernahme westlicher Lebensformen und Wertvorstellungen.

Die wichtigsten außen- und deutschlandpolitischen Ziele waren zunächst die Wiedergewinnung der vollständigen Handlungsfreiheit, die Integration der Bundesrepublik in die westliche Gemeinschaft – ein schwieriges Unterfangen angesichts der Kriegsereignisse – sowie die Überwindung der deutschen Teilung, ein Auftrag, der im Grundgesetz ausdrücklich verankert war. Während letzteres erst vierzig Jahre nach der Staatsgründung, im Herbst 1989, erreicht wurde, gelang es erstaunlich schnell, die ersten beiden Ziele zu verwirklichen.

Anfang der 1950er Jahre wurde die Bundesrepublik Mitglied supranationaler Organisationen. Eines der treibenden Motive auf deutscher wie auch auf der Seite der anderen europäischen Länder war die mit der Bewilligung der Marshallplan-Gelder verbundene Auflage für alle europäischen Empfängerländer, in Zukunft enger zusammenzuarbeiten. Daneben spielte freilich auch der Wille vieler Politiker eine Rolle, aus den Schrecken der Geschichte des 20. Jahrhunderts zu lernen, nun stärker zu kooperieren, um die alten Gegensätze zwischen den Nationen Europas abzubauen und den Frieden zu sichern.

Die Überwindung dieser Gegensätze und ein erfolgreicher Wiederaufbau erschienen aber nur möglich, wenn auch die überlieferten wirtschaftlichen Rivalitäten beseitigt wurden. Vor dem Zweiten Weltkrieg hatten

Handelsschranken und wirtschaftliche Konflikte dazu beigetragen, das Klima zwischen den Ländern Europas zu vergiften. Im Frühjahr 1950 ergriff der französische Außenminister Robert Schumann die Initiative. In mehreren Reden rief er dazu auf, den Prozess der Einigung voranzutreiben. Erster Schritt sollte die Herstellung eines gemeinsamen Marktes für Kohle und Stahl sein. Adenauer unterstützte diese Vorschläge: »Man hat«, so erklärte er in einer denkwürdigen Rede im Deutschen Bundestag 1951, »seit dem Mai 1950 erkannt, dass die Integration Europas für alle europäischen Länder eine absolute Notwendigkeit ist, wenn sie überhaupt am Leben bleiben wollen. Man hat weiter erkannt, dass man die Integration Europas nicht mit Reden, mit Erklärungen herbeiführen kann, sondern dass man sie nur herbeiführen kann durch gemeinsame Interessen und durch gemeinsames Handeln. Etwas Weiteres hat sich im Laufe der Verhandlungen ergeben. Ich glaube, dass wohl zum ersten Mal in der Geschichte, sicher der Geschichte der letzten Jahrhunderte, Länder freiwillig und ohne Zwang auf einen Teil ihrer Souveränität verzichten wollen, um die Souveränität einem supranationalen Gebilde zu übertragen. Das ist – ich betone das nachdrücklich –, wie mir scheint, ein Vorgang von welthistorischer Bedeutung, ein Vorgang, der das Ende des Nationalismus in all diesen Ländern bedeutet.«

Nach längeren Verhandlungen schlossen Frankreich, die Bundesrepublik, Italien sowie Belgien, die Niederlande und Luxemburg 1951 einen Vertrag, der den Markt für Kohle und Stahl der Aufsicht einer übernationalen Behörde unterwarf.

Viele Deutsche und Europäer hielten diesen Vertrag über die Bildung der »Montanunion« nur wenige Jahre nach dem Ende des Zweiten Weltkrieges für einen mutigen Schritt. Die Verhandlungen über die Bildung einer Europäischen Verteidigungsgemeinschaft scheiterten zwar, da es in Frankreich damals keine Mehrheit dafür gab, auf nationale Souveränitätsrechte zu verzichten. Dieser Rückschritt in altes nationalstaatliches Denken verlieh den Einigungsbemühungen jedoch schnell neuen Auftrieb. Motor der Einigung sollte die Wirtschaft sein. 1957 unterzeichneten die Mitglieder der »Montanunion« die »Römischen Verträge«. Sie bildeten die Grundlage für die Europäische Wirtschaftsgemeinschaft (EWG), die innerhalb von zwölf Jahren schrittweise einen gemeinsamen Markt schaffen sollte. Dieser sollte die »Grundlage für einen immer engeren Zusammenschluss der europäischen Völker« sein, wie es im Vorwort des umfangreichen Vertragswerkes hieß. Auch die anderen Völker Europas wurden aufgerufen, sich diesem gemeinsamen Markt anzuschließen.

Die mit der Bildung eines gemeinsamen Marktes verbundenen Erfolge übertrafen bald die Erwartungen der größten Optimisten. Bereits nach wenigen Jahren war die EWG mit ihren 170 Millionen Einwohnern der bedeutendste Handelspartner der Welt. Die wirtschaftliche Entwicklung im Innern der Mitgliedsstaaten machte ebenfalls große Fortschritte. Im Vergleich zu den Vereinigten Staaten (18 Prozent) und Großbritannien (11 Prozent) stieg beispielsweise die Industrieproduktion in der EWG um 37 Prozent.

### Beitritt zur NATO

Der Weg in die westliche Gemeinschaft bedeutete auch die Integration in dessen Verteidigungsstrukturen. Anfänglich war eine Wiederbewaffnung Westdeutschlands nicht vorgesehen. Zu stark war im Westen die Erinnerung an die Angriffskriege, die von deutschem Boden ausgegangen waren und in deren Verlauf die deutschen Truppen nur mit Mühe hatten besiegt werden können. Die Spaltung der Welt in Ost und West und die durch den Angriff Nordkoreas auf Südkorea im Sommer 1950 ausgelöste Sorge, der Kalte Krieg könne endgültig in einen großen heißen Krieg umschlagen, war allerdings schon früh Anlass für amerikanische Forderungen nach einem deutschen Verteidigungsbeitrag, den auch Adenauer anbot, um die Sicherheit der jungen Republik zu gewährleisten. Die Diskussionen darüber, wie dieser aussehen, vor allem, wie die neue deutsche Armee in supranationale Strukturen eingebunden und damit gezähmt werden könnte, zogen sich über mehrere Jahre hin. Vor allem Frankreich hatte Bedenken gegen eine zu große Selbstständigkeit der neuen deutschen Kontingente. Das Scheitern des parallel zum Abschluss des Deutschlandvertrages 1952 geschlossenen Vertrages über die Gründung einer Europäischen Verteidigungsgemein-

Bundeskanzler Konrad Adenauer inspiziert eine Einheit des noch jungen Bundesgrenzschutzes.

schaft ebnete nach längeren Verhandlungen den Weg in die weit umfassendere westliche Verteidigungsorganisation, die NATO. Am 5. Mai 1955 unterzeichnete Adenauer die Pariser Verträge, die Deutschland zu einem wichtigen Mitglied dieses 1949 als Schutz gegen die Sowjetunion gegründeten Nordatlantischen Verteidigungsbündnisses machten und ihr zugleich – von wenigen Rechten abgesehen – die volle Souveränität zurückgaben. Unumstritten war diese Entscheidung im Innern nicht, gleichwohl rückten 1956 die ersten Soldaten wieder in Kasernen ein. Zehn Jahre nach dem Ende des Krieges gab es wieder eine deutsche Armee, die Bundeswehr. Mit schließlich annähernd 495 000 Soldaten leistete sie einen wichtigen Beitrag zur militärischen Abschreckung bis zum Zusammenbruch des Ostblocks.

## Vertiefung der Spaltung

Die beginnende Integration der Bundesrepublik in den Westen veranlasste 1952 zwar die Sowjetunion, in zwei Noten ein neutrales vereinigtes Deutschland für den Fall eines Verzichts auf die Eingliederung in westliche Verteidigungsbündnisse zu versprechen und damit der politischen Entwicklung in Europa eine neue Richtung zu geben. Dieser Versuch, der in der Innenpolitik zu heftigen Auseinandersetzungen führte, scheiterte jedoch bereits an der westlichen Forderung nach freien Wahlen unter Aufsicht der Vereinten Nationen. Ob die berühmten »Stalin-Noten« tatsächlich ernst gemeint waren, ist bis heute umstritten; auch wenn letzte Klärung erst der freie Zugang zu sowjetischen Akten bringen dürfte, spricht vieles dafür, dass sie kaum mehr als ein taktisches Manöver waren, die Westintegration in letzter Minute zu verhindern. Die Entscheidung, an der Politik der Westintegration festzuhalten, bedeutete aber, dass die Wiedervereinigung jenseits aller politischen Rhetorik de facto zunächst in weite Ferne rückte. Die innerdeutsche Grenze wurde immer mehr zu einer Grenze zwischen zwei völlig unterschiedlichen Systemen. Die Annäherung an die Sowjetunion, mit der 1955 bei einem historischen Besuch Adenauers in Moskau ein Handelsvertrag abgeschlossen wurde und die sich bereit erklärte, die letzten deutschen Kriegsgefangenen zehn Jahre nach Kriegsende endlich freizulassen, blieb Episode. Russische Berlin-Ultimaten und das Scheitern von Gesprächen zwischen den ehemaligen Alliierten über die deutsche Frage verstärkten schon bald die innerdeutsche Trennung. Der Bau der Berliner Mauer am 13. August 1961, der die bis dahin noch durchlässige Grenze für alle schloss, machte die Teilung dann endgültig vor aller Augen deutlich.

### »Wir sind wieder wer«

Wichtigste Aufgabe nach den verheerenden Zerstörungen des Krieges war der Wiederaufbau. Gefördert durch staatliche Wohnungsbauprogramme entstanden allein zwischen 1950 und 1960 mehr als fünf Millionen neue Wohnungen. Hinzu kamen zahllose Siedlungen mit neuen, ebenfalls staatlich geförderten Eigenheimen im Grünen. Damit einher ging der Wiederaufbau der Infrastruktur in den Städten sowie der zerstörten Industrieanlagen.

Alt und Neu: Blick aus einer Ruine auf neu errichtete Wohnhäuser des sozialen Wohnungsbaus in Berlin.

Die Integration der Flüchtlinge, deren Zahl sich 1950 auf 9,5 Millionen belief und deren Zahl aufgrund des ständigen Zustroms aus der DDR stetig stieg – 1960 sollten es 13 Millionen sein – gehörte ebenfalls zu den wichtigsten Aufgaben der jungen Bundesrepublik. Immerhin hatte sich die Bevölkerung der ehemaligen westlichen Provinzen des Reiches durch Flucht und Vertreibung um ein Viertel erhöht. Vor allem in den großen Flächenstaaten Bayern, Niedersachsen und Schleswig-Holstein fanden viele eine neue Heimat. Willkommen waren sie dort, entgegen vieler Legenden, häufig nicht. Unberechtigter Neid über die staatlichen Leistungen an die »Rucksackdeutschen« – wie sie oft spöttisch genannt wurden –, aber auch die Sorge um den eigenen Lebensstandard und eigene Chancen in einer für alle schwierigen Situation waren dafür verantwortlich. Die Leistungsbereitschaft der Heimatvertriebenen und Flüchtlinge, aber auch die Tatsache, dass sie in der sich entwickelnden neuen sozialen Marktwirtschaft dringend als fachlich qualifizierte Arbeitskräfte benötigt wurden, trugen schließlich ebenso zur Integration bei wie gegenseitige Heiraten, kollegiales Zusammenarbeiten, gemeinsames Vereinsleben und die Begegnungen in der örtlichen Kirchengemeinde. Dennoch gab es bis in die 1960er Jahre hinein zahlreiche Lager, in denen Flüchtlinge und Vertriebene seit Jahren in beengten Verhältnissen in Baracken lebten.

Dass sich diese Verhältnisse dennoch vergleichsweise schnell änderten, lag vor allem am Wirtschaftswunder. Anfänglich hatten sich die mit der Währungsreform und der von Ludwig Erhard proklamierten »Sozialen Marktwirtschaft« verbundenen Hoffnungen nur teilweise erfüllt.

Im März 1950 betrug die Zahl der Arbeitslosen noch ca. zwei Millionen was einer Arbeitslosenquote von 12,2 Prozent der Erwerbstätigen entsprach. Arbeitsbeschaffungsmaßnahmen, gezielte Eingriffe in den Markt mit dem Ziel der Verbesserung der Zahlungsbilanz und eine günstigere internationale Entwicklung, aber auch die Anfänge der Sozialpartnerschaft und die Bereinigung der Kriegsfolgen legten schließlich bereits 1952 die Grundlagen für einen enormen Aufschwung. Zwischen 1950 und 1960 stieg der Index des Bruttosozialprodukts von 100 auf 215; die jährlichen Wachstumsraten beliefen sich auf 7,6 Prozent, in der Spitze sogar auf 11,5 Prozent (1955); damit einher ging eine Verdopplung der Reallöhne. Die Arbeitslosenzahl sank schließlich bis 1960 auf 235 000 (1,2 Prozent).

Viele Faktoren waren letztlich für dieses »Wunder«, dessen vielleicht symbolträchtigstes Kennzeichen die Fertigstellung des eine Millionsten VW-Käfers im Jahre 1955 war, verantwortlich. Der Korea-Boom, der der deutschen Wirtschaft neue Märkte eröffnete, eine erfolgreiche Verschiebung innerhalb der Wirtschaftssektoren, die Entwicklung und Anwendung neuer Technologien – hier wären vor allem die Chemie- und Elektroindustrie zu nennen – bzw. die Verbesserung herkömmlicher Produkte oder Verfahren sowie die gelungene europäische und weltwirtschaftliche Integration. Kaum zu überschätzen sind bei aller eigenen Leistungsbereitschaft freilich auch die Hilfen aus dem Ausland, allen voran den Vereinigten Staaten sowie mancher »glückliche Umstand«.

Gleichermaßen bedeutsam war der mit dieser Entwicklung verbundene, viele Bereiche und Lebensgewohnheiten erfassende Strukturwandel. Die Zahl der Selbstständigen und in der Landwirtschaft Beschäftigten nahm ab, während die Zahl der in Handwerk, Industrie und auf dem expandierenden Dienstleistungssektor zunahm. Der Anteil anstrengender körperlicher Arbeit wurde ebenfalls geringer, gleichzeitig stieg aber die Zahl der qualifizierten Stellen vor allem in der Chemie-, Elektro- und Maschinenbauindustrie. Wichtig war auch der mit dieser Entwicklung einhergehende soziale Frieden. Anders als im Kaiserreich oder in der Weimarer Republik bestimmten Verteilungskämpfe nicht mehr den Alltag der Politik. Der Aufschwung wie auch die Prinzipien der Sozialen Marktwirtschaft mit ihren mittel- und unmittelbaren Folgen für die Beziehungen zwischen den Sozialpartnern ließen die Frage nach der gerechten Verteilung des Einkommens schnell in den Hintergrund treten. Äußerliche Zeichen dieser wachsenden Zufriedenheit mit den neuen Verhältnissen waren die neuen Eigenheime, die viele sich, nicht zuletzt mit staatlicher Förderung, nun leisten konnten, der steigende Konsum, der

sich insbesondere in der Anschaffung neuer Elektrogeräte widerspiegel-
te, sowie schließlich die Bedeutung von »Freizeit«. Urlaube an Nord- und
Ostsee, aber auch jenseits der Alpen waren bald keine Seltenheit mehr.
Der Slogan »Wir sind wieder wer« war insofern nicht allein eine stolze Bilanz dessen, was in vergleichsweise kurzer Zeit aus den Trümmern wie-
deraufgebaut worden war, sondern er spiegelte auch das Lebensgefühl einer Generation wieder, die fast alles verloren hatte.

## Innerer Wandel und Öffnung nach Osten

Die Ära Adenauer, deren Kennzeichen ein tiefsitzender Antikommunis-
mus, der Wille zum Wiederaufbau und die zielstrebige Integration in den
Westen waren, ging in den frühen 1960er Jahren zuende. Einer jüngeren
Generation waren die von den Älteren verkörperten Ideale und Inhalte,
die Konzentration auf materielle Werte, die Betonung typisch deutscher
Werte wie Fleiß und Disziplin bei gleichzeitigem politischen Desinteres-
se und mangelnder Bereitschaft zur kritischen Auseinandersetzung mit
der NS-Vergangenheit nicht genug.

Die teilweise heftigen Debatten über Wiederbewaffnung und Pläne
zur Ausrüstung der Bundeswehr mit Nuklearwaffen in den 1950ern, die
»Spiegel«-Affäre und die damit verbundenen Eingriffe in die Pressefreiheit, die Diskussion über den Umgang mit der Vergangenheit, über die
Notstandsgesetze, die viele an die fatale Entwicklung in der Weimarer Republik erinnerten, sowie zunehmende Proteste von Studenten gegen eine
ihrer Meinung nach völlig unzureichende Lage an den Hochschulen wie
auch an den alten Ordinarien – »Unter den Talaren steckt der Muff von
1000 Jahren« – und schließlich die massive öffentliche Kritik an der Rolle
der Vereinigten Staaten – bis dahin leuchtendes Vorbild – in Vietnam und
anderen Teilen der Welt in den 1960er Jahren waren Kennzeichen eines inneren Wandels, den viele so nicht vorhergesehen hatten. Dieser Wandel,
der sich in verschiedenen Formen des Protests – von unkonventioneller
Kleidung bis hin zu Sit-ins und Demonstrationen, die im Jahre 1968 in regelrechte Unruhen ausarteten, bei denen Tote zu verzeichnen waren – wie
auch einem ganz anderen »Lebensgefühl« mit mehr Freizügigkeit im privaten Bereich, anderen Lern-, Lese- und vor allem Fernsehgewohnheiten
äußerte, veränderte die Bundesrepublik in den 1960er Jahren.

Motor des inneren Wandels waren jedoch nicht nur die Angehörigen
einer jüngeren Generation, sondern vor allem auch die Mitglieder der SPD
unter Willy Brandt. Seitdem diese sich mit dem Godesberger Programm
von 1959 von alten marxistischen Vorstellungen verabschiedet hatte, war

Von den Gewerkschaften und dem SDS gemeinsam veranstaltete Demonstration auf dem Römerberg in Frankfurt/M. gegen die Verabschiedung der Notstandsgesetze.

sie auch für andere Gruppen der Gesellschaft »salonfähig«. Mit ihrem Eintritt in die erste »Große Koalition« unter Bundeskanzler Kurt Georg Kiesinger im Zeichen der ersten Rezession in der Mitte der 1960er Jahre zeigte sie zudem, dass sie auch auf Bundesebene regierungsfähig war. Trotz unleugbarer Erfolge bei der Bewältigung der Rezession, der Verabschiedung der umstrittenen Notstandsgesetze und einzelner Reformen war die Große Koalition nur ein Bündnis auf Zeit. Zu groß waren die Unterschiede zwischen beiden Partnern in zentralen Fragen der Innen-, Außen-, vor allem aber der Deutschlandpolitik. Hinzu kam, dass sich auch der langjährige Partner der CDU/CSU, die FDP, nach links öffnete, unter der Führung einer jüngeren Generation – Walter Scheel, Hans-Dietrich Genscher und Karl Hermann Flach – »sozialliberal« wurde. Die Wahl des SPD-Kandidaten Gustav Heinemann zum Bundespräsidenten im Frühjahr 1969 war insofern auch ein Signal für die Zukunft. Mit den Septemberwahlen 1969 fand dann ein »Machtwechsel« statt. Nach zwanzig Jahren CDU-Herrschaft stellte erstmals in der Geschichte der Bundesrepublik die SPD den Bundeskanzler, der eine Koalitionsregierung aus seiner Partei und der FDP bildete.

## »Mehr Demokratie wagen« ...

»Mehr Demokratie wagen« – dieser Satz aus der ersten Regierungserklärung Willy Brandts – war der Slogan, der den endgültigen Abschied von der Ära Adenauer und der Nachkriegszeit kennzeichnete. Wirtschaft-

## WILLY BRANDT – IDOL DER JUGEND UND WEGBEREITER DER AUSSÖHNUNG MIT DEM OSTEN

Willy Brandt, 1913 als Herbert Frahm in Lübeck geboren, gehört zu jenen deutschen Politikern, die Geschichte schrieben. Aus kleinen Verhältnissen stammend, fand er schon früh den Weg in die organisierte Arbeiterbewegung. Hier machte er sich schnell als Journalist einen Namen. Die Machtergreifung der Nationalsozialisten veranlasste ihn 1933, nach Norwegen ins Exil zu gehen, um sich dort im Kampf gegen Hitler zu engagieren. 1938, nachdem ihn die deutschen Behörden ausgebürgert hatten, wurde er norwegischer Staatsbürger und kämpfte 1940 gegen die deutschen Invasoren. Dann floh er nach Schweden, wo er den Rest des Krieges verbrachte. Unter dem Pseudonym Willy Brandt kehrte er nach dem Krieg nach Deutschland zurück, zunächst als Korrespondent skandinavischer Zeitungen.

Schon bald engagierte Brandt sich in der SPD, die er seit 1949 als Berliner Abgeordneter im Bundestag vertrat. 1957 übernahm er das Amt des Regierenden Bürgermeisters von Berlin, das er bis 1966 innehatte. In der Zeit der Berlin-Krisen und des Mauerbaus erwarb er sich durch seine Standfestigkeit großes Ansehen im In- und Ausland. 1961 kandidierte er erstmals für das Amt des Bundeskanzlers. 1964 bis 1987 bekleidete er das Amt des Vorsitzenden der SPD.

Trotz zunehmender Anfeindungen seiner Person wegen seiner unehelichen Herkunft und seiner Zeit im Exil führte er als profiliertester Politiker seine Partei 1966 in die Große Koalition, machte sie regierungsfähig. 1969 schließlich wurde er zum ersten sozialdemokratischen Bundeskanzler gewählt. Sein Programm »Mehr Demokratie wagen« wie auch seine zielstrebige Politik der Aussöhnung mit den ehemaligen Kriegsgegnern bzw. Opfern der NS-Politik im Osten, aber auch der Annäherung an die DDR – 1970 traf er sich zweimal mit Ministerpräsident Willy Stoph – stieß vor allem bei der jüngeren Generation auf große Zustimmung. Sie versprach sich davon nach Jahren der als »restaurativ« empfundenen Politik der Adenauer-Ära nicht nur den Übergang zu einer wirklich demokratischen Gesellschaft, sondern auch das Ende des Kalten Krieges, der

Bundeskanzler Willy Brandt (SPD) während seiner Rede im Bonner Bundestag am 21. Oktober 1971.

die Welt in den Jahren zuvor mehrfach an den Rand einer atomaren Katastrophe gebracht hatte.

Vor allem Brandts Ostpolitik polarisierte die bundesdeutsche Gesellschaft über viele Jahre. Insbesondere die de facto Aufgabe der Gebiete östlich von Oder und Neiße stieß auf großen Widerstand. Im Ausland wurde diese Politik weitgehend begrüßt. 1971 erhielt er dafür den Friedensnobelpreis. Diese Auszeichnung hinderte die Opposition aus CDU/CSU nicht daran, im April 1972 ein Misstrauensvotum im Bundestag einzubringen, das er jedoch knapp, unter bis heute nicht völlig geklärten Umständen überstand. Der überwältigende Sieg bei den anschließenden Wahlen zum Deutschen Bundestag im November 1972 verlieh seiner Politik jedoch die notwendige Legitimation.

Die Ölkrise des Jahres 1973 verschärfte die

Verleihung des Friedensnobelpreises an Willy Brandt, 10. Dezember 1971.

Lage im Innern und ließ zahlreiche Reformvorhaben scheitern. Diese Entwicklung schwächte seine Stellung; die Aufdeckung des DDR-Spions Günter Guillaume in seiner unmittelbaren Umgebung veranlasste ihn – nicht zuletzt von engen Parteifreunden bedrängt –, im Mai 1974 vom Amt des Bundeskanzlers zurückzutreten und einem Pragmatiker der Macht, Helmut Schmidt, Platz zumachen.

Dieser Rücktritt war jedoch keineswegs das Ende seiner Karriere. Als Vorsitzender der Nord-Süd-Kommission sowie der Sozialistischen Internationale erwarb Brandt sich weltweit großes Ansehen bei dem Versuch, »Erste« und »Dritte Welt« einander anzunähern. 1987 trat er nach innerparteilichen Auseinandersetzungen vom Amt des SPD-Vorsitzenden zurück, blieb aber der »Übervater« seiner Partei. Die Wiedervereinigung Deutschlands war für ihn die Erfüllung seines Lebenswerkes. »Jetzt wächst zusammen, was zusammen gehört«, erklärte er in einer denkwürdigen Rede am Tag nach dem Mauerfall.

Mit seiner Politik, vor allem seinen Versuchen, sich neuen Entwicklungen zu öffnen, Probleme anzugehen und seiner Fähigkeit, visionär zu denken, setzte Willy Brandt nicht nur Maßstäbe, sondern faszinierte vor allem die jüngere Generation, die ihn bis zuletzt als eine moralische Instanz und ihr Idol betrachtete. Hoch geachtet starb er 1992.

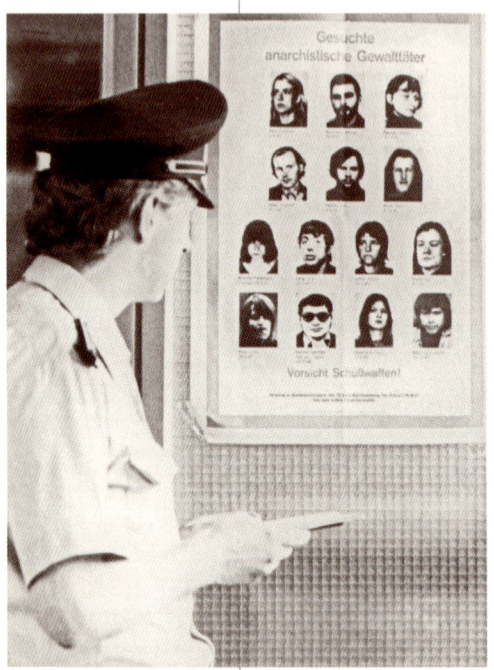

Ein Schweizer Grenzbeamter kontrolliert Pässe und vergleicht sie mit dem aufgehängten Terroristen-Fahndungsplakat am Grenzübergang Weil-Otterbach am 6. September 1977.

liches Wachstum und allgemeiner Wohlstand allein reichten für die Zufriedenheit des Einzelnen nicht mehr aus. Die bundesdeutsche Gesellschaft war politisch mobiler geworden. Immer mehr Menschen engagierten sich, anders als in den 1950er Jahren, in politischen Parteien und Gewerkschaften, aber auch außerhalb dieser. Die sozialliberale Regierung machte von Anfang an klar, dass sie den dahinter stehenden Bedürfnissen Rechnung tragen, mit einer gezielten Reformpolitik Staat und Gesellschaft modernisieren, nicht aber, wie von manchen erwartet, revolutionieren wollte. Mehr Chancengleichheit im Bildungswesen, Herabsetzung des Wahl- und Mündigkeitsalters, Gleichstellung der Frau im Ehe- und Familienrecht, Strafrechts- und Strafvollzugsreform, Ausbau der sozialen Sicherheit, Monopolkontrolle und mehr Mitbestimmung gehörten daher zu den wichtigsten Vorhaben im Innern.

Nicht alle Ziele ließen sich im Laufe der Zeit verwirklichen; politische Kompromisse wie bei der Mitbestimmung oder bei der Reform des umstrittenen Paragrafen 218 (Schwangerschaftsabbruch) waren angesichts unterschiedlicher Interessen unausweichlich. Hinzu kam, dass die »Ölkrise« 1973/74 infolge des Nahostkrieges von 1973 die bundesdeutsche Wirtschaft erschütterte – 1973/74 sank die Wachstumsrate von 5,3 auf 0,8 Prozent, die Zahl der Arbeitslosen stieg von 273 000 (1973) auf 1 047 000 (1975) – und damit manche Reformen nicht mehr finanzierbar waren. Unverkennbar war die Tendenzwende in der Innenpolitik auch in anderer Hinsicht. Entgegen dem Slogan »Mehr Demokratie wagen« trugen blutige terroristische Anschläge jener Gruppen, die die bestehende Ordnung nicht reformieren, sondern tatsächlich revolutionieren wollten – zu den bekanntesten gehört die »Rote Armee-Fraktion« um Ulrike Meinhof, Andreas Baader und Gudrun Ensslin – zu Beginn der 1970er Jahre dazu bei, den Überwachungsstaat auszubauen, »Gesinnungen« staatlicherseits zu überprüfen. Tausende Bewerber für den öffentlichen Dienst wurden auf ihre Verfassungstreue überprüft. So notwendig diese Maßnahmen angesichts immer neuer Attentate vielen Verantwortlichen erschienen, so umstritten war der Schaden für die politische Kultur. Trotz dieser »Verwerfungen« waren die Ergebnisse der Reformpolitik beachtlich, die nach dem Rücktritt Willy Brandts und der Wahl Helmut Schmidts zum Bundeskanzler infolge der »Guilleaume-Krise«, – wenn auch eingeschränkt – im Mai 1974 fortgesetzt wurde. Die politische Kultur der Bundesrepublik hatte sich gewandelt, das demokratische Bewusstsein der Bevölkerung war gewachsen. Immer mehr Menschen machten ihren Willen, an politischen und gesellschaftlichen Entscheidungen beteiligt zu werden, deutlich.

## ... und Aussöhnung mit dem Osten

Der Bau der Berliner Mauer und die Undurchlässigkeit der innerdeutschen Grenze, aber auch die Erkenntnis vieler Politiker im Westen, dass nur eine Überwindung des Kalten Krieges einen großen Konflikt verhindern sowie eine Annäherung zwischen beiden Blöcken – und das hieß auch zwischen beiden deutschen Staaten – ermöglichen könne, war Grundlage einer Politik der Entspannung. Mit einer »Politik der kleinen Schritte« sollte diese vorangetrieben werden. Willy Brandt und Egon Bahr, einer seiner engsten Mitarbeiter, hatten sie entwickelt; sie knüpfte an erste Ansätze aus der Zeit der Großen Koalition an. Ziel war »Wandel durch Annäherung«, denn, so die Erkenntnis der Ostpolitiker der SPD, nur dadurch, nicht durch eine Politik militärischer Abschreckung und politischer Drohgebärden, konnten die kommunistischen Systeme in Osteuropa verändert werden. In der Konsequenz bedeutete dies freilich die Anerkennung der bestehenden Grenzen in Europa – der Oder-Neiße-Linie wie auch der innerdeutschen Grenze. So sehr diese Politik mehr als zwanzig Jahre nach Kriegsende den politischen Realitäten Rechnung zu tragen versuchte, so umstritten war sie freilich. Insbesondere die Anerkennung der Westgrenze Polens führte zu leidenschaftlichen Debatten innerhalb und außerhalb des Parlaments. Die Ra-

Am Rande des KSZE-Gipfels in Helsinki am 31. Juli 1975 unterhalten sich Bundeskanzler Helmut Schmidt und der Staatsratsvorsitzende der DDR, Erich Honecker.

tifizierung der umstrittenen Verträge von Moskau (1970) und Warschau (1970) sowie des Grundlagenvertrages mit der DDR (1972) gelang nur mit Mühe. Nicht alle waren bereit, die tiefere Bedeutung von Willy Brandts historischem Kniefall vor dem Denkmal für die Opfer des Warschauer Ghettos im Dezember 1970 als Zeichen des Willens zur Versöhnung und der öffentlichen Entschuldigung für millionenfaches Leid, verursacht von Deutschen, anzuerkennen. Ein von der CDU/CSU eingebrachtes Misstrauensvotum – ein Aufsehen erregender Vorgang in der Geschichte der Bundesrepublik – scheiterte nur knapp und unter bis heute nicht vollständig geklärten Umständen. Am Ende wurden die Ostverträge jedoch verabschiedet. Die anschließende Bundestagswahl vom Herbst 1972, die der sozialliberalen Regierung eine große Mehrheit bescherte, machte zudem deutlich, dass der größte Teil der Bevölkerung überzeugt war, dass die Adenauersche Aussöhnung mit dem Westen, allen voran Frankreich, für die der gemeinsame Gottesdienst in der Kathedrale von Reims 1962 das Symbol gewesen war, durch eine mit dem Osten, der so unendlich unter der deutschen Aggression gelitten hatte, ergänzt werden müsse.

Die Folgen dieser Aussöhnung waren durchaus unmittelbar spürbar für die Menschen. Auch wenn die Mauer nicht fiel und weiterhin zahlreiche Menschen bei Fluchtversuchen erschossen wurden, erleichterten der Grundlagenvertrag und das Viermächteabkommen über Berlin (1971) die Beziehungen zwischen beiden deutschen Staaten, ermöglichten insbesondere wieder regelmäßige Verwandtenbesuche und regelten die Reisen auf den Transitstrecken.

## Ende der sozialliberalen Regierung und Beginn der »Ära Kohl«

Die pragmatische Politik Helmut Schmidts seit 1974 konnte das Zerbröckeln der Mehrheit im Innern nicht verhindern. Die Verschlechterung der wirtschaftlichen Lage seit der Ölkrise, die das Ende des großen Aufschwungs seit den 1950er Jahren einläutete, steigende Arbeitslosenzahlen sowie zunehmende Streitigkeiten zwischen den beiden Regierungsparteien über einzelne politische Vorhaben, allen voran grundsätzliche Fragen der Wirtschaftspolitik, waren ein Teil der Gründe dafür. Hinzu kam, dass es der CDU/CSU nach teilweise heftigem inneren Streit gelungen war, sich programmatisch und personell neu zu orientieren. Ihr großer Erfolg bei den Bundestagswahlen 1976, bei denen sie unter Führung des rheinland-pfälzischen Ministerpräsidenten Helmut Kohl nur knapp die absolute Mehrheit verfehlte, sprach diesbezüglich Bände. Hinzu kam das Entstehen neuer sozialer Bewegungen wie der Grünen, die der SPD Kon-

kurrenz machten. Die Folge war schließlich eine innerparteiliche Zerreiß-
probe, für die symbolträchtig der Streit über die Nutzung der Kernener-
gie wie auch die »Nachrüstung« standen. In beiden Fragen weigerte sich
die Mehrheit der Partei, dem eigenen Kanzler zu folgen. Die Sorge, mit
einem Bundeskanzler Franz-Josef Strauß drohe die Bundesrepublik nach
rechts abzuwandern, könne das erworbene Vertrauenskapital im Innern
und nach außen verloren gehen, hatten SPD und FPD 1980 noch einmal
die Mehrheit im Bundestag gesichert. Von Dauer war die neue Koalition
nicht. Zu tief waren die Bruchlinien inzwischen. Am 1. Oktober 1982 wurde Helmut Kohl nach einem erfolgreichen Misstrauensvotum neuer Bundeskanzler einer Regierung aus CDU/CSU und FDP.

Ziel der Regierung Kohl war es, im Zeichen einer »geistig-moralischen
Wende« den Einzelnen wieder stärker in die Pflicht zu nehmen:»Weg von
kollektiven Lasten, hin zur persönlichen Leistung«, »weg von verkrus-
teten Strukturen, hin zu mehr Beweglichkeit, Eigeninitiative und Wett-
bewerbsfähigkeit« lauteten die entsprechenden Schlagworte in seiner ersten Regierungserklärung. Um den Bundeshaushalt zu sanieren, wurden
zahlreiche sozialpolitische Maßnahmen der Vorgänger reformiert, bisherige Leistungen gekürzt oder ganz abgeschafft. Dabei konnte sich die Regierung nach der Bundestagswahl vom März 1983, in der die SPD erstmals
seit Jahren erheblich absackte und umgekehrt mit den Grünen eine neue
politische Kraft ins Parlament eingezogen war, auf eine breite Mehrheit
stützen. Der Erfolg bei der Wiederbelebung der Wirtschaft und der Sen-
kung der Arbeitslosenzahlen in den folgenden Jahren schienen ihr zudem
Recht zu geben. Mit ca. zwei Millionen (8 Prozent) bewegten sie sich nunmehr im Vergleich zu den Wirtschaftswunderjahren mit annähernder
Vollbeschäftigung oder auch den krisengeschüttelten 1970er Jahren mit
durchschnittlich einer Million (ca. 4 Prozent) auf relativ hohem Niveau.
1987 wurde die Regierung im Amt bestätigt. Auch andere Maßnahmen
wie die Medienrevolution in der Form der Zulassung privaten Rundfunks,
die Deregulierung auf den Geld- und Warenmärkten sowie die Bekämpfung der Inflation durch eine restriktive Geldpolitik stießen auf die Zustimmung der Bevölkerung. Diese durchlebte inzwischen einen erneuten
Strukturwandel. Sowohl in der Arbeitswelt, wo überdurchschnittliche
Gewinne von Selbstständigen auf der einen und »neue Armut« bei abhängig Beschäftigten auf der anderen Seite zentrale Themen dieser Jahre
waren, als auch hinsichtlich der Schichtung der Bevölkerung, die inzwischen immer älter wurde. Die Diskussion über verschiedenen Modelle zur
Überwindung der strukturellen Arbeitslosigkeit – Stichwort »35-Stun-

den-Woche« – und über den Umgang mit neuen Technologien – Stichwort »Druckerstreik« 1980 – offenbarten diesen Wandel und die dadurch drohenden Verwerfungen ebenfalls. Diese Auseinandersetzungen waren Ausdruck tief greifender Veränderungen und Umbrüche in der deutschen und internationalen Wirtschaft von letztlich epochalen Dimensionen. An die Stelle der Arbeitsgesellschaft trat die Informations- und Wissensgesellschaft oder, wie manche überzeugend meinen, die »Erlebnisgesellschaft« mit ihren ganz eigenen Mentalitäten und Wertvorstellungen.

### Außenpolitische Kontinuität

Im Gegensatz zur Innenpolitik, wo die Regierung vieles anders und besser machen wollte als ihre Vorgänger, verfolgte sie nach außen eine Politik erstaunlicher Kontinuität.

Dies betraf zunächst die Europapolitik. In den 1970er und 1980er Jahren gehörte die Bundesrepublik, zusammen mit Frankreich und Italien, zu den treibenden Kräften der Einigung Europas. So verlieh der Beitritt Großbritanniens, Irlands und Dänemarks im Jahre 1973 der europäischen Einigung neuen Schub. Motor dieser Einigung war zunächst weiterhin die Wirtschaft, auch wenn die durch die Erhöhung der Ölpreise ausgelöste Wirtschaftskrise den Integrationsprozess zeitweilig verlangsamte. Manche Staaten glaubten, ihre Probleme wie früher doch allein lösen zu können. Auseinandersetzungen über Leistungen der Europäischen Gemeinschaft – wie die EWG seit 1967 hieß – an die Landwirte einiger Mitgliedsländer führten beispielsweise zu heftigen Auseinandersetzungen zwischen Geber- und Empfängerländern im Rahmen des gemeinsamen europäischen Haushalts. Die Erkenntnis, dass alle Mitglieder Vorteile von der Wirtschaftsgemeinschaft hatten, ebnete Kompromissen jedoch immer wieder den Weg.

In den 1980er Jahren trieben zudem Frankreich und Deutschland den Prozess der Einigung voran. 1986 beschlossen die Mitgliedsstaaten, bis 1993 einen gemeinsamen Bin-

Ein Autobesitzer an einer aufgrund der Ölkrise vorübergehend geschlossenen Tankstelle in München.

nenmarkt herzustellen. Der Personen-, Waren-, Dienstleistungs- und Kapitalverkehr unterlag von da ab keinerlei Beschränkungen mehr.

Betrachtet man die Reaktionen innerhalb der CDU/CSU auf die Ostpolitik Willy Brandts und Walter Scheels zu Beginn der 1970er Jahre rückblickend, dann war auch die Kontinuität in diesem Bereich augenfällig. Die von Helmut Kohl gegen großen Widerstand in der Bevölkerung durchgesetzte »Nachrüstung«, die der sowjetischen Bedrohung Mitteleuropas durch Mittelstreckenraketen Paroli bieten sollte, war noch von Helmut Schmidt konzipiert worden. Gleichermaßen änderten sich auch die Beziehungen zur DDR nicht. Im Gegenteil, die Bundesregierung unterstützte die DDR seit 1983 mit Krediten in Milliardenhöhe. Trotz aller protokollarischen Probleme empfing Helmut Kohl auch den Staatsratsvorsitzenden der DDR, Erich Honecker, der damit einen offiziellen Besuch Helmut Schmidts aus dem Jahre 1981 erwiderte, wie einen ganz normalen Staatsgast im Jahre 1987. Dadurch wie auch durch die vielfältigen Gespräche auf anderen internationalen Ebenen sollte jenseits aller politischen Grundüberzeugungen das Leben der Menschen jenseits der Mauer verbessert und erleichtert werden. Dass diese Mauer dann schneller als von allen erwartet fallen würde, sah trotz der unverkennbaren Wandlungen im Ostblock, der sich seit dem Umbruch in Polen in einer Krise befand und der offenkundig das Tempo der amerikanischen Aufrüstung nicht mithalten konnte, niemand voraus. Nach vierzig Jahren, als viele sich im Westen auf eine dauerhafte Teilung eingestellt, sich mit ihr abgefunden hatten – Honeckers Staatsbesuch schien dies ja auch zu bestätigen –, fiel die Mauer.

## Die Deutsche Demokratische Republik – ein gescheiterter Weg nach Osten

### Staatsgründung im Osten

Am 7. Oktober 1949, vier Wochen nach der Konstituierung des ersten Deutschen Bundestages in Bonn, verabschiedete die »Provisorische Volkskammer« die zuvor von dem »Volksrat«, der von der Sozialistischen Einheitspartei (SED) gelenkt wurde, vorbereitete Verfassung und erklärte die Deutsche Demokratische Republik (DDR) für gegründet. Der Name war Programm; er sollte deutlich machen, dass die DDR im Gegensatz zur Bundesrepublik aus der deutschen Geschichte gelernt hatte und einen neuen – eben einen wirklich »demokratischen« Weg beschreiten wollte. Dieses »Lernen« sollte auch die Wahl der beiden Spitzenpolitiker deutlich machen. Wilhelm Pieck, der erste Präsident, hatte 1919 zu den Gründern der Kommunistischen Partei Deutschlands um die wenig später von Frei-korps-Soldaten ermordeten Führer des Spartakus-Bundes Karl Liebknecht und Rosa Luxemburg gehört; Otto Grotewohl war der Führer der SPD in der Ostzone gewesen. Die eigentliche Macht lag allerdings in den Händen Walter Ulbrichts, des Generalsekretärs der SED zwischen 1950 und 1971.

### »Es muss demokratisch aussehen ...«

Bis zuletzt hatte die Sowjetunion versucht, Gesamtdeutschland unter ihre Kontrolle zu bringen. Ein von ihr abhängiges Deutschland wäre in Stalins Augen im Zeichen des Kalten Krieges einem deutschen Teilstaat allemal vorzuziehen gewesen. Daher hatte die Sowjetunion dem Drängen der SED-Führung, einen eigenen Ost-Staat zu errichten, auch erst nach-gegeben, als die Weststaatsgründung nicht mehr zu verhindern gewe-sen war.

Die Verfassung der nunmehr gegründeten DDR enthielt zwar demo-kratische Elemente, war letztlich aber so konstruiert, dass sie der SED

Die Verfassung der Deutschen Demokra-tischen Republik vom 7. Oktober 1949

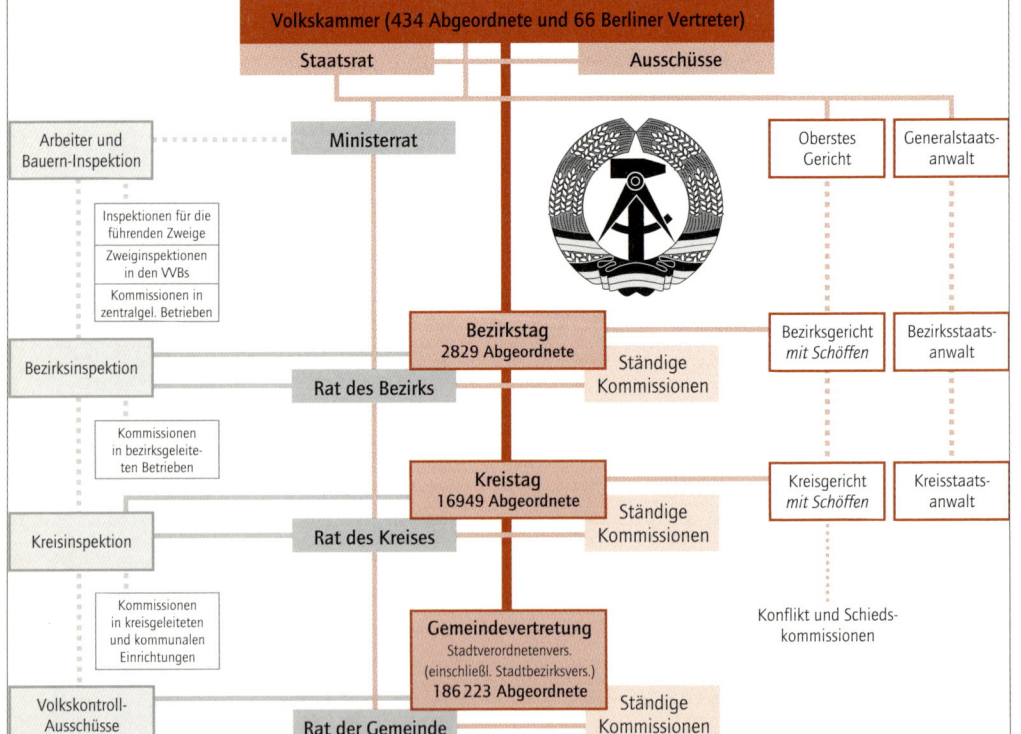

die Errichtung einer Parteidiktatur ermöglichte. Entgegen den Bestimmungen der Verfassung hatte die Volkskammer daher nur eine Alibifunktion; Staat, Wirtschaft und Gesellschaft standen vielmehr unter der Kontrolle der Partei, deren Vorbild die Kommunistische Partei der Sowjetunion war. In dieser Entwicklung spiegelte sich jenes Motto, das die politischen und gesellschaftlichen Verhältnisse von Anfang an geprägt hatte: »Es muss demokratisch aussehen, aber wir müssen alles in der Hand halten«, hatte die Maxime der moskautreuen »Gruppe Ulbricht« gelautet, die bereits im Mai 1945 in einem der ersten russischen Flugzeuge nach Berlin geflogen worden war, um die sowjetische Besatzungszone ganz in deren Sinne zu gestalten. Die Hoffnung, dass die KPD, die sich anfänglich sogar für die »Aufrichtung [...] einer parlamentarisch-demokratischen Staatsform« aussprach ohne allerdings das Ziel der Errichtung einer kommunistischen Herrschaftsordnung aus den Augen zu verlieren, von sich aus eine Massenbasis würde gewinnen können, erfüllte sich jedoch nicht. Die ebenfalls zugelassene SPD lief ihr schnell den Rang ab. Unter dem Druck der Sowjetischen Militäradministration in Deutschland (SMAD) hatte sich die SPD daher bereits im April 1946 mit der KPD zusammenschließen müssen. Alle übrigen Parteien – Ost-CDU und die Liberal-demokratische Partei (LDP), die inzwischen entstanden waren, blieben zwar nominell unabhängig; im so genannten »antifaschistischen Block« zusammengefasst, wurden sie aber alsbald von den russischen Besatzungsbehörden »gleichgeschaltet«. Dieser Block, seit 1949 die »Nationale Front«, bestimmte dann unter Führung Walter Ulbrichts die Politik der DDR. Auch wenn die Existenz anderer Parteien – im Gegensatz zur Sowjetunion – den Eindruck eines pluralistischen Systems erwecken und damit den sowjetischen Anspruch, weiterhin ein demokratisches Gesamtdeutschland zu wollen, stärken sollte, stellten Einheitslisten sicher, dass die SED und ihre Filialparteien eine feste Mehrheit in der Volkskammer hatten. Wie die Sitze dort verteilt waren, wurde vorher bereits nach einem festen Schlüssel festgelegt. Alle Wahlen, bei denen die Nationale Front bei 98 Prozent Wahlbeteiligung immer 99,7 Prozent der Sitze erhielt, waren daher bis zuletzt eine Farce. 1989 sollte der offenkundige Versuch, die Kommunalwahlergebnisse zu fälschen, um trotz wachsender Opposition weiterhin eine breite Zustimmung der Bevölkerung zu dem bestehenden System vorzutäuschen, zu seinem Untergang beitragen. Die eigentliche Macht lag jedoch in den Händen der SED und ihrem Politbüro, dessen Entscheidungen wiederum für den Ministerrat verbindlich waren, der ebenfalls von der Partei dominiert wurde.

## Aufbau des Sozialismus

In dem Maße, in dem die Einheit Deutschlands als erreichbares Ziel angesichts der Verschärfung der Blockbildung in den Hintergrund rückte, nahm die Orientierung am sowjetischen Vorbild zu. Bereits unmittelbar nach 1945 hatten die SMAD und die von ihr abhängigen Kommunisten begonnen, Wirtschaft und Landwirtschaft nach russischem Vorbild umzugestalten. Diese Umgestaltung nahm seit dem Sommer 1952, als die Westmächte und die Bundesrepublik die Stalin-Noten abgelehnt hatten, konkretere Formen an. Nach Rücksprache mit der sowjetischen Führung verkündete Ulbricht im Juli 1952 den »planmäßigen Aufbau des Sozialismus« – ganz nach der Devise: »Von der Sowjetunion lernen, heißt siegen lernen.« In der Konsequenz war dies nichts anderes als der Versuch, der Politik der Westintegration der Bundesrepublik eine Politik der Ostintegration der DDR entgegenzusetzen.

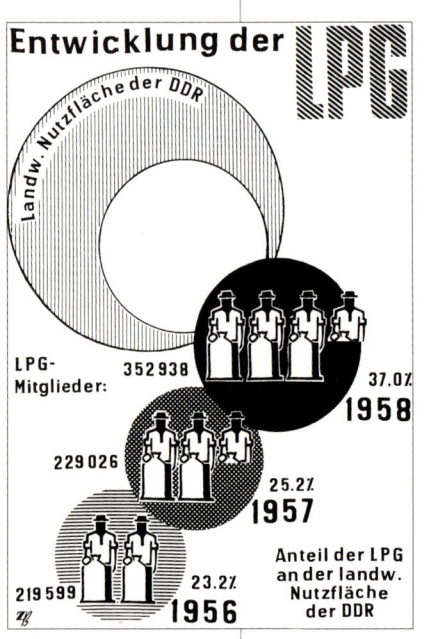

Graphik über die Entwicklung der LPG (Landwirtschaftlichen Produktionsgemeinschaften) in den Jahren von 1956 bis 1958.

Die Folgen dieser Politik waren vielfältig und schwerwiegend zugleich. Stärker als in den Jahren zuvor entwickelte sich die SED nun zu einer Kaderpartei, die die Führung in allen Bereichen von Staat, Gesellschaft und Wirtschaft beanspruchte. Durch Übernahme der Kontrolle von Medien, Bildung und Kultur – Bereiche, in denen sich zum Teil sehr tief greifende Veränderungen vollzogen – erhielt die SED zugleich ein Monopol bei der Steuerung der öffentlichen Meinung. Vor diesem Hintergrund war es auch nur konsequent, dass die bisher noch bestehenden fünf Länder aufgelöst und durch vierzehn neue Bezirke ersetzt wurden. Diese waren von der Zentrale in Berlin aus viel besser zu steuern als »alte« Länder, die ganz im Sinne des historischen deutschen Föderalismus ein Eigenleben entwickeln konnten. Darüber hinaus beschloss die Zweite Parteikonferenz der SED im Sommer 1952, die Schwerindustrie zu Lasten der Konsumgüterindustrie und der Schaffung von Wohnraum auszubauen und die Landwirtschaft zu kollektivieren. »Die Schwerindustrie«, so hieß es auf einem Werbeplakat für den ersten, 1951 aufgestellten Fünfjahresplan, ist »die Grundlage der Unabhängigkeit und des Wohlstandes«. Wenn der Staat analog zur Sowjetunion die Wirtschaft zentral lenkte, dann, dies der Leitgedanke der bereits 1948 eingeführten Zentralverwaltungswirtschaft, leistete er einen wesentlichen Beitrag zur »Befreiung von der Ausbeutung und Unterdrückung [der] Arbeiterklasse. [...] Die gemeinsame bewusste Arbeit aller Werktätigen nach einheitlichem Plan ist die Hauptquelle der Macht und des Reichtums des sozialistischen Staates«, so das Gesetzbuch der Arbeit im Jahre 1966.

Damit einher ging – ähnlich wie im Westen – die feste Einbindung in die östlichen Verteidigungs- und Wirtschaftssysteme: Warschauer Pakt und Rat für gegenseitige Wirtschaftshilfe. Mit ihrer Armee, der Nationalen Volksarmee, wie auch mit ihrer im Vergleich zu anderen Ostblockstaaten zeitweilig vergleichsweise hohen wirtschaftlichen Leistungsfähigkeit – war die DDR ein wichtiges Glied innerhalb des kommunistischen Blocks. Für den »Erfolg« der eingeschlagenen Politik schien zugleich die Tatsache zu sprechen, dass die DDR in den 1970er und 1980er Jahren den höchsten Lebensstandard hatte.

## 17. Juni 1953: Volksaufstand

Die im Juli 1952 beschlossenen Maßnahmen, der damit einhergehende Versuch, eine neue »sozialistische Menschengemeinschaft« zu schaffen, die Ausrichtung der Produktion auf die Schwerindustrie sowie die Erhöhung der Arbeitsnormen zur Erreichung der selbst gesetzten Produktionsziele hatten unmittelbare Auswirkungen auf das Leben der Menschen. Erhöhte Abgaben setzten den dennoch vorhandenen Mittelstand, erhöhte Akkordsätze und verschärfte Arbeitsnormen die Arbeiter massiv unter Druck. Gleichzeitig verschlechterten sich im Gegensatz zum Westen, wo der Lebensstandard allmählich stieg, in der DDR die allgemeinen Lebensbedingungen. Fleisch, Fett und Zucker wurden rationiert; andere Waren fehlten ganz oder wurden noch erheblich teurer angeboten. Die Folge dieser Politik war ein Ansteigen der Flüchtlingsströme in den Westen. Zwischen Januar und Mai 1953 verließen allein 180 000 Menschen den Arbeiter- und Bauernstaat auf deutschem Boden. Als die DDR-Führung trotz scharfer Warnungen aus Moskau, wo nach dem Tode Stalins im März 1952 eine Periode des »Tauwetters« begonnen hatte, die Preise wie auch die Arbeitsnormen erneut erheblich erhöht hatte, kam es am 11./12. Juni 1953 zu ersten Streiks. Am 17. Juni fanden in Ost-Berlin wie auch in anderen Orten zahlreiche Großdemonstrationen statt, an denen sich neben den zunächst unmittelbar betroffenen Arbeitern auch städtische Mittelschichten, Intellektuelle und Bauern beteiligten. Insgesamt wird die Zahl der Teilnehmer an Streiks und Demonstrationen auf ca. 900 000 geschätzt. Bei den Demonstrationen waren neben wirtschafts- und sozialpolitischen Forderungen auch Rufe nach mehr Freiheit, deutscher Einheit und Rücktritt der Regierung zu hören. Sowjetische Panzer schlugen diesen Aufstand schließlich brutal nieder. Mehr als 50 Demonstranten wurden erschossen, 3000 weitere sofort, 13 000 später verhaftet und abgeurteilt.

Nach diesem Ereignis, das angesichts der unabsehbaren politischen und militärischen Folgen, kein Eingreifen des Westens zur Folge hatte, verließen erneut Tausende die DDR: Am Ende des Jahres sollten es 331 000 Menschen sein. Abgesehen von diesem Massenexodus hatte dieser Aufstand und seine Niederschlagung zur Folge, dass die Bevölkerung erkannte, dass Widerstand gegen ein stalinistisches System zwecklos war; umgekehrt sah aber auch die Führung der DDR, dass sie völlig von der Unterstützung der Sowjetunion abhängig war. Um ihr Überleben zu sichern, folgte sie nun den Anweisungen aus Moskau und bemühte sich, den Lebensstandard der Menschen zu verbessern. Um mögliche weitere Aufstände bereits im Ansatz zu verhindern, wurden jedoch auch die eigenen Reihen »gesäubert« sowie das Spitzelwesen massiv ausgebaut.

## 13. August 1961: Bau der Berliner Mauer

Die innere Situation in der DDR beruhigte sich zwar äußerlich, zeitweilig kam es – ähnlich wie in der Sowjetunion im Zuge der Entstalinisierung – zu einer Periode des »Tauwetters«, doch diese währte nicht lange. Kritische Intellektuelle wie der Leipziger Philosoph Ernst Bloch wurden bald ihrer Ämter enthoben, die uneingeschränkte Macht der SED unter Ulbricht mit allen Mitteln neu gefestigt. Die Erfolge bei der Steigerung der Industrieproduktion seit der Staatsgründung – zwischen 1950 und 1960 wuchs das Nationaleinkommen um das 2,5-fache – waren für die DDR-Führung ein geeigneter Anlass, das Tempo bei der »Vollendung der sozialistischen Produktionsverhältnisse« zu erhöhen. Dabei übersahen sie freilich nicht nur die strukturellen Probleme der DDR-Wirtschaft, die unter den Demontagen und Reparationsleistungen, aber auch der Abschneidung des einst wichtigen Hinterlandes im Westen enorm gelitten hatte, sondern auch das Bedürfnis der Menschen, nach mehr Konsum und mehr Wohlstand. Die Devise »Überholen ohne Einzuholen« gegenüber der Bundesrepublik hatte angesichts des westdeutschen Wirtschaftswunders bei Licht besehen wenig Substanz. Teilerfolge in einzelnen Bereichen, vor allem die unentgeltliche medizinische Versorgung oder auch die allmähliche Verbesserung der Wohnungssituation – 1958 wurde endlich mit dem Neubau von Wohnungen begonnen – konnten die grundsätzlichen Schwächen in anderen Bereichen nicht verdecken. Zusammen mit der Verdrängung des privaten Mittelstandes aus Industrie und Handwerk sowie

der Vollendung der Zwangskollektivierung der Landwirtschaft Ende der
1950er Jahre trugen diese Entwicklungen dazu bei, dass erneut Tausende
– darunter eine große Zahl hochqualifizierter Fachleute – in den Westen
flüchteten. Waren es 1959 monatlich »nur« 12 000 Flüchtlinge gewesen,
so schwoll diese Zahl im Frühjahr 1961 auf 30 000 an. Zugleich kam es wie
1953 wieder zu ersten Streiks. Der DDR-Führung blieb daher – aus ihrer
Sicht – nichts anderes übrig, als gegen diesen Massenexodus konsequent
vorzugehen. Konkret bedeutete dies, die Grenze, die seit 1952 aus einer
5 Kilometer breiten Sperrzone bestand, vollständig zu schließen. »Die offenen Grenzen«, so umschrieb Ulbricht das Dilemma der DDR-Führung

Besucher winken am
25. September 1961 vor
der Berliner Mauer im
Stadtteil Wedding von
einem Reisebus aus in
den Ostteil der Stadt
hinüber.

in diesen Monaten, »zwangen uns, den Lebensstandard schneller zu erhöhen, als es unseren volkswirtschaftlichen Kräften entsprach.« Mit
Billigung der Sowjetunion und in der zutreffenden Annahme, dass der
Westen das Risiko eines Krieges scheuen würde, begannen Bauarbeiter
am Morgen des 13. August 1961 damit, die Grenze zu verschließen. In historisch einmaliger Weise sperrte ein Staat seine eigenen Bürger ein und
ging mit brutalster Gewalt für über zwei Jahrzehnte gegen diejenigen vor,
die unter Einsatz ihres Lebens versuchten, diese Grenze zu überwinden.
Etwa 125 DDR-Bürger verbluteten bis 1989 unter den Schüssen von DDR-
Grenzsoldaten in den immer aufwändiger gesicherten Sperranlagen, weitere 400 sollen beim Versuch, über die Ostsee zu fliehen, ertrunken sein.

## Der Mauerbau – eine Zäsur

Der Bau der Mauer war eine Zäsur in der Geschichte der DDR. Zwangläufig mussten die Menschen im diesem Teil Deutschlands sich nun mit ihrem Staat, den sie nicht verlassen konnten, arrangieren. Da die DDR-Führung 1963 zugleich dazu überging, mit dem »Neue[n] Ökonomische[n] System der Planung und Leitung« marktähnliche Wirtschaftsstrukturen einzuführen, verbesserte sich auch der Lebensstandard allmählich. Lang gehegte Wünsche wurden nun, wenn auch nicht im gleichen Maße wie im Westen, erfüllbar. Auf die Erfüllung manchen Wunsches – sei es ein Fernseher, eine Waschmaschine oder ein Auto – wartete man Jahre. Die Grundversorgung war dank hoher staatlicher Subventionen immerhin zu erträglichen Bedingungen gesichert. Hinzu kamen Verbesserungen im Bildungsbereich und sogar eine begrenzte gesellschaftliche Liberalisierung. Kabaretts entstanden, kritische Lyriker und Liedermacher erhielten die Erlaubnis für öffentliche Auftritte und selbst einzelne Westkünstler oder Fußballmannschaften durften einreisen. Der »Prager Frühling« beendete diese Phase jedoch Ende der 1960er Jahre; an seine Stelle trat erneut ein harter Kurs im Innern.

## Deutsch-deutsche Annäherung im Zeichen der Entspannungspolitik

Die Ostpolitik der Regierung Brandt hatte unter anderem zum Ziel, das Verhältnis zwischen beiden deutschen Staaten im Interesse der Menschen erträglicher zu machen. Auch wenn die Bundesregierung eine vollständige völkerrechtliche Anerkennung der DDR vermied, so erkannte sie nun deren Existenz an und sprach nicht mehr, wie Adenauer und viele Ältere noch, von der »sowjetisch besetzten Zone«. Eckpfeiler dieser keineswegs leichten Politik war der 1972 geschlossene Grundlagenvertrag. Dessen Abschluss und die gemeinsame Aufnahme beider deutscher Staaten in die UNO 1973 hatten zur Folge, dass die DDR international anerkannt wurde. Die Hallstein-Doktrin mit ihrem Alleinvertretungsanspruch hatte damit ihre Gültigkeit verloren. Reisen, vor allem im grenznahen Raum, waren nun für DDR- wie auch Bundesbürger leichter möglich. Der zweite Kalte Krieg Ende der 1970er Jahre, der durch die Umsetzung des NATO-Doppelbeschlusses ausgelöst wurde, bedrohte die zwischenzeitliche Klimaverbesserung zwar, beide Staaten bemühten sich jedoch, in einer Politik der kleinen Schritte das Erreichte zu bewahren und, wo es möglich war, auszubauen. Dutzende von Städtepartnerschaften mit den damit verbundenen Besuchsmöglichkeiten entstanden, die DDR erhielt weiterhin Transferzahlungen bzw. Kredite in Millionenhöhe, und die Verkehrsverbindungen zwischen beiden Staaten wurden verbessert. Zumindest aus DDR-Sicht war schließlich auch der offizielle Staatsbesuch von Erich Honecker, der 1971 im Einvernehmen mit der an weiterer Entspannung in Europa interessierten Moskauer Führung Ulbricht zum Rücktritt gezwungen hatte, ein großer Erfolg.

### »Wer zu spät kommt, den bestraft das Leben«

Der Anschein der Stabilität und der erreichten Normalität trog jedoch. Im Inneren der DDR gärte es seit den 1970er Jahren. Man sah dies an der steigenden Zahl von offiziellen Ausreiseanträgen in den Westen, die Ausweisung kritischer Dichter und Schauspieler oder auch die Jugendunruhen 1977, bei denen zahlreiche Jugendliche von der Polizei getötet bzw. verletzt wurden. Die Unruhen in Polen 1980/81 wurden ebenfalls mit großer Sorge registriert. Wirklich eindämmen konnte die DDR-Führung diesen offenen oder stillen Protest jedoch nicht. Abend für Abend traten, so ein 1977 verfasstes Manifest Oppositioneller, »94 % aller DDR-Bürger, also auch die Mehrheit der Funktionäre, [...] die geistige Republikflucht an«, indem sie zum »Überleben« Westfernsehen einschalteten.

Verantwortlich für die Verschlechterung der Stimmung war auch die schleichende Krise der DDR-Wirtschaft. Kostspielige Investitionen in neue industrielle Sektoren, allen voran die Mikroelektronik, erwiesen sich nicht nur als nutzlos, sondern schränkten erneut den Konsum ein. Steigende Energiepreise belasteten zugleich die Industrie und begrenzten die ohnehin schon geringen Möglichkeiten, in neue Anlagen zu investieren. Die Sowjetunion weigerte sich nämlich, weiterhin subventionierte Lieferungen an die DDR abzugeben, da sie auf die Öleinnahmen dringend angewiesen war, um ausreichende Finanzmittel für die eige-

Der Liedermacher Wolf Biermann bei dem Konzert am 13.11.1976 in der fast ausverkauften Kölner Sporthalle. Dieses Konzert veranlasste das Politbüro der SED zu dessen Ausbürgerung.

ne Aufrüstung zur Verfügung zu haben. Die Folge war ein dramatisches
Absinken der Arbeitsproduktivität: 1983 betrug sie im Vergleich zur bundesdeutschen nur noch 47 Prozent. Nur Milliardenkredite der Bundesregierung konnten die internationale Zahlungsfähigkeit der DDR schließlich retten.

Die Versorgungsprobleme schürten den Protest. Trotz aller Bespitze-
lungen und Strafandrohungen formierten sich immer mehr Protestgrup-
pen in der zum Teil kirchlichen Friedensbewegung – »Schwerter zu Pflug-
scharen« – oder der ökologischen Bewegung, die nach dem Reaktorunfall
im ukrainischen Tschernobyl auch in der DDR entstanden war. Hinzu kamen der Unmut über staatliche Gängelung, fehlende politische Freiheit
und das regelrechte Eingesperrtsein in einer Zeit, in der sich nicht nur in
Polen und Ungarn, sondern auch im Land des »großen Bruders«, der Sowjetunion, die Verhältnisse allmählich zu verändern begannen. Die Ergebnisse der Kommunalwahl vom Mai 1989, die massiv gefälscht worden
waren, hatten einmal mehr deutlich gemacht, dass das DDR-Regime nicht
daran dachte, Veränderungen in die Wege zu leiten. Ein Indikator für den
Protest war wieder die Zunahme der Ausreiseanträge: Zwischen 1980 und
1989 stieg die Zahl von 21 500 auf 125 000. Die Hoffnung, mit Ausreisege-
nehmigungen – 1984: 30 000, 1988: 25 000 – den Druck aus dem Kessel zu
nehmen, erfüllte sich nicht.

Im Sommer 1989 trat an die Stelle der ordnungsgemäßen Ausreise die
Massenflucht. Tausende DDR-Bürger flüchteten über die ungarische
Grenze, ohne dass die dortige Regierung, die, ähnlich wie die Sowjetuni-
on unter Michail Gorbatschow, einen Reformkurs eingeleitet hatte, die-

sen Exodus, wie eigentlich vertraglich vereinbart, unterband. Gegen die Zusage ökonomischer Unterstützung öffnete die ungarische Regierung schließlich am 1. September 1989 ihre Grenze nach Österreich und ermöglichte damit die legale Ausreise in den Westen. Diese Grenzöffnung war endgültig der Anfang vom Ende der DDR. Tausende DDR-Bürger flüchteten nun in die bundesdeutschen Botschaften in Prag und Warschau und erzwangen ihre Ausreise in die Bundesrepublik. Diese Ausreise, die die DDR-Führung in Verkennung der politisch-psychologischen Folgen, nur über ihr eigenes Territorium erlaubt hatte, glich mitunter einem Triumphzug. Am Vorabend ihres 40. Jahrestages stand die DDR-Führung vor einem Scherbenhaufen.

Auch im Inneren brodelte es; in »Montagsdemonstrationen« machten die Menschen in immer größerer Zahl ihrem Unmut zunächst in Leipzig, dann auch in anderen Städten der DDR Luft. Die Feierlichkeiten anlässlich des 40. Jahrestages, die eigentlich als Triumph eines eigenen Weges in den Osten mit all seinen Verpflichtungen – Einbindung in den Warschauer Pakt und den Rat für gegenseitige Wirtschaftshilfe – hatte sein sollen, war der Schwanengesang eines Systems, das kurz vor dem Zusammenbruch stand. Nichts dokumentierte das Paradoxe der Situation mehr als die angebliche, in Wahrheit so nie ausgesprochene Mahnung des eigens angereisten sowjetischen Staats- und Parteichefs und Symbol einer neuen Politik, Gorbatschow, an die DDR-Führung. »Wer zu spät kommt, den bestraft das Leben.« Während dieser mit »Gorbi, Gorbi«-Rufen gefeiert wurde, gingen die Demonstrationen trotz massiver Unterdrückungsversuche weiter. Wenige Tage nach den von Demonstrationen begleiteten Jubelfeiern stürzte die SED ihren eigenen Partei- und Staatschef und ersetzte ihn durch den vermeintlich moderateren Politiker aus den eigenen Reihen, Egon Krenz. Die Legitimität der alten Führung war jedoch nicht mehr zu retten. Stück für Stück gab sie jetzt den Forderungen der Demonstranten nach, die nun zu Hunderttausenden in Ost-Berlin zusammenströmten. Die Hoffnung, durch Konzessionen die Protestbewegung noch eindämmen zu können, erfüllte sich nicht. Gezwungenermaßen erlaubte die DDR-Führung, der dieses Mal im Gegensatz zu 1953 keine sowjetischen Panzer zu Hilfe geeilt waren, am 9. November die freie Ausreise in den Westen. Noch am gleichen Abend, an dem der Sprecher des Politbüros der SED die vollständige Reisefreiheit angekündigt hatte, begann eine wachsende Zahl von Ost-Berlinern, nach West-Berlin zu fahren. Die Mauer, das unmenschliche Symbol der Teilung Deutschlands und Europas, war gefallen.

## Das wiedervereinigte Deutschland 1989/90–2008

### Der Fall der Mauer

Die Freude, mit der die Menschen im Westen den Fall der Berliner Mauer am 9. November 1989 und die anschließende Öffnung der Sperranlagen begrüßt haben, wird nur derjenige nachvollziehen können, der dieses Ereignis unmittelbar erlebt hat. Die in der Regel spontanen Kundgebungen, auf denen häufig das »Deutschlandlied« gesungen wurde, die langen Schlangen von Trabis, die erstmals frei in den Westen fahren durften und die auf ihrem Weg in grenznahe Orte oder auch in weit im Hinterland liegende Städte und Regionen freudig begrüßt wurden, ließen erkennen, dass das Gefühl, zu einer Nation zu gehören, auch nach vierzig Jahren Trennung entgegen mancherlei Behauptungen nicht erloschen war.

Ob und wann es ein wiedervereinigtes Deutschland geben würde, war zu diesem Zeitpunkt noch völlig ungewiss. Die rasante Entwicklung in der DDR im Oktober 1989 und der schließlich unübersehbare Zusammenbruch des SED-Regimes hatten alle Politiker im Westen überrascht. Nach vierzig Jahren Teilung Deutschlands, Europas und der Welt galt gerade das Verhältnis zwischen beiden deutschen Staaten – ungeachtet der Empörung über den Todesstreifen – als ein stabilisierendes Element internationaler Politik. Jegliches Rütteln daran drohte eher die Lage zu verschärfen und – zu Lasten der Menschen im anderen Teil Deutschlands –

Mit der Deutschlandfahne und einem Transparent stehen Berliner am 22. Dezember 1989 auf der Berliner Mauer am Brandenburger Tor. Das Tor ist seit diesem Tag wieder zugänglich.

Eine Trabi-Kolonne schiebt sich am 11. November 1989 über den Grenzübergang Herleshausen in Richtung Bundesrepublik Deutschland.

jene Formen in der Zeit des Kalten Krieges anzunehmen, die niemand sich mehr wünschte. So sehr Politiker aller Parteien in der Bundesrepublik im Herbst 1989 daher die Tatsache begrüßten, dass der Umbruch in der DDR den dort lebenden Deutschen nun offenbar auch Freiheit, Freizügigkeit und Wohlstand bringen würde, so sehr zögerten sie zunächst, nun auch die Wiedervereinigung der beiden seit 1945/49 geteilten Staaten zu fordern. Damit trugen sie nicht zuletzt auch den durchaus vorhandenen Bedenken bei einem Teil der eigenen Bündnispartner Rechnung. Diese konnten sich ein wiedervereinigtes und das hieß entsprechend stärkeres Deutschland in der Mitte Europas anfänglich nur schwer vorstellen. Gleichermaßen sollte auch die reformwillige Führung in der Sowjetunion keineswegs in eine schwierige Lage gebracht werden, war doch nicht vorhersehbar, ob nicht zu weitgehende Forderungen dort die durchaus starken »Falken« auf den Plan rufen und damit alle Fortschritte zunichte machen würden. Allein die Vereinigten Staaten unterstützten die sich abzeichnende Entwicklung von Anfang an vorbehaltlos.

## Von der Maueröffnung zur Wiedervereinigung

Die Realität hat die Politik schneller eingeholt und zum Handeln gezwungen als erwartet. Die Erosion der DDR nach der Öffnung der Mauer war ohne Beispiel. Tausende verließen das Land, aus Angst, das bisher Erreichte könnte doch wieder zurückgenommen werden, aber auch, um endlich ein besseres Leben beginnen zu können. Versuche der Reformkommunisten um Ministerpräsident Hans Modrow, dieser Entwicklung Einhalt zu gebieten und die DDR irgendwie zu stabilisieren, erwiesen sich letztlich als untauglich. Der unerwartete Sturm auf die Ost-Berliner Stasi-Zentrale im Januar 1990 unterstrich zugleich die Instabilität der Regierung. Die wachsende Zahl von Demonstrationen, auf denen Rufe »Deutschland einig Vaterland« laut wurden, machte deutlich, dass die Wiedervereinigung und nicht eine irgendwie reformierte DDR das eigentliche Ziel der offenkundigen Mehrheit der Bevölkerung im Osten Deutschlands war. Die ersten freien Wahlen seit 1945 im März 1990 bestätigten diese Einschätzung: Fast 50 Prozent der Wähler gaben ihre Stimme der »Allianz für Deutschland«, die eine schnelle Wiedervereinigung forderte.

Diese Entwicklung veränderte die Haltung der Bundesregierung wie auch der Westmächte. Hatte die Bundesregierung im November 1989 zunächst noch in ihrem »Zehn-Punkte-Plan« von der Möglichkeit einer Konföderation gesprochen, an deren Ende die Einheit stehen könnte, so näherte sie sich in der Folgezeit den Forderungen der Demonstranten an. Seit dem Frühjahr 1990 verhandelte sie im Rahmen der berühmten »2 + 4 Gespräche« intensiv mit der Regierung der DDR wie auch den ehemaligen Alliierten über eine schnelle Wiedervereinigung. Gegen eine Zahlung von zwanzig Milliarden DM und Konzessionen hinsichtlich der Stärke und Ausrüstung der Bundeswehr sowie nach ausdrücklicher Anerkennung der Oder-Neiße-Linie als Westgrenze Polens stimmte die Sowjetunion der vollen Souveränität eines wiedervereinigten Deutschlands zu. Auf

Am 5. Mai 1990 fand in Bonn die Erste Runde der 2+4-Konferenz der Außenminister beider deutscher Staaten und der Siegermächte statt.

eine Währungsunion folgte schließlich am 3. Oktober 1990 der offizielle Beitritt der DDR zur Bundesrepublik. Die Wiedervereinigung war damit 41 Jahre nach der Gründung zweier deutscher Staaten vollzogen.

## »Ein weltpolitisches Ereignis von historischem Rang«

Die Wiedervereinigung vom 3. Oktober 1990 war, wie Bundeskanzler Helmut Kohl am Vorabend des feierlichen Zeremoniells vor dem historischen Reichstagsgebäude in Berlin erklärte, »ein weltpolitisches Ereignis von historischem Rang«. Von den friedlichen Montagsdemonstrationen im Herbst 1989 bis zur Vereinigung hatte es gerade einmal ein Jahr gedauert. In dieser Zeit, und dies sollte nicht übersehen werden, waren wie Dominosteine die anderen kommunistischen Regime in der Tschechoslowakei, in Bulgarien und in Rumänien von Volksbewegungen hinweggefegt worden.

## Ernüchterung

Der anfänglichen Euphorie über diese Entwicklung folgte alsbald jedoch die Ernüchterung, als es darum ging, die »innere Einheit« herzustellen. Das Versprechen der Bundesregierung, im Osten »blühende Landschaften« zu schaffen, war schwerer einzulösen als viele es gedacht hatten. Die Mehrheit der Betriebe im Osten erwies sich unter den Bedingungen des Westens als nicht konkurrenz- und damit existenzfähig. Arbeitslosenzahlen von 25 Prozent waren im Osten bald keine Seltenheit. Hinzu kam, dass erst jetzt allen Beteiligten deutlich wurde, wie marode die DDR in vieler Hinsicht gewesen war: Viele Innenstädte waren verfallen, die Infrastruktur – Eisenbahnen, Straßen, Telefonnetze usw. – war in einem desolaten Zustand. Transferzahlungen in Milliardenhöhe und die Entsendung von Fachleuten aus allen Bereichen der westdeutschen Verwaltung, Wirtschaft und Gesellschaft waren vor dem Hintergrund der enormen Größe der Probleme zunächst nur Tropfen auf den heißen Stein. Als politisch schwierig und emotional belastend erwies sich auch die im Einigungsvertrag festgeschriebene Regelung alter Eigentumsansprüche. Der Vorrang von Rückgabe vor Entschädigung hatte nicht nur Erbitterung bei vielen Bürgern in den fünf neuen Bundesländern, die mit der Vereinigung gebildet worden waren, zur Folge, sondern führte angesichts ungeklärter Eigentumsfragen auch zu einem Investitionsstau. Gleichermaßen belastend waren das Lohn- und Gehaltsgefälle zwischen Ost und West sowie die unübersehbaren Unterschiede hinsichtlich der Lebens- und Wohnverhältnisse. Für erhebliche Verstimmung sorgte schließlich

# HELMUT KOHL – ARCHITEKT DER ZWEITEN DEUTSCHEN EINHEIT

Wie kaum ein anderer Kanzler vor ihm ist Helmut Kohl, der 1930 als drittes Kind eines »kleinen« Beamten geboren wurde, lange Zeit unterschätzt worden. Dies ist im Nachhinein umso überraschender, als Kohl, der zum Urgestein der CDU in Rheinland-Pfalz gehört, schon früh eine erstaunliche politische Karriere gemacht hatte. Mit 25 Jahren war er nach seinem Aufstieg in der Jungen Union Mitglied des Landesvorstands seiner Partei, mit 33 Fraktionsvorsitzender im Landtag in Mainz, mit 36 Mitglied des Bundesvorstandes und mit 39 schließlich Ministerpräsident des Landes geworden. 1973, nach dem gescheiterten Mißtrauensvotum und der großen Wahlniederlage vom November 1972 löste er den bisherigen Bundesvorsitzenden, Rainer Barzel, ab. In den Jahren bis zur Bundestagswahl 1976 gelang es ihm, die Anhänger der Partei und neue Wählerschichten zu mobilisieren. Mit 48,6 Prozent der Stimmen verfehlte die CDU die absolute Mehrheit nur knapp, und Helmut Kohl übernahm die Rolle des Oppositionsführers im Deutschen Bundestag.

Trotz dieses Erfolges blieb er umstritten; insbesondere Karikaturisten und Satiriker zogen mit Vorliebe über den provinziell wirkenden Vorsitzenden der CDU her. Aber auch innerhalb der Partei gab es Stimmen, die ihm einen Erfolg bei den nächsten Wahlen nicht zutrauten. Nach langen Querelen überließ er dann auch dem Vorsitzenden der Schwesterpartei CSU, Franz Josef Strauß, die Kanzlerkandidatur. Als dieser bei den Bundestagswahlen 1980 jedoch wegen seines autoritären Auftretens und seines rückwärts gerichtet erscheinenden Programms scheiterte, war Kohl zunächst – mangels Alternative – weiterhin Führer der Opposition. In dieser Funktion gelang es ihm, die unübersehbaren Schwächen der sozialliberalen Koalition auszunutzen und durch Gespräche mit dem Vorsitzenden der FDP, Hans-Dietrich Genscher, geschickt den Machtwechsel im Herbst 1982 herbeizuführen. Nach einem erfolgreichen Mißtrauensvotum wurde Kohl Nachfolger von Bundeskanzler Helmut Schmidt. Bei den vorgezogenen Neuwahlen vom Frühjahr 1983 bestätigten die Wähler die neue Koalition mit großer Mehrheit.

Außenpolitisch knüpfte Kohl in vieler Hinsicht an die Politik seines Vorgängers an. Gegen massive Widerstände in der Öffentlichkeit und der SPD setzte er den noch von Schmidt vorbereiteten NATO-Doppelbeschluss um. Gegenüber der DDR folgte er dem eingeschlagenen Kurs der Entspannung. In der Europapolitik arbeitete er insbesondere mit Frankreich zusammen, um die politische Einigung voranzutreiben.

Im Innern verfolgte Kohl eine oft belächelte Politik der »geistig-moralischen Wende« und der wirtschaftlichen Konsolidierung durch Reformen, die den Bürger wieder stärker in die Pflicht nahmen. Auch wenn er die Wahlen 1987 erneut gewann, war er innerparteilich umstritten. Mehrere Niederlagen bei Landtagswahlen führten im Sommer 1989 sogar fast zu seinem Sturz, aber seine innerparteilichen Gegner zögerten, ihm auf dem Bremer Parteitag tatsächlich die Gefolgschaft zu verweigern. Die dramatische Entwicklung in der DDR drängte ihn schließlich in die Rolle des »Kanzlers der Einheit«. Kohl hatte auf diese Entwicklungen umsichtig reagiert, bemüht, den Prozess der Entspannung nicht zu gefährden. Sein Gespräch mit dem

ungarischen Ministerpräsidenten Gyula Horn trug dazu bei, dass Ungarn seine Grenzen öffnete und die dort weilenden DDR-Bürger frei ausreisen konnten.

Als am 9. November 1989 endlich die Berliner Mauer fiel, war dies für Kohl, der zu dieser Zeit in Warschau weilte, eine Bestätigung seiner Politik. Ohne Absprache mit den westlichen Bündnispartnern wie auch dem eigenen Koalitionspartner legte er im November 1989 einen Zehn-Punkte-Plan zur Überwindung der Teilung Deutschlands und Europas vor, der jedoch schon bald von der Realität überholt wurde. Der Dynamik der Entwicklung Rechnung tragend, trieb er die Einigung Deutschlands im Frühjahr 1990 voran. Am 3. Oktober 1990 wurde sie vollzogen. Diese Vereinigung wäre ohne seine Zähigkeit, aber auch ohne das notwendige Fingerspitzengefühl nicht zustande gekommen. Im Gegensatz zur Führung der SPD verstand er es zugleich, den Bürgern der ehemaligen DDR das Gefühl zu vermitteln, dass sie willkommen seien.

1994 konnte Kohl die Wahlen zum Bundestag noch einmal knapp gewinnen, 1998 verlor er jedoch mit einem unerwartet schlechten Ergebnis. Allein in der Außen-, vor allem der Europapolitik feierte er zwischenzeitlich noch Erfolge, beispielsweise mit der Einführung des Euro. In der Innenpolitik war hingegen Stagnation das Kennzeichen seiner letzten Jahre als Kanzler. Hinzu kamen die Probleme, das Versprechen einzulösen, im Osten »blühende Landschaften« zu schaffen. Trotz der Parteispendenaffäre, die seinem Ruf erheblich schadete, wird er als »Kanzler der Einheit« in die Geschichte eingehen.

Erster Tag der Deutschen Einheit: Bundeskanzler Helmut Kohl (2.v.r.) winkt am 3. Oktober 1990 zum Geläut der Freiheitsglocke von der Freitreppe des Berliner Reichstages. Neben Kohl Außenminister Hans-Dietrich Genscher, Hannelore Kohl und Bundespräsident Richard von Weizsäcker.

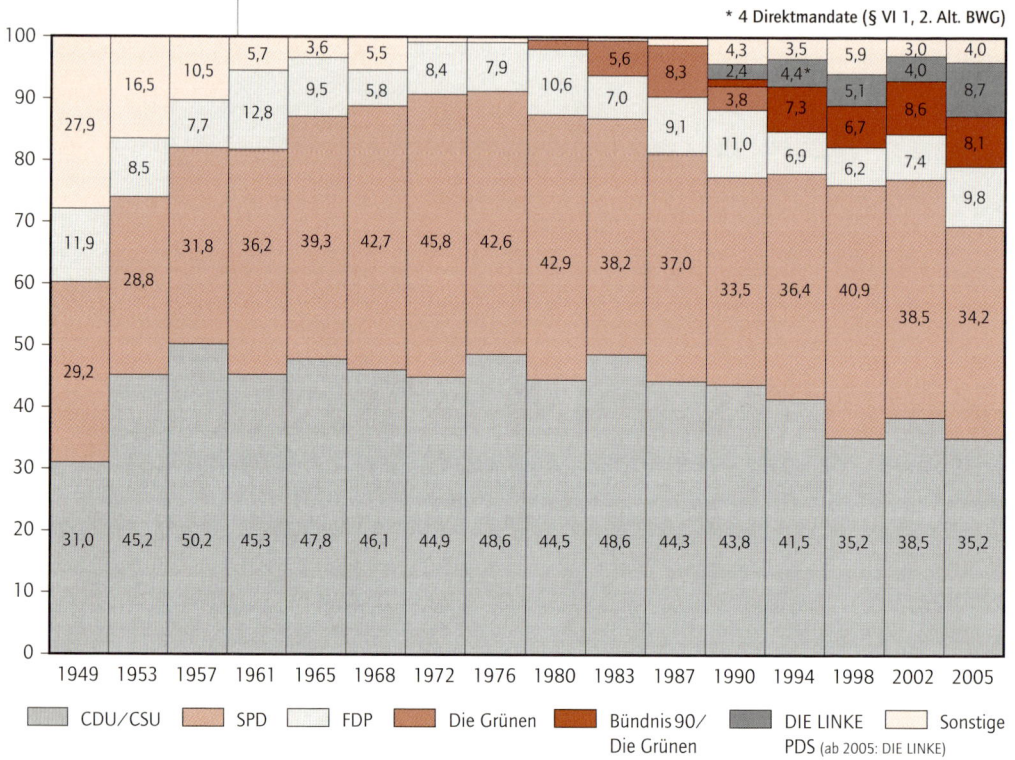

* 4 Direktmandate (§ VI 1, 2. Alt. BWG)

Legend: CDU/CSU · SPD · FDP · Die Grünen · Bündnis 90/Die Grünen · DIE LINKE PDS (ab 2005: DIE LINKE) · Sonstige

**Bundestagswahlergebnisse** seit 1949 – Zweitstimmen (in Prozent)

auch der Elitentransfer von West nach Ost. Viele Führungspositionen in Verwaltung, Universitäten und Justiz wurden von Menschen aus den alten Bundesländern übernommen. Die Überprüfung tausender Bürger im Osten auf ihre Tätigkeit als offizielle oder inoffizielle (»IM«) Mitarbeiter der ehemaligen Staatssicherheit spielte dabei gleichfalls eine erhebliche Rolle. Daraus resultierte ein Stimmungsumschwung, der auch als »Vereinigungskrise« bezeichnet worden ist und dem die hochpolitische wie hochemotionale Entscheidung für Berlin und nicht Bonn als Sitz der Bundeshauptstadt nicht hat entgegenwirken können.

Bei manchen ehemaligen DDR-Bürgern machte sich eine DDR-Nostalgie breit, die trotz aller Erfolge bis heute nicht ganz überwunden ist. Ein Spiegelbild dafür ist die – trotz gelegentlicher Schwankungen – erhebliche Stärke der Nachfolgepartei der ehemaligen SED, der PDS, bei Bundestags- und Landtagswahlen. Diese Stimmung war auch dafür verantwortlich, dass die von Helmut Kohl, dem »Kanzler der Einheit«, geführte Bundesregierung im Herbst 1998 eine schwere Wahlniederlage erlitt und

durch eine Koalition aus SPD und Grünen mit Bundeskanzler Gerhard Schröder an der Spitze abgelöst wurde. Trotz des Enthusiasmus, mit dem sie antrat, hat sie die bestehenden Probleme nur allmählich lösen können. Die Arbeitslosenzahlen blieben, insbesondere im Osten, nicht zuletzt aufgrund der unübersehbaren ökonomischen und demographischen Strukturprobleme, die im Zeichen der »Globalisierung« immer stärker auf die deutsche Wirtschaft und Gesellschaft durchschlugen, hoch. Die Öffnung der Grenzen, das Entstehen neuer, billigerer Arbeitsmärkte im Osten oder in anderen Regionen der Welt, die rasant sich beschleunigende »Vernetzung« von Märkten im Zeitalter neuer Technologien und der Wandel der Kapitalmärkte verschärften die durch die Wiedervereinigung verursachte Krise zusätzlich. 2002 gelang es der rot-grünen Regierung nur durch die Instrumentalisierung außenpolitischer Themen – der amerikanischen Drohung, in den Irak einzumarschieren –, knapp wiedergewählt zu werden. Im Laufe des Jahre 2005 löste der Bundespräsident nach dem Scheitern einer vom Kanzler gestellten Vertrauensfrage den Bundestag vorzeitig auf. Nach verheerenden Niederlagen der regierenden SPD bei Landtagswahlen glaubte sich Bundeskanzler Schröder nicht mehr auf seine eigene Partei bei der Umsetzung der von ihm verkündeten »Agenda 2010«, die die Bundesrepublik im Zeichen der Globalisierung »umbauen«, den Bürger mehr in die Pflicht nehmen sollte, verlassen zu können. Die anschließende Bundestagswahl hatte freilich keine Klärung der verhärteten Fronten im Innern zur Folge, führte vielmehr zu einem »Patt« zwischen links und rechts. Allein die Bildung der zweiten Großen Koalition unter der ersten Bundeskanzlerin in der deutschen Geschichte, Angela Merkel, hat eine regierungsfähige Mehrheit geschaffen. Begünstigt durch ein Greifen der

Bundeskanzlerin Angela Merkel mit Altbundeskanzler Gerhard Schröder bei der Amtsübergabe am 22. November 2005.

## EINE LAST, DIE NICHT VERGEHEN WILL – »VERGANGENHEITSBEWÄLTIGUNG«

»Im Wissen um das Geschehene halten wir die Erinnerung wach. Mit den Lehren aus der Vergangenheit gestalten wir gemeinsame Zukunft«, erklärte der damalige Bundespräsident Johannes Rau im Jahre 2000 beim Staatsbesuch in Israel vor der Knesset, dem israelischen Parlament.

Dieses Bekenntnis, aus der Vergangenheit lernen zu wollen, ist heute ein wichtiger Bestandteil der politischen Kultur in Deutschland. Anfänglich taten sich viele Zeitgenossen schwer bei dem Versuch, sich mit der Schuld der nationalsozialistischen Verbrechen auseinander zu setzen. Die Tatsache, dass im Nürnberger Prozess 1945/46 sowie in mehreren Folgeprozessen die Haupttäter abgeurteilt und zum Teil hingerichtet worden waren, dass durch die »Entnazifizierung« ehemalige Nationalsozialisten als politisch Belastete aus den Ämtern entfernt wurden und »reeducation« der Demokratie den Weg geebnet hatte, reichte nach Meinung vieler im Westen Lebender zur Vergangenheitsbewältigung aus. Eine »Schlussstrichmentalität« kennzeichnete das Verhalten der großen Mehrheit über viele Jahre. Damit einher gingen beispielsweise frühzeitige Amnestien verurteilter Täter, die Wiedereingliederung wegen nationalsozialistischer Betä-

tigung entlassener Beamter und Soldaten sowie eine erst spät anlaufende juri-
stische Verfolgung von Angehörigen der
nationalsozialistischen Mordmaschinerie:
Der Prozess gegen die Leitung des La-
gers in Auschwitz – trauriges Symbol der
Vernichtung – begann erst Anfang der
1960er Jahre. Erst die 68er-Bewegung,
deren Stärke u.a. in der vehementen
Kritik am Ausbleiben der Auseinandersetzung mit der eigenen Vergangenheit
durch die Generation der eigenen Väter
ihre Ursache hatte, versuchte einer breit
angelegten öffentlichen Debatte über

die in deutschem Namen begangenen Verbrechen den Weg zu bereiten. Wirklich in Gang kam das Gespräch zwischen den Generationen jedoch erst Ende der
1970er Jahre – ausgelöst durch den eher trivialen »Holocaust«-Film und erneut
in den 1990er Jahren durch die umstrittene »Wehrmachtsausstellung«.

Im Osten stellte sich dieses Problem in anderer Form, war dort der Antifaschis-
mus doch von Anfang an ein wesentlicher Bestandteil der Herrschaftslegitimati-
on der SED. Das bedeutete, dass nur die Aspekte der Vergangenheit berücksichtigt wurden, die den kommunistischen Widerstand betrafen. Eine tiefgehende
Auseinandersetzung mit dem Nationalsozialismus war daher nicht möglich. Hinzu kommt, dass es auch in der DDR pragmatische »Kompromisse« beim Umgang
mit ehemaligen Nationalsozialisten gab.

Der Beschluss des Bundestages, den 27. Januar – den Tag der Befreiung des
Konzentrationslagers Auschwitz – zum offiziellen Gedenktag zu machen sowie
in Berlin an zentraler Stelle ein Mahnmal für die Opfer des Holocaust zu errichten, setzten ein viel beachtetes Zeichen, dass das wiedervereinigte Deutschland
bereit ist, sich seiner Vergangenheit zu stellen.

Das Holocaust-Mahnmal – Stelenfeld des
Denkmals für die ermordeten Juden Europas
in Berlin

eingeleiteten Reformen sowie eine Verbesserung der allgemeinen wirtschaftlichen Lage, hat die neue Regierung einige Erfolge zu verzeichnen. Die Frage, wie mit der inzwischen erstarkten Linken und den hinter ihr stehenden Wählern umzugehen, wie deren Protest aufzufangen sei, ist jedoch zwischen beiden Regierungsparteien umstritten. Wie so häufig tendieren beide dazu, im Hinblick auf die 2009 bevorstehende Bundestagswahl Versprechen abzugeben, die der eigenen, zuvor für richtig erachteten Politik widersprechen.

## Die neue außenpolitische Rolle der Bundesrepublik

Die Wiedervereinigung und die Umbrüche in Europa drängten die Regierungen der Bundesrepublik, sich ganz anders als in den Jahrzehnten zuvor weltpolitischen Aufgaben zu stellen. Als vergleichsweise unproblematisch erwies sich dabei die Vertiefung der Einigung Europas. Wie bereits vor der Wende beschlossen, trieb die Bundesregierung zusammen mit den Regierungen Frankreichs und Italiens die Herstellung eines einheitlichen Binnenmarktes voran. Der bedeutendste Schritt auf dem Weg zu einer engeren wirtschaftlichen und politischen Einigung war die im Vertrag von Maastricht 1992 vereinbarte Einführung einer gemeinsamen Währung, des Euro. Dieser ist seit 2002 allgemeines Zahlungsmittel in den zwölf Ländern Europas, die die notwendigen Kriterien über die wirtschaftliche Stabilität erfüllten.

Der Zusammenbruch des kommunistischen Systems im Osten Europas öffnete auch Ländern hinter dem ehemaligen »eisernen Vorhang« den Weg in die Europäische Union (EU) – so der offizielle Name der einstigen EWG seit 1993. Die nunmehr freien Länder Osteuropas sollten damit wirtschaftlich und politisch stabilisiert werden. Zugleich sollte der Beitritt dieser Länder helfen, die Teilung Europas endgültig zu überwinden und die westeuropäische Zone des Friedens und des Wohlstands nach Osten auszudehnen. Die baltischen Staaten, Polen, Tschechien, die Slowakei, Ungarn und Slowenien (2004) sind daher nunmehr ebenso wie die beiden Mittelmeerländer Malta und Zypern Mitglied der EU. Seit 2007 gehören auch Bulgarien und Rumänien zur Europäischen Gemeinschaft.

Dieser schnelle Prozess der Erweiterung hat neben Freude auch Ängste ausgelöst. Das wirtschaftliche Gefälle zwischen den alten und den neuen Mitgliedsländern hat die Probleme bei der Verteilung der EU-Mittel verschärft. Hinzu kommen die Sorgen über die Verlagerung von Produktionsstätten mit dem damit verbundenen Verlust an Arbeitsplätzen in EU-Länder mit billigeren Löhnen. Heftig diskutiert wird vor diesem Hinter-

grund auch die Frage des Beitritts der Türkei mit ihren anderen kulturellen und religiösen Normen. In der Vergangenheit hat die EU allerdings alle Herausforderungen erfolgreich meistern können. Diese Erfahrung ist nach Meinung vieler verantwortlicher Politiker und der Mehrheit der Bevölkerung in den Mitgliedsländern Anlass, optimistisch in die Zukunft zu schauen.

Erheblich schmerzlicher war für die meisten Politiker wie auch für die große Mehrheit der Deutschen die Erkenntnis, dass der Zusammenbruch der kommunistischen Regime in Osteuropa kein Zeitalter des Weltfriedens im Rahmen einer von allen anerkannten neuen, demokratischen Weltordnung einläutete. Stattdessen kam es seit 1990 zu einer Welle von blutigen militärischen Konflikten auf dem Balkan, im Nahen und Mittleren Osten und in Afrika, in die auch die Bundesrepublik direkt oder indirekt miteinbezogen wurde, seit das Bundesverfassungsgericht 1994 die Teilnahme deutscher Soldaten auch an Kampfeinsätzen als prinzipiell mit dem Grundgesetz für vereinbar erklärt hatte. Insbesondere die rot-grüne Bundesregierung, deren Parteien annähernd zwei Jahrzehnte den Kern der Friedensbewegung gestellt hatten, tat sich mit dem Schritt, deutsche Soldaten auch für Kampfeinsätze bereit zu stellen, schwer. Zur Bekämpfung des Terrors, der nach den Anschlägen auf das World Trade Center in New York am 11. September 2001 eine völlig neue Dimension erreicht hatte, wie auch zum Schutz der Menschenrechte im Kosovo, im Sudan oder im Kongo erschien ihr dies gerade als eine der Lehren der deutschen Geschichte unausweichlich. Die große Koalition hat an dieser Politik festgehalten und konnte sich dabei bisher auf die Unterstützung der Mehrheit der Bevölkerung berufen.

## »Eine zweite Chance«

Betrachtet man das lange 19. und das kurze 20. Jahrhundert zusammen, dann wird man sich, auch wenn die weitere Entwicklung abzuwarten bleibt, dem Diktum des Historikers Fritz Stern anschließen können, der mit seinen Eltern vor dem Rassenwahn der Nationalsozialisten hatte fliehen müssen. Bilanzierend hatte dieser zur Jahrtausendwende geschrieben: »Dies Jahrhundert endet, wie es anfing, mit einem großen deutschen Vorsprung in Europa, gestützt auf Wirtschaft, Technik und menschliche Leistungsfähigkeit. Nun haben Deutschland und Europa eine zweite Chance, ihre wahren Werte in Frieden und Freiheit zu sichern – und zwar unter sehr viel besseren Bedingungen als im Zeitalter des großen Nationalismus vor 1914.«

# Ein deutsches Panorama: Zeit der Brüche, Zeit des Wandels

*Nicht allein politische Ereignisse kennzeichnen die Ereignisse zwischen 1648 und 2008. Auch die Formen der Herrschaft, das Leben der Menschen, die sich wandelnden sozialen Gruppen und Schichten angehören, Wirtschaft und Kultur haben sich in dieser Zeit dynamisch entwickelt.*

## Deutschland – Gestalt und Bevölkerung im Wandel von 360 Jahren

### Das Reich ... und seine Grenzen

Wie bei keinem anderen westeuropäischen Land in der Neuzeit waren die Grenzen des in der Mitte des Kontinents gelegenen Deutschland – ein hier angesichts der mehrfachen Änderungen des Namens bewusst gewählter allgemeiner Begriff – immer wieder Veränderungen unterworfen. Von Nachbarn ausgelöste Kriege, vor allem aber auch selbst verursachte Konflikte waren dafür verantwortlich, dass sich die Gestalt des Reiches im Verlauf von 360 Jahren sowohl in seiner Ausdehnung wie auch in seiner inneren Aufteilung grundlegend wandelte.

Äußerlich war das Heilige Römische Reich Deutscher Nation, das die Friedensschlüsse von Münster und Osnabrück hinterlassen hatten, von monströser Gestalt und mit dem späteren deutschen Nationalstaat in den Grenzen von 1871, geschweige denn dem geteilten bzw. wiedervereinigten Deutschland der Jahre 1949 und 1989/90 in keiner Weise vergleichbar: Im Norden grenzte es mit dem Herzogtum Holstein an Dänemark, im Osten an Polen, umfasste aber Hinterpommern und Schlesien. Im Westen reichte es an die Niederlande und an Frankreich, schloss die spanischen Niederlande – das heutige Belgien und Teile Nordfrankreichs – sowie die Freigrafschaft Burgund mit ein. Die Grenze lag somit wesentlich weiter im Westen. Südwestlich gehörten sowohl Lothringen wie das Herzogtum

Savoyen zum Reich. Im Süden grenzte es an die Schweiz, im Südosten reichte es schließlich mit dem Herzogtum Krain bis an die Adria und mit Österreich, Böhmen und Mähren bis an die Grenze Ungarns.

Jedoch bereits in der zweiten Hälfte des 17. Jahrhunderts begannen die Ränder »auszufransen«. Im Westen war es vor allem das Frankreich Ludwigs XIV., das mit Erfolg versuchte, sich die natürliche Rheingrenze zu sichern und im Rahmen der Reunionspolitik bzw. im Zuge klassischer Eroberungskriege (Devolutionskrieg 1667/68, Niederländischer Krieg 1672–78, Pfälzischer Erbfolgekrieg 1688–97) Teile des Reiches annektierte: Burgund, das Elsass und Lothringen sowie die nordfranzösischen Territorien gingen bis 1789 verloren oder wurden – ganz im Stile der Kabinettspolitik – getauscht. So fiel das bereits in den 1680/90er Jahren besetzte Herzogtum Lothringen 1766 im Tausch für das Großherzogtum Toskana endgütig an Frankreich – ein Zeichen für die Unbekümmertheit, mit der in der Zeit vor dem aufkommenden Nationalismus mit Territorien und deren Einwohnern umgegangen wurde.

Im Osten war die Grenze zu Polen trotz der Veränderungen im Zuge der Politik des Großen Kurfürsten bis zu den drei polnischen Teilungen 1772, 1793 und 1795 relativ stabil. Auch hier war es dann die Habgier der Ostmächte Preußen, Österreich und Russland, die neue Grenzen schuf.

Weniger dramatisch waren die Verhältnisse im Norden. Hier grenzte das Deutsche Reich an Dänemark. Erst im 19. Jahrhundert, als konkurrierende Nationalismen miteinander rangen, änderten sich die Grenzen auch gegenüber Dänemark mit Gewalt. 1864 zogen preußische und österreichische Truppen gemeinsam gegen Dänemark, um die »unterdrückten Brüder in Schleswig-Holstein« zu befreien; nach 1918 wurde auch dieses Ergebnis teilweise rückgängig gemacht. Bis 1815 besaß Schweden allerdings noch einige Territorien in Vorpommern, die es 1648 zugesprochen bekommen und nur langsam im Kampf mit dem aufstrebenden Preußen geräumt hatte.

Stabil war allein die Grenze im Süden: 1648 hatte Deutschland die Souveränität der Schweiz anerkannt, daran wurde nicht mehr gerüttelt. Zeitweilig gehörten auch einige Gebiete in Oberitalien – die so genannten Sekundogenituren – dazu, die sich jedoch weder als deutsch fühlten noch irgendeine besondere Rolle in der Reichspolitik spielten. Gleiches galt im Übrigen auch für das Herzogtum Savoyen, das 1801 im Frieden von Lunéville an Frankreich fiel. Die Südostgrenze wiederum unterlag infolge der Türkenkriege mehrfachen Veränderungen; erst im Laufe des 18. Jahrhunderts sollte sie sich endgültig stabilisieren.

# POLNISCHE TEILUNGEN 1772–1795

Zu den dunkelsten Kapiteln der europäischen und damit auch der deutschen Geschichte gehören die drei polnischen Teilungen im letzten Drittel des 18. Jahrhunderts. Seit dem Ende des 17. Jahrhunderts innerlich geschwächt, hatte Polen einen geradezu dramatischen Verfall erlebt. Die republikanisch-wahlmonarchische Verfassung, ermöglichte es, dass auch ausländische Herrscher – bekanntes Beispiel ist Friedrich August I. (der Starke) von Sachsen – den polnischen Thron bestiegen. Adelsanarchie und innere Turbulenzen (»Liberum Veto«) hatten das Land jedoch weitgehend unregierbar gemacht. Der Versuch König Stanislaus August Poniatowskis, der 1763 mit russischer Hilfe gewählt worden war, innere Reformen durchzusetzen und damit Polen zu stabilisieren, erweckte jedoch das Misstrauen der Nachbarn. Ein stabiles, starkes Polen war nicht in deren Interesse. 1772 einigten sich dessen Nachbarn darauf, verschiedene Vorfälle zu nutzen und Teile Polens zu amputieren: Preußen erhielt das Verbindungsstück zwischen den Kernlanden und der »Kronprovinz« Preußen, Russland das Gebiet bis zur Düna, Österreich die Provinzen Galizien und Lodomerien. Polen verlor damit fast vierzig Prozent seiner Einwohner. Dieser Verlust hatte jedoch weder Apathie noch revolutionäre Unruhen zur Folge. Im Gegenteil – der polnische König bemühte sich in den folgenden zwanzig Jahren, eine Adelsnation mit mittelalterlichen Zügen in einen modernen bürgerlichen Staat umzuwandeln. 1791 war Polen das erste Land in Europa, das eine freiheitliche Verfassung hatte. Teile des konservativen Adels lehnten diese Entwicklung jedoch ab, baten die russische Zarin schließlich um Intervention, um die alte Ordnung wiederherzustellen. 1793 einigten sich Russland und Preußen auf die Abtrennung weiterer Gebiete: Während das Zarenreich Podolien sowie Teile des östlichen Polens erhielt, bekam Preußen Danzig und Thorn sowie die Gebiete der späteren Provinz Posen zugesprochen. Im Gegensatz zur ersten Teilung löste die zweite jedoch einen nationalen Aufstand aus, dessen Führer Tadeusz Kosciusko war. Nach der Niederschlagung teilten Österreich, Russland und Preußen auch die restlichen Gebiete unter sich auf. Polen hörte auf zu existieren.

»Le Gateau des Rois«. Katharina II. von Russland, Stanislaus II. August von Polen, Joseph II. von Österreich und Friedrich II. von Preußen über der Landkarte von Polen. Kupferstich von L. Lemire 1772.

Die großen Umbrüche in der deutschen Geschichte – 1815, 1866/71, 1918/19, 1945 und 1989/90 – hatten weitere Änderungen der Umrisse des Reiches zur Folge. Mit den Regelungen des Wiener Kongresses näherte es sich hinsichtlich der Grenzen jener Gestalt an, die es trotz mancher Veränderungen infolge der beiden Weltkriege letztlich haben sollte. Nur die deutschen Teile Österreichs schieden aus dem Deutschen Bund, des Nachfolgers des Alten Reiches, 1866 aus, dafür kamen 1871 Elsass und Lothringen – die, so die nationale Propaganda, von Frankreich zuvor schmählich geraubten Reichslande – dazu, um dann 1918 doch wieder verloren zu gehen. Ebenso ging es mit jenen Gebieten, die 1919/20 an Polen abgetreten werden mussten, teils mit, teils aber auch ohne Abstimmung. Ein wirklich radikaler Bruch war dann die Niederlage im Zweiten Weltkrieg. Die Ostgebiete jenseits von Oder und Neiße gingen nun an Polen bzw. die Sowjetunion, während das restliche Gebiet zunächst in Besatzungszonen geteilt wurde, aus denen für mehr als vierzig Jahre zwei deutsche Staaten entstanden. Erst 1989/90 fand dieses Deutschland seine heutigen, völkerrechtlich verbindlichen Grenzen.

Einen Eindruck von dem **Auf und Ab Deutschlands** seit 1648 vermittelt ein Blick auf die geografische Größe in Verbindung mit der Entwicklung der Bevölkerung.

|  |  | Umfang des Reiches in km² | Bevölkerung in mio |
|---|---|---|---|
|  | 1650 |  | ca. 10 |
|  | 1700 |  | ca. 16 |
|  | 1750 | 672 000 | ca. 16–18 |
|  | 1800 |  | ca. 23–24 |
|  | 1815 | 630 000 |  |
|  | 1871 | 540 777 | 41 |
|  | 1890 |  | 49 |
|  | 1910 |  | 64 |
|  | 1925 | 468 800 | 62 |
|  | 1939 | 583 400 | 79 |
| DDR | 1950 | 108 179 | 18,3 |
|  | 1988 |  | 16,6 |
| BRD | 1950 | 248 717 | 48 |
|  | 1985 |  | 61 |

## ... seine Territorien

So wie die Grenzen nach außen immer wieder Veränderungen unterworfen waren, waren auch die Grenzen im Innern »fließend«. Nach 1648 umfasste das Reich ca. 300 selbstständige weltliche wie geistliche Territorien; hinzu kamen 1400 Reichsritterschaften und 51 Freie Reichsstädte. Die Größe variierte dabei von Großstaaten wie Österreich und Preußen über Mittelstaaten wie Bayern und Sachsen bis hin zu den Kleinstaaten in Thüringen, kleinen Reichsgrafschaften wie denen der Wieds oder Schönborns. Auch bei den Reichsstädten waren die Unterschiede beträchtlich: Hatte die Freie und Hansestadt Hamburg um 1760 immerhin 97 000 Einwohner, so kamen das schwäbische Buchau und Buchborn gerade einmal auf 860 bzw. 800. Gleichwohl hatten sie aber jeweils Sitz und Stimme im Städtekollegium des Reichstages.

Die napoleonischen Kriege bereiteten dieser schwer überschaubaren und schwer regierbaren Vielfalt ein Ende. Mit der Flurbereinigung des Reichsdeputationshauptschlusses und der endgültigen Ordnung schrumpfte die Zahl der Territorien auf 39 Einzelstaaten, darunter vier Freie Reichsstädte. 1871 waren es nur mehr 25 Staaten und Städte, 1919 reduzierten sie sich auf 18, 1949 auf 11 (einschließlich Berlins). Seit 1990 besteht Deutschland aus 16 Bundesländern. Die Vielfalt blieb erhalten, wenngleich die Unterschiede nicht zu verkennen sind. Im Gegensatz zur Frühen Neuzeit und selbst noch zur ersten Hälfte des 19. Jahrhunderts, als die Vielfalt zentrifugale Kräfte entfaltete, Sonder- oder wie es häufig negativ hieß: Partikularinteressen die Hülle des Reiches zu sprengen drohten, ist das föderative Element seit 1871 tendenziell ein positives, die politische Kultur bereicherndes, keineswegs trennendes Element in der deutschen Geschichte. Alle Diskussionen über eine Neugliederung der Bundesrepublik sind daher bis heute in Teilen an dem Gewicht historischer Traditionen und Identitäten gescheitert. Auch kleine Bundesländer überleben die gebetsmühlenartig sich wiederholenden Diskussionen um eine Neugliederung genauso wie einst ihre Vorgänger. Sie wichen allenfalls der Macht, wenn ihre Linien ausstarben oder sie schlichtweg pleite gingen, sie also aus wirtschaftlichen Gründen um Anschluss an einen größeren Nachbarn baten.

## ... und seine Bevölkerung

Im Gegensatz zur Zahl der Territorien und Staaten, die im Verlauf der Jahrhunderte stetig abnahm, stieg die Zahl der in diesen lebenden Menschen. Nach dem absoluten Tiefstand am Ende des Dreißigjährigen Krieges wuchs sie, wenn auch langsam, von 10 (1650) über 16 (1700) auf schließlich ca. 23 bis 24 Millionen um 1800. Diese Zahl war zwar erheblich geringer als die Frankreichs (1800: 27 Millionen), aber doch höher als die Englands (1800: 11 Millionen). Die Ursachen dieser demografischen Revolution sind im Einzelnen strittig; festzuhalten bleibt aber, dass die Auswirkungen von Kriegen und verheerenden Seuchen eine große Rolle gespielt haben. Bessere Ernährung, medizinische und hygienische Faktoren, bald aber auch gezielte Geburtenplanung spielten erst in späterer Zeit eine Rolle. Sie trugen, neben anderen Faktoren, dann dazu bei, dass die deutsche Bevölkerung, wenn auch regional sehr unterschiedlich (1815: Preußen 8,7 Millionen, Schaumburg-Lippe 25 000 Einwohner), im 19. Jahrhundert geradezu sprunghaft zunahm: Um 1900 hatte sie sich nahezu verdreifacht, und trotz der Verluste durch die zwei großen Weltkriege betrug sie 1950 ca. 66,3 Millionen, um dann bis heute auf über 80 Millionen zu steigen.

# Fremde kommen nach Deutschland, Deutsche wandern ins Ausland

1685 und 1732 haben zwei preußische Könige – der Große Kurfürst und Friedrich Wilhelm I. – freudig Scharen von Einwandern aus protestantischen Landen in ihrem Reich begrüßt, versprachen sie sich davon doch

nicht nur eine Zunahme ihrer nach Krieg, Hunger und Pest stark zurückgegangenen Bevölkerung, sondern auch einen Aufschwung des heimischen Gewerbes durch das bessere technische, kaufmännische oder wissenschaftliche Know-how, das diese aus Frankreich bzw. dem Fürstbistum Salzburg vertriebenen Gruppen mitbrachten. Die preußischen Könige waren diesbezüglich kein Einzelfall. Auch andere Fürsten haben in diesen Jahrzehnten versucht, durch besondere Edikte, die zahlreiche Vergünstigungen gewährten, Einwanderer ins Land zu locken. Daran sollte sich auch in den folgenden Jahrhunderten im Prinzip nichts ändern. Die industrielle Revolution änderte die Rahmendaten dieser Form der Migrati-

**Italienische Hafenarbeiter** bei einer Frühstückspause am Kuhwerder-Kai im Hamburger Hafen, aufgenommen 1960.

on. Tausende Polen aus den Ostgebieten zogen nun im Rahmen der Binnenmigration in die neuen industriellen Zentren des Reichs, um dort Arbeit zu finden; gleichzeitig wanderten aber auch Tausende Polen aus den russischen und österreichischen Teilen Polens in die deutschen Ostgebiete ein, um dort als Saisonarbeiter in der Landwirtschaft zu arbeiten. Aber auch aus anderen Ländern wie Italien oder Slowenien kamen Wanderarbeiter, um in der boomenden deutschen Industrie Arbeit zu finden. Schätzungen zufolge belief sich die Zahl der Wanderarbeiter in der Industrie vor dem Ersten Weltkrieg auf 361 000, die in der Landwirtschaft auf über eine Million.

Im Zweiten Weltkrieg wurden Arbeiter aus allen besetzten Gebieten ins Reich verschleppt und dort vor allem in der Rüstung und in der Landwirtschaft ausgebeutet. Viele blieben, da sie besonders in der Sowjetunion als Verräter angesehen wurden, weil sie für den Feind gearbeitet hatten.

Die nächste große Migrationswelle nach Deutschland setzte nach dem Zweiten Weltkrieg ein. Das deutsche »Wirtschaftswunder« benötigte

Tausende gelernter und ungelernter Fachkräfte. 1956 schätzte die Bundesregierung den Bedarf an ausländischen Arbeitskräften bereits auf 800 000. In mehreren Wellen wurden seitdem gezielt »Gastarbeiter« zunächst aus Italien, später aus anderen südeuropäischen Ländern angeworben. Bereits 1964 wurde der Millionste Gastarbeiter begrüßt, 1973, als im Zeichen der Ölkrise ein Anwerbestopp erlassen wurde, waren es schließlich vier Millionen. Erst die »Green-Card-Offensive« an der Jahrtausendwende, die den Mangel an Spezialisten in bestimmten Bereichen ausgleichen sollte, kehrte den Trend erneut um. Hinzu kommt allerdings die wachsende Erkenntnis, dass nur Zuwanderung auf die Dauer die demografischen Probleme lösen und damit die Sozialversicherungssysteme in ihren Funktionen am Leben erhalten kann. Doch nicht nur die Bundesrepublik, sondern auch die DDR war ein Einwanderungsland. Auch dort arbeiteten 1989 ca. 94 000 »Vertragsarbeiter« aus sozialistischen Ländern, um die heimische Wirtschaft zu stützen.

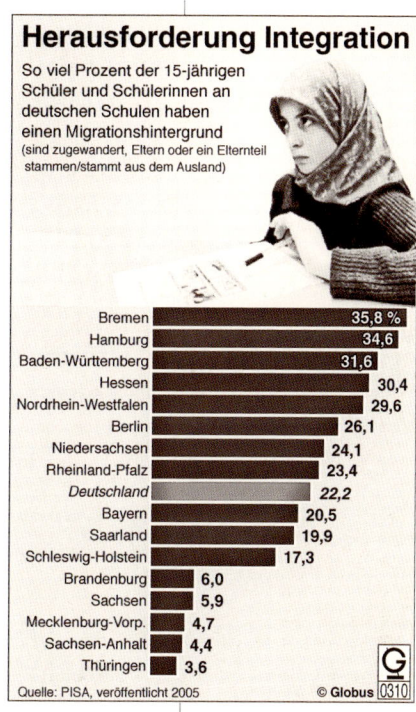

**Herausforderung Integration**

So viel Prozent der 15-jährigen Schüler und Schülerinnen an deutschen Schulen haben einen Migrationshintergrund (sind zugewandert, Eltern oder ein Elternteil stammen/stammt aus dem Ausland)

| | |
|---|---|
| Bremen | 35,8 % |
| Hamburg | 34,6 |
| Baden-Württemberg | 31,6 |
| Hessen | 30,4 |
| Nordrhein-Westfalen | 29,6 |
| Berlin | 26,1 |
| Niedersachsen | 24,1 |
| Rheinland-Pfalz | 23,4 |
| *Deutschland* | 22,2 |
| Bayern | 20,5 |
| Saarland | 19,9 |
| Schleswig-Holstein | 17,3 |
| Brandenburg | 6,0 |
| Sachsen | 5,9 |
| Mecklenburg-Vorp. | 4,7 |
| Sachsen-Anhalt | 4,4 |
| Thüringen | 3,6 |

Quelle: PISA, veröffentlicht 2005          © Globus 0310

## Amerika – Heimat vieler Deutscher

Ganz andere Dimensionen als die Einwanderung hatte in der deutschen Geschichte jedoch die Auswanderung. Seit der Entdeckung der »Neuen Welt« verließen Millionen in mehreren Wellen Deutschland insbesondere in Richtung Amerika, später auch Kanada oder aber in die südamerikanischen Staaten Brasilien und Argentinien. Manche zog es jedoch auch in den Osten Europas – nach Russland oder Siebenbürgen, deren Landesherrn sie gezielt angeworben hatten. Die Motive der Auswanderer waren vielfältig: Religiöse und politische Verfolgung, Hunger- und Wirtschaftskrisen ließen die Menschen aus ihrer angestammten Heimat abwandern. Vor allem im 19. Jahrhundert kam es zu regelrechten Fällen von Massenauswanderung: 1816/17, als Klimaveränderungen die Ernten vernichteten, 1845–1855, als der »Goldrausch« in den Vereinigten Staaten Tausende anlockte. Nach dem Scheitern der Revolution 1948/49 suchten Tausende Schutz vor Verfolgung, und um 1880, als erneut eine Wirtschaftskrise das Deutsche Reich erschütterte, brachen wiederum viele auf. Insgesamt wanderten zwischen 1820 und 1914 ca. 5,1 Millionen Deutsche nach Amerika aus. In den 1920er Jahren stieg die Zahl derjenigen, die in die Verei-

Mehr als jeder fünfte 15jährige an deutschen Schulen hat einen Migrationshintergrund (17.11.2005)

nigten Staaten gingen, erneut an. Bis 1929 waren es allein 386 000, zwischen 1930 und 1960 emigrierten erneut ca. 812 000 Deutsche, teils aus wirtschaftlicher Not, teils weil sie als Künstler wie die Brüder Mann mit dem NS-Regime nichts zu tun haben wollten oder wie Albert Einstein als Juden aus dem Reich flohen. Eindeutiger Höhepunkt dieser neuen Welle waren jedoch die 1950er Jahre, als viele endgültig den Nachkriegswirren und -nöten entfliehen wollten: Perspektivlosigkeit, Entwurzelung und unmittelbare Not waren dabei die Haupttriebkräfte.

## Monarchen, Präsidenten und Kanzler – Repräsentation als Zeichen des Wandels

Als Kaiser Wilhelm II. am Morgen des 10. November die belgisch-niederländische Grenze überschritt, endete ein für allemal das Zeitalter der Monarchie in Deutschland. Trotz aller Rhetorik konservativer Parteiprogramme und umtriebiger Hofchargen, die in den 1920er und selbst noch in den 1930er Jahren versuchten, einer Rückkehr des Kaisers den Weg zu ebnen, war dies ein aussichtsloses Unterfangen. Mit der militärischen Niederlage, vor allem aber mit der schmählichen Flucht des Kaisers war der Nimbus der Monarchie, zumal der preußischen, die soviel Wert auf ihre kämpferische, soldatische Tradition gelegt hatte, endgültig zerstört worden: 999 Jahre nach Gründung des Reiches und der Wahl des ersten Königs, Heinrich I., war das Zeitalter der Monarchie in Deutschland vorüber.

### Die Kaiser – »erste und vornehmste Potentaten« des Abendlandes

Im Mittelalter war der deutsche Kaiser der »erste und vornehmste Potentat« des Abendlandes. Er war das »weltliche Haupt, der oberste Vogt, Schutzherr und Schirmherr der Christenheit«. Seine Titulatur begann mit: »Wir [...] erwählter römischer Kaiser, allzeit Mehrer des Reiches, König in Germanien« etc. Dann folgten die Titel der Erbländer: »König von Ungarn, Böhmen [...] und Jerusalem, Erzherzog zu Österreich, Herzog zu Burgund und zu Lothringen« etc. Das kaiserliche Wappen bestand aus einem schwarzen, »mit ausgebreiteten Flügeln schwebenden Adler mit 2 Hälsen und Köpfen, deren einer nach rechts, der andere nach links sieht, mit gelben Schnäbeln und Füßen, in einem goldenen Feld. Über des Adlers Köpfen sieht man die Kaiserkrone«.

Der Glanz, den diese Titel und Symbole vermittelten, war im 17. und 18. Jahrhundert freilich verblasst. Dennoch lassen sie erahnen, welchen

Rang der Kaiser, der vom Titel her betrachtet über den anderen christlichen Königen Europas stand, einst beansprucht hatte und dass er, wenn nicht unbedingt über Macht, so doch über erhebliche Autorität verfügt hatte. Kaiser Karl V., in dessen Reich die Sonne buchstäblich niemals unterging, stand ebenso dafür wie einst Otto der Große zu Beginn des Reiches oder Karl IV. im 14. Jahrhundert. Daran änderte sich auch nach dem Dreißigjährigen Krieg zunächst wenig. So angeschlagen das Kaisertum um die Mitte des 17. Jahrhunderts auch war, zunächst blieb der Kaiser der Kristallisationspunkt der Politik des Reiches. Insbesondere unter Kaiser Leopold I. (1658–1705) erholte sich das Kaisertum entgegen landläufiger Meinung erstaunlich gut und schnell. Auch die Tatsache, dass das Reich weiterhin eine Wahlmonarchie war, bedeutete insofern keine Schwächung. Dies sollte – unter freilich ganz anderen Bedingungen – erst in der Mitte des 18. Jahrhunderts politisch relevant werden.

Glanzvolle Höhepunkte in der Regierung eines Kaisers waren jeweils dessen nach einem aufwändigen und ausgeklügelten Zeremoniell stattfindende Wahl und Krönung in Frankfurt am Main. Feierlich wurden zuvor die Reichsinsignien – Krone und Schwert, Szepter und Reichsapfel – von Nürnberg nach Frankfurt am Main geleitet. Dort wählten und krönten sieben Kurfürsten – drei geistliche und vier weltliche –, die zuvor unter dem ohrenbetäubenden Donner der Kanonen und begleitet von Tausenden Zuschauern in die Stadt eingezogen waren, unter Leitung des Mainzer Reichserzkanzlers den Kaiser nach einem strengen, jahrhundertealten Zeremoniell. Unter dem Jubel einer großen Menschenmenge zog er sodann unter Glockengeläut und Kanonendonner von der Krönungskirche zum Römer, wo die Kurfürsten in aller Öffentlichkeit ihre Ehrendienste vollzogen. Dies blieb so bis 1792, als mit Franz II. zum letzten Mal eine Wahl und Krönung in Frankfurt stattfanden.

Zwar musste der Kaiser in Wahlkapitulationen die Rechte der Fürsten bestätigen und bestehendes Recht bekräftigen, gänzlich machtlos war er nicht. So verfügte er über Reservatrechte wie Standeserhöhungen oder die Erteilung von Privilegien, die

Leopold I. im Krönungsharnisch

ihm durchaus eine eigene Politik erlaubten. Beispiele dafür sind die Verleihung der Königswürde an Kurfürst Friedrich I. von Preußen 1701 oder die Verleihung der Kurwürde an den Welfen Ernst August von Hannover 1692, die sie zur Dankbarkeit verpflichtete. Auch die Permanenz des Reichstages (seit 1663) stärkte zunächst eher den Kaiser als dass sie ihn schwächte. Als Schiedsrichter über den Fronten konnte er ihn – vor allem gestützt auf die schwachen kleinen und kleinsten der Reichsstände – für seine Zwecke mobilisieren. Allerdings, im Vergleich zum französischen »Sonnenkönig«, Ludwig XIV., der zur gleichen Zeit gezielt alle Macht in seiner Person vereinigte, war der deutsche Kaiser trotz des Ansteigens der »kaiserlichen Konjunkturkurve« zwischen 1660 und 1740 (Axel Gotthard) tendenziell ein schwacher Monarch: Reichsfürsten und Reichstag banden ihn, das Fehlen eines eigenen Heeres und ständiger, solider Einnahmen schwächten ihn. Ein glanzvoller Hof als Mittelpunkt des Reiches und Zentrum der Regierungsgewalt wie Versailles fehlte ganz, und gegen das Streben der Großen des Reiches, eigenständig zu agieren, war er spätestens seit 1750, als sich der finale »crash« (Axel Gotthard) des Reiches anbahnte, machtlos. Erst 1806, dem Druck Frankreichs erlegen, sollte das Kaisertum – und damit das Reich – in seiner überlieferten Form sein Ende finden. Franz II., der sich bereits zuvor (1804) ganz bewusst als Reaktion auf die Kaiserkrönung Napoleons die österreichische Kaiserkrone aufs Haupt gesetzt hatte, legte die alte Kaiserkrone des Reiches nun nieder und erklärte es für erloschen. Als Symbol der Einheit, das die deutsche Vielfalt zusammenband, lebte das Kaisertum jedoch fort, wie die Pläne des Freiherrn vom Stein belegen. Er wollte es 1814/15 wieder errichten, was dann allerdings vor allem am Widerstand der Mittel- und Kleinstaaten scheiterte.

### Ein Reich der Höfe und absoluten Herrscher

Das Heilige Römische Reich Deutscher Nation hatte kein Versailles, in dem sich die Macht eines einzigen Herrschers konzentrierte, es hatte vielmehr etliche Höfe, die diesem äußerlich wie in dem damit verbundenen Anspruch auf absolute Herrschaft nachzueifern versuchten. Auch sie haben, wie Ludwig XIV., ihr Selbstverständnis buchstäblich in Stein gehauen. Dies galt zunächst auch für den Kaiser, der ja zugleich auch Territorialfürst war, dessen Schloss Schönbrunn bei Wien dem französischen Vorbild ähnelte. Angesichts des eigenen Machtanspruchs – in den eigenen Territorien wie auch im »Theatrum Europaeum« – war es nicht weiter erstaunlich, dass die bedeutenderen unter den Fürsten dem Kaiser nicht nachstehen wollten: Davon zeugen die großen Schlossanlagen mit ihren geometrisch angelegten Gärten in Nymphenburg und Potsdam, Karlsruhe oder Dresden. Aber auch kleinere Duodezfürsten wie die von Ansbach-Bayreuth, Waldeck oder Lippe-Detmold einschließlich der geistlichen Landesherren in Köln oder Würzburg imitierten Ludwig XIV. soweit wie möglich. Absolute Herrscher wurden sie dennoch nicht; selbst die Macht der Großen hatte ja ihre Grenzen. »Kleinräumigkeit, Geldmangel, Konkurrenzdruck und eine andere historisch-politische Kultur sorgten dafür, dass im Reich die Höfe [...] niemals in einem dem französischen Vorbild vergleichbaren Maße absolutistisch, egalitär und politisch funktional waren.« Dies galt für die Großen und erst recht für die Kleinen, denen nicht nur die politische Kraft, sondern meist auch das politische Interesse fehlte: »Sie konnten weder zu einer wirklichen Souveränität unabhängig von äußerer Einwirkung und innerer Mitsprache gelangen noch zu einer rationalen, zentralisierten und differenzierten Administration.« (Heinz Schilling) Zumeist blieb es daher bei einer patriarchalischen Regierungsweise, die sich auf Religion, Polizei, Justiz und Schulwesen beschränkte. Dies hinderte sie freilich nicht daran, ihre Höfe zu mal mehr mal weniger beeindruckenden Repräsentationszentren auszubauen. Aufwändige Zeremonielle unterstrichen ihren Anspruch auf die absolute Macht im Staate; die von ihnen geförderte Hofmusik, Opern- und Theateraufführungen wie auch glanzvolle höfische Feste und Jagden dienten dem Amusement, waren letztlich aber ebenfalls »subtile Ausdrucksformen adeliger Ideale, absolutistischer Herrschaftsprinzipien und Seinsstrukturen« (Rainer A. Müller).

## Monarchie im Wandel: Vom absoluten zum konstitutionellen Herrscher

Die französische Revolution und die napoleonischen Kriege hatten trotz des Sieges der »Restauration« auch Folgen für die Stellung der Monarchen in den deutschen Einzelstaaten. Mochte die Wiener Schlussakte von 1820 diese auch noch einmal formal festschreiben, an der Tatsache, dass Politik und Gesellschaft in Bewegung geraten waren, sie dementsprechend nicht mehr absolut regieren konnten, sondern – in welchen Grenzen auch immer – sich mit ihren Untertanen verständigen mussten, ging kein Weg vorbei. Einige von ihnen, insbesondere die süddeutschen, hatten aus eigenem Antrieb Verfassungen erlassen. Nur so glaubten sie, ihre erst durch die Flurbereinigung des Reichsdeputationshauptschlusses zu wirklichen Flächenstaaten gewordenen Territorien zusammenhalten und vernünftig

# DER GROSSE KURFÜRST: FRIEDRICH WILHELM I. VON BRANDENBURG

Friedrich Wilhelm I., geboren 1620 und seit 1640 Kurfürst von Brandenburg, gehört zu jenen Fürsten des Reiches, die seit ihrer Übernahme der Regierung versuchten, ihr verwüstetes, teilweise von ausländischen Truppen besetztes und von verschiedenen Seiten bedrohtes Land in einen modernen Staat zu verwandeln. Geschickt versuchte er dabei zwischen Schweden und Polen zu lavieren, erkannte deren Ansprüche auf Vorpommern zeitweilig an, um dann aber doch im Gegenzug für einen Bündniswechsel vom König von Polen im Frieden von Oliva (1660) die Souveränität über das Herzogtum Preußen zu erhalten. Diese Bereitschaft, Bündnisse im Interesse Preußens zu schließen bzw. sie aufzukündigen, kennzeichnet auch seine Außenpolitik in den Kriegen gegen das Frankreich Ludwigs XIV. Mehrfach wechselte er hier die Seiten, schloss Separatfrieden, verpflichtete sich 1679 sogar, Ludwig XIV. bei der nächsten Kaiserwahl seine Stimme zu geben. Dieses Verhalten wurde ihm gelegentlich

Der Große Kurfürst. Gemälde (um 1646) von Gerrit van Honthorst (1590–1656)

a l s »Verrat« angelastet, ein Urteil, das allerdings übersieht, dass im Zeitalter der Interessenpolitik »Allianzen eben flüchtig« (Heinz Schilling) sind. Im Zweifel überwogen die brandenburgisch-preußischen Interessen die des Reiches; umgekehrt bedeutete dies aber auch, dass der Kurfürst bereit war, die Seiten zu wechseln, falls »die politischen Konjekturen umschlugen und Reichspatriotismus wieder in reale Machtgewinne auch für den eigenen Staat umgemünzt werden konnte« (Heinz Schilling). Verantwortlich für diese Haltung war nicht zuletzt die Tatsache, dass Friedrich Wilhelm I. sich 1679 um seine Siege »betrogen« fühlte.

Obwohl er die Schweden 1679 in der Schlacht bei Fehrbellin – damals verliehen ihm Zeitgenossen bereits den Titel »Großer Kurfürst« – besiegt und sie bis 1678 aus ganz Schwedisch-Pommern vertrieben hatte, hatte er im Frieden von St. Germain 1679 große Teile wieder abtreten müssen, da ihn seine Verbündeten, darunter auch der kaiserliche Hof in Wien, im Stich gelassen hatten.

Er versuchte, Brandenburg-Preußen zu einem Machtzentrum im Norden zu machen und bemühte sich zugleich, den Staat im Innern zu modernisieren. Gezielt und teilweise mit roher Gewalt ging er gegen die Stände vor und baute ein stehendes Heer auf. Dessen Finanzierung wurde u.a. durch die Erhebung von neuen Steuern ermöglicht. Gleichzeitig förderte er die Wirtschaft, indem er den Ackerbau und die Einwanderung, den Binnen- und Seehandel unterstützte sowie Gewerbe und Handel von Beschränkungen befreite. Es überrascht daher auch nicht, dass er nach der Aufhebung des Edikts von Nantes durch Ludwig XIV. den vertriebenen Hugenotten 1685 im Edikt von Potsdam die Ansiedlung in seinen Staaten ermöglichte, versprach er sich davon doch einen Aufschwung der Industrie. Ganz in diesem Sinne und beeinflusst durch seine Erziehung in den Niederlanden während des Dreißigjährigen Krieges baute er seit 1684 eine Kurbrandenburgische Marine auf und gründete sogar eine Kolonie an der afrikanischen Küste. Als er 1688 starb, spielte Brandenburg-Preußen eine ganz andere Rolle innerhalb des Reiches, aber auch im »Theatrum Europaeum« als bei seiner Regierungsübernahme.

Zeitgenössische Darstellung des deutschen Kurfürsten Friedrich Wilhelm von Brandenburg (1620-1688) beim Besuch von Landarbeitern auf einem Kartoffelacker. Unter seiner Herrschaft wurden die ersten Kartoffeln in Brandenburg angebaut.

Friedrich Wilhelm IV.,
König von Preußen
(1840-1861) schwört
am 6. Februar 1850 auf
die Verfassung.

regieren zu können. Andere stemmten sich hingegen gegen den Zeitgeist, sahen gar keine Notwendigkeit, ihre Macht zu teilen, um dann 1830 bzw. 1848 erkennen zu müssen, dass dies ein vergebliches Unterfangen war. Allein in Mecklenburg, wo, wie Otto von Bismarck einmal spöttisch bemerkt haben soll, alles fünfzig Jahre später passiere, änderte sich bis 1918 nichts. Dort blieb die Zeit stehen. Dennoch, mit ihren Ministern, Beamten und Soldaten blieben sie trotz des Ansturms der Revolutionäre ein Machtfaktor, an dem niemand vorbei kam, aber auch nicht ernsthaft vorbei wollte. Dass dies so war, hatten sie allerdings auch in hohem Maße den »Großen« unter ihnen – dem preußischen König wie auch dem österreichischen Kaiser zu verdanken. Gestützt auf ihre Armeen hatten sie 1848/49 dem Spuk der Revolution vorläufig ein Ende gemacht. Dabei bleibt freilich festzuhalten, dass selbst Preußen, dessen König im Zuge des Kampfes gegen Napoleon einst viermal ein Versprechen zur Gewährung einer Verfassung abgegeben hatte, seitdem ein Verfassungsstaat war.

## Zentren gesellschaftlichen Lebens

In ihren sehr unterschiedlich weiten Grenzen – der König von Bayern regierte 1846 immerhin über 4,5 Millionen Einwohner und ein Reich von 75 870 km², der Fürst von Schaumburg-Lippe hingegen 1871 nur über gerade einmal 32 059 Untertanen auf einer Fläche von 340 km² – hielten sie jedoch in der Regel in Anlehnung an alte Konventionen und Traditionen angemessen Hof und waren mal mehr, mal weniger geachteter Mittelpunkt der Gesellschaft. So luden sie zu prunkvollen Empfängen in das meist bescheidene Residenztheater ein, bauten, soweit die Mittel reichten, weiterhin prunkvoll und repräsentativ, um die Bindung der Untertanen an den Fürsten zu stärken. Der bayerische König Ludwig II., dessen Bauwut schließlich fast manische Züge annahm, war in dieser Hinsicht allerdings eine Ausnahme. Die Bevölkerung dankte mit vielfältiger Gunstbezeugung, sang voller Inbrunst das »Waldeck«-Lied oder »Heil Dir, o Oldenburg!« und sammelte unermüdlich die unzähligen Ansichtskarten mit den Konterfeis der königlichen, herzoglichen oder fürstlichen Familien. Auch wenn man sich der eigenen Schwäche bewusst war, so bezeugte man durch diese Bindungen seine regionale Identität und in vielen Territorien nicht zuletzt den Willen, die eigene Tradition gegen eine zunehmende »Verpreußung« zu verteidigen. Nirgendwo war dies spürbarer als in den traditionsreichen Residenzen der Mittelstaaten, in Dresden, Stuttgart, Karlsruhe oder Darmstadt, vor allem aber in München.

### 1871: Der Kaiser – »ein Charaktermajor«?

Die »Kaiserproklamation« von Anton von Werner ist bis heute in jedem Schulbuch abgebildet. Diese noch erhaltene Preußen- wie auch Bismarckzentrierte Fassung verschweigt freilich, dass es unmittelbar zuvor einen heftigen Disput zwischen Bismarck und seinem König, Wilhelm I., über die Titelfrage gegeben hatte. »Kaiser von Deutschland« hatte der preußische König sein wollen, nicht nur »deutscher Kaiser«, ein Titel, der, so der verärgerte Monarch, nur dem eines »Charaktermajors« entsprach. Das Hoch des badischen Großherzogs auf »Kaiser Wilhelm« hatte diesen Konflikt verdeckt, gleichwohl: Die Anknüpfung an die Würde des alten Reiches sollte den Kaiser zumindest symbolisch gegenüber den anderen 21 Fürsten und den drei Freien Reichsstädten herausheben, ohne deren Befindlichkeiten zu verletzen.

Wilhelm I. verstand es, diese Aufgabe zu erfüllen. Gleichermaßen verstand er, obwohl er ein Kind des 18. Jahrhunderts war, die konstitutionellen Beschränkungen seines Amtes, wie sie die Reichsverfassung enthielt, zu akzeptieren. Dabei war er nicht nur Oberbefehlshaber der Armee, sondern er allein ernannte den Kanzler, der auch nur ihm Rechenschaft schuldig war, er berief den Reichstag ein und konnte ihn auch auflösen. Ganz anders sein Enkel, Wilhelm II., der seinem Großvater nach nur 99 Tagen folgte, da sein Vater, Kaiser Friedrich III. unheilbar an Krebs erkrankt war.

Symbolisch bedeutsam eröffnete er am 25. Juni 1888 den Reichstag im Weißen Saal des Berliner Schlosses, eine Szene, die gleichfalls Anton von Werner in einem prachtvollen Gemälde festgehalten hat. Damit wollte der junge Kaiser nach innen und außen demonstrieren, dass sich trotz des zweimaligen Thronwechsels an den Grundlinien deutscher Politik nichts ändern würde. Dementsprechend pompös verlief diese Eröffnung, der ein Gottesdienst in der Schlosskapelle bzw. in der Hedwigskirche vorangegangen war. Im Anschluss versammelten sich die regierenden Fürsten oder deren Vertreter, die Angehörigen des Bundesrats mit Reichskanzler Otto Fürst von Bismarck an der Spitze, die Generale des Reiches, von denen einige zugleich die Reichsinsignien trugen, die Hofchargen und die Abgeordneten des Reichstages im Weißen Saal. Ausgenommen waren jedoch die Vertreter der verfolgten Sozialdemokratie und der Elsässer. Nach Meldung durch den Kanzler zog der Kaiser feierlich in den Reichstag ein, um die Thronrede zu verlesen, in der er die militärische und politische Sicherstellung des Reiches sowie die Wahrung der Reichsverfassung als seine wichtigsten Aufgaben bezeichnete.

## Monarchische Repräsentation

Im Berliner Stadtschloss repräsentierte der Monarch auch bei anderen Gelegenheiten. Einerseits wollte er damit seine Macht demonstrieren, andererseits aber auch durch zeremonielle Akte zur Repräsentation und Integration der Nation beitragen.

Menschenmenge bei der Wachablösung an der Neuen Wache in Berlin um 1900.

Wilhelm I. hatte diese Aufgabe kaum wahrgenommen. Wohl hatte auch er mit seinem Gespür für die Bedeutung symbolischer Akte mehrfach den Reichstag eröffnet; insgesamt aber war Arbeit, nicht Zeremonie der wesentliche Inhalt seines Tagesablaufs von jeher gewesen. Er reiste daher wenig, selten außerhalb Preußens, und hielt auch kaum öffentliche Reden. Legendär war freilich sein öffentliches Erscheinen am Fenster des Stadtschlosses bei der täglichen Wachablösung; diese fand selbst im Baedeker, einem der frühesten Reiseführer, Erwähnung.

Friedrich III. hatte wegen seiner schweren Krankheit öffentlich nicht mehr auftreten können. Als Kronprinz war er aufgrund kritischer Äußerungen über Bismarck und dessen Politik bereits in den 1860er Jahren von diesem durchaus im Einvernehmen mit dessen Vater zurückgedrängt worden. Öffentliche Funktionen waren schon früh seinem Sohn Wilhelm übertragen worden.

Wilhelm II. hatte daher bereits einige Erfahrungen, als er im Sommer 1888 in den Thron bestieg. Mit seiner Vorliebe für Uniformen, seinem ausgeprägten Sinn für Inszenierungen, Feierlichkeiten und Prunk sowie seiner Überzeugung, sein Verständnis von Herrschaft und Politik in Reden – 577 sollen es in den 17 Jahren seiner Regierung gewesen sein – öffentlich verbreiten zu müssen, war er das genaue Gegenteil seines Großvaters. Im Zeitalter des »politischen Massenmarktes« kam er mit seinem Verhalten dem weit verbreiteten Bedürfnis nach öffentlicher Repräsentation und damit auch Legitimation politischer Herrschaft nach.

Zu den Höhepunkten kaiserlicher Repräsentation gehörten die farbenprächtigen Besuche ausländischer Monarchen in Berlin oder große Familienfeiern wie die Hochzeit der einzigen Kaisertochter, Victoria-Luise, mit dem Herzog von Braunschweig im Jahre 1913. Auch das 25jährige Regierungsjubiläum im gleichen Jahr war Anlass für große Feierlichkeiten und Paraden, in denen die Monarchie der Hohenzollern sich öffentlich inszenierte. Die beiden Reden, mit denen Wilhelm II. sich am 31. Juli und am 6. August 1914 vom Balkon des Berliner Schlosses an die

## Kaisergeburtstag

Ich bin ein Bub' aus Kamerun,
Der deutschen Kolonie!
Fürst Bismarck hatte viel zu tun,
Bis er erworben sie.
Der Kaiser baute Schulen bald;
Die Freude drob ist groß;
Denn lernen will hier jung und alt,
Und kräftig geht's jetzt los!
Ob wir auch schwarz, wir fühlen warm:
Der Kaiser ist uns gut!
Drum weihen wir ihm Herz und Arm
Und unser heißes Blut!
Herr Wilhelm, Kaiser zu Berlin,
Bist unserm Herzen nah!
Dein Glück mög' leuchten, wachsen, blühn!
Hurra, Viktoria!

Emil Sembritzki, Kaiserlicher Gouvernementslehrer zu Viktoria, 1898.

## DER ERSTE DEMOKRAT AN DER SPITZE DES REICHES: FRIEDRICH EBERT

»Mit allen meinen Kräften und mit voller Hingabe werde ich mich bemühen, mein Amt gerecht und unparteilich zu führen. [...] Ich will und werde als der Beauftragte des ganzen deutschen Volkes handeln, nicht als Vormann einer einzigen Partei.« Mit diesen Worten dankte Friedrich Ebert den Abgeordneten der Nationalversammlung, die ihn am 11. Februar 1919 mit großer Mehrheit zum ersten Präsidenten der neuen Republik gewählt hatten. Der Bruch mit dem alten Regime konnte größer kaum sein: Anstelle eines Kaisers, der aufgrund seiner Geburt und von Gottes Gnaden an der Spitze des Reiches gestanden hatte, übernahm nun ein aus der Mitte des Volkes stammender, von dessen Vertretern demokratisch gewählter Präsident die Aufgabe, die Nation nach außen zu repräsentieren und im Innern zu führen.

Friedrich Ebert war am 4. Februar 1871, nur wenige Tage nach der glanzvollen Gründung des Kaiserreiches in Versailles, als Sohn eines Schneidermeisters in den engen Gassen der Heidelberger Altstadt in einer kleinen Drei-Zimmer-Wohnung als siebtes von neun Kindern geboren worden. Auch wenn die Familie keine akute Not leiden musste, sollte ihn diese Herkunft aus kleinen Verhält-

nissen zeitlebens prägen. Schon in jungen Jahren kam er durch seine Familie in Kontakt mit sozialdemokratischen Ideen, die eine grundlegende Änderung der sozialen Verhältnisse und eine Beteiligung der unteren Schichten an politischen Entscheidungsprozessen versprachen. Nach einer Sattlerlehre ging Ebert wie viele Gesellen auf Wanderschaft und lernte dabei

Friedrich Ebert, SPD-Politiker
und erster Reichspräsident der
Weimarer Republik 1919–1925

große Teile des Reiches kennen. Zugleich erfuhr er, was es bedeutete, sich gewerkschaftlich und politisch für die Rechte der Arbeiterschaft einzusetzen. Seine Wanderschaft führte ihn schließlich nach Bremen, wo er sich 1891 niederließ und mit der Zigarrenarbeiterin Louise Rump eine Familie gründete, aus der fünf Kinder hervorgingen. Er betätigte sich in den lokalen Partei- und Gewerkschaftsorganisationen, wurde einer der ersten hauptamtlichen Arbeitersekretäre der SPD und Mitglied der Bremer Bürgerschaft (1900–1905). Ein wesentliches Kennzeichen seiner Politik war der Versuch, pragmatische Lösungen zur Verbesserung der Lage der Arbeiter zu finden und sich nicht in endlosen theoretischen Debatten über den Kurs der Partei zu verlieren. Diese Überzeugung bestimmte seine Haltung als Mitglied des Parteivorstandes (seit 1905), als Mitglied der sozialdemokratischen Reichstagsfraktion (seit 1912) und als einer der beiden Vorsitzenden der Partei (seit 1913). Konsequent verteidigte er trotz zunehmender Enttäuschungen und unter Inkaufnahme der Spaltung der Partei auch die »Politik des Burgfriedens« nach 1914. Im Oktober 1918 drängte er auf den Eintritt der SPD in die Regierung des Prinzen Max von Baden. Damit wollte er den Frieden herbeizuführen, eine Militärdiktatur vermeiden und durch Zusammenarbeit mit den bürgerlichen Parteien einer parlamentarischen Demokratie den Weg ebnen. Zugleich wollte er eine Revolution verhindern, die aus seiner Sicht wie in Russland nur zu Chaos und Bürgerkrieg führen würde. Diese Leitlinie bestimmte sein Handeln auch nach dem 9. November 1918. Gemeinsam mit dem in der USPD vereinigten ehemaligen linken Flügel der Partei versuchte er, so schnell wie möglich wieder geordnete Verhältnisse herzustellen, um das Heer zurückzuführen und die Versorgung im Innern zu gewährleisten. Die Entscheidung über grundlegende Reformen in Militär, Justiz und Verwaltung sowie die Sozialisierung von Teilen der Industrie wollte er hingegen einer Nationalversammlung überlassen, die so bald wie möglich gewählt werden sollte. Zeitgenossen und Historiker hatten ihn später dafür heftig kritisiert. Als Reichspräsident bemühte sich Ebert, die tiefe Spaltung der Arbeiterschaft, die daraus resultierte, zu überwinden. Erfolgreich war er dabei nicht. Innen- und außenpolitische Probleme sowie wirtschaftliche Krisen erschwerten den Ausgleich. Hinzu kam eine mangelnde Kompromissbereitschaft vieler Verantwortlicher in Politik und Gesellschaft. Große Teile der »alten Eliten« konnten es ohnehin nicht überwinden, dass ein Sozialdemokrat an der Spitze des Reiches stand. Mit geradezu unbändigem Hass verfolgten sie ihn, beleidigten ihn wider besseres Wissen wegen seines Verhaltens während der Januarstreiks von 1918 als »Vaterlandsverräter«. Tief verbittert starb Ebert am 28. Februar 1925, gerade einmal 54 Jahre alt.

Bevölkerung wandte, waren zweifellos die wichtigsten Akte kaiserlicher Repräsentation. Umso größer war sein Versagen während des Weltkrieges, als er sich wohl an den Fronten, kaum aber in den Provinzen des Reiches sehen ließ.

### »Beauftragter des ganzen deutschen Volkes« – der Reichspräsident
Im Gegensatz zu Wilhelm II., der sich stets auf sein Gottesgnadentum berufen und daraus besondere Rechte abgeleitet hatte, verstand Friedrich Ebert sich als Reichspräsident ganz im Einklang mit dem Geist der Reichsverfassung als »Beauftragter des ganzen deutschen Volkes«. Das gebot allein die Reichsverfassung, die in ihrer Präambel ganz bewusst deutlich machte, dass das Volk sich diese gewährt hatte, um »sein Reich in Freiheit und Gerechtigkeit zu erneuern und zu festigen, dem inneren und äußeren Frieden zu dienen und den gesellschaftlichen Fortschritt zu fördern.« Die Abkehr von der Verfassung von 1871. Der Würde dieses Amtes, das ihm teilweise mehr Rechte verlieh als der Kaiser der Verfassung nach je besessen hatte, ist Ebert stets gerecht geworden. Auch er repräsentierte das Reich, nach Innen wie auch nach außen. Der Grat, auf dem er wandelte, war freilich schmal, hatte doch erstmals ein wirklicher Systemwechsel in Deutschland stattgefunden. Höfischer Glanz und waffenklirrende Repräsentation schieden daher aus; umgekehrt war es aber auch unmöglich, nicht zu repräsentieren, das Amt in der Öffentlichkeit »in der Bedeutungslosigkeit kleinbürgerlichen Spießertums« versinken zu lassen (Erich Koch-Weser). Einfach, schlicht, bescheiden, aber würdevoll repräsentierte er die Demokratie und den damit einhergehenden neuen Zeitgeist: »Kein Herold« kündigte ihn an, »keine riesigen Leibgarden« zerbrachen sich die »Pranken beim Präsentieren des Gewehres«. »Ebert hat Würde. Der ganze Saal erhebt sich und er dankt mit leichter Verbeugung. Muss nicht leicht sein, so eine demokratische Präsidentenverbeugung. Just nicht zu tief. Und just nicht zu wenig. Ebert hat's heraus. Nicht nur sein Amt hat Würde – er selbst besitzt sie«, so kommentierte eine Schweizer Zeitung einen Auftritt des Präsidenten im Jahre 1922. Diejenigen, die dem Ancien Régime nachtrauerten, waren allerdings einigermaßen irritiert durch diese »Gewöhnlichkeit«.

### »Ersatzkaiser«
Dem Ruf des »Ersatzkaisers«, den manche sich wünschten, wurde insofern allein Eberts Nachfolger im Amt, der schon legendäre »Sieger von Tannenberg«, Generalfeldmarschall Paul v. Hindenburg gerecht. Auch

wenn er sich zunächst an die Buch-
staben der Verfassung hielt, das Reich
wie sein Vorgänger repräsentierte, leitete er mit den Präsidialkabinetten einen schleichenden Verfassungswandel
ein, der dem Reich einen gänzlich anderen Charakter geben sollte. Die Tatsache, dass er bei offiziellen Gelegenheiten häufig die von Orden regelrecht
übersäte Uniform eines kaiserlichen
Generalfeldmarschalls trug, war insofern auch mehr als nur ein symbol-
trächtiger Anachronismus. Sie gab
einem Programm Ausdruck, das am
Tag von Potsdam 1933, als das alte und

das neue Deutschland sich, von Joseph Goebbels »meisterhaft« insze-
niert, die Hand reichten, endlich umgesetzt werden zu schien.

Der »Tag von Pots-
dam«: Adolf Hitler und
Reichspräsident Paul
von Hindenburg bei der
Eröffnung des Reichs-
tages durch einen
Staatsakt in der Pots-
damer Garnisonskirche
am 21. März 1933.

## Bundespräsidenten und Bundeskanzler

Der tiefe Fall 1945 machte das Anknüpfen an alte Traditionen unmöglich. Kaum etwas spiegelt dies mehr als die anfängliche Aversion des
ersten Bundespräsidenten Theodor Heuß gegen die Verleihung von Orden. Bescheidenheit war die Devise. Mit wachsendem Selbstbewusstsein
wie auch Entfernung zu den dunklen Epochen der deutschen Geschichte wandelte sich vieles: Hatte sich Konrad Adenauer 1950, als er den französischen Außenminister Robert Schumann empfing, Mobiliar, Bilder
und Tafelsilber noch leihen müssen, war das Diner, das sich 1952 an die
Unterzeichnung des Deutschlandvertrages angeschlossen hatte, noch außerordentlich kühl verlaufen, so änderte sich dies im Laufe der folgenden
Jahrzehnte. Staatsempfänge fanden nun in Schloss Brühl oder auf dem
Petersberg statt; das PR-trächtige Bad in der Menge – sei es im offenen Wagen, beim Spaziergang oder bei großen Reden – gehörte nun zum festen
Bestandteil des Programms. Hinzu kam schließlich wieder das international übliche Abschreiten einer militärischen Ehrenformation. Gleiches
galt für die Innenpolitik. Die Notwendigkeit wie auch das Bedürfnis, die
eigene Politik gegenüber dem Wähler zu rechtfertigen, zwangen – erst
Recht unter den Bedingungen des »Medienzeitalters« – zu Besuchen in
der »Provinz«; Empfänge im Kanzleramt oder im Bundespräsidialamt waren bald Normalität. Nur öffentliche Paraden und Aufmärsche gehörten

Die Bundespräsidenten der Bundesrepublik Deutschland: Theodor Heuss (1949–59), Heinrich Lübke (1959–69), Gustav Heinemann (1969–74), Walter Scheel (1974–79), Karl Carstens (1979–84), Richard von Weizsäcker (1984–94), Roman Herzog (1994–99), Johannes Rau (1999–2004), Horst Köhler (2004–2010), Christian Wulff (o. Foto) (seit 2010).

im Westen der Vergangenheit an, nicht aber im Osten Deutschlands: Dort waren sie bis zuletzt Elemente der Zurschaustellung der Macht der herrschenden SED, und es entbehrt nicht einer gewissen Ironie, dass sich im Vorfeld der öffentlichen Inszenierung des vierzigsten Jahrestages der DDR der Volkszorn Bahn brach und die Bürger ihm mit eigenen Demonstrationen entgegentraten, die dann schneller als erwartet zum Zusammenbruch des ungeliebten Regimes führten.

# ■ Vom Stand zur Klasse

## Die Ständische Gesellschaft

Die Gesellschaft des 17. und 18. Jahrhunderts gliederte sich in Stände. Die soziale Herkunft – die Geburt – wie auch die Berufszugehörigkeit bestimmten das Leben der Menschen, ihre Stellung innerhalb der geltenden Hierarchien. Die Standeszugehörigkeit entschied zugleich über Nahrung, Kleidung, Sitten und Gebräuche, über Familie und Beruf, über Kultur und Religion. Ein Verlassen des einem Menschen durch Geburt zugewiesenen Platzes in der Hierarchie, die durch eine entsprechende Gliederung innerhalb der jeweiligen Stände selbst ergänzt wurde, war – in der Regel jedenfalls – nicht möglich.

Wie in den übrigen europäischen Gesellschaften des Mittelalters und der frühen Neuzeit lassen sich dabei – grob formuliert – auch in den deutschen Territorien vier Stände erkennen: Adel, Klerus, Bauern und Stadtbürger. Hinzu kamen jene, die schon im Mittelalter keinem Stand angehört haben: unterbürgerliche Schichten, Arme und Bettler. Auch wenn vor allem die beiden letzten Gruppen im Laufe des 18. Jahrhunderts manche Differenzierungen erfuhren, änderte sich an der Grobeinteilung letztlich nichts.

Erst um 1800 sollte sich dies ändern, als alle europäischen Gesellschaften im Sog der französischen Revolution Reformen einleiteten, die ein nach dem Leistungsprinzip funktionierendes Gesellschaftssystem einläuteten. Bürger und Arbeiter bildeten hier die gegenüberliegenden Pole; hinzu kamen schließlich die Angestellten.

## Adel

Der wichtigste Stand war zunächst weiterhin der Adel, dessen Anteil an der Bevölkerung seit dem Mittelalter konstant bei ca. einem Prozent oder etwa 50 000 Familien lag. Auch wenn seine ökonomische Basis allmählich ins Wanken geriet und er im Rahmen moderner Staatsbildungsprozesse in wichtigen Bereichen überlieferte Privilegien verlor, kam seinen Angehörigen weiterhin eine Schlüsselrolle zu. Gerade die Ritterakademien oder – in Preußen – die Kadettenanstalten trugen dazu bei, dass bestimmte Verhaltensweisen und das typisch adelige Welt- und Selbstverständnis von Generation zu Generation weitergegeben wurden. Um ihn, vom reichsständischen Adel abgesehen, der noch bis zum Ende des Alten Reiches nicht nur Herrschaftsrechte, sondern – wenngleich nur mittelbar – auch Sitz und Stimme auf den Reichstagen hatte, für den Verlust eines Teils seiner Rechte an den jeweiligen Landesherrn zu entschädigen, hatten diese ihnen großzügig zahlreiche Privilegien zugestanden: Steuerfreiheit, die Unverkäuflichkeit von Rittergütern, die Verhinderung von Erbteilungen durch die Errichtung von Fideikommissen sowie die Besetzung hoher Ämter in Verwaltung, Justiz und Militär, aber auch in der Kirche fast ausschließlich mit Angehörigen des Adels. Daran sollte sich, trotz aller Umbrüche und mancher »Verluste« in einzelnen Bereichen bis zum Untergang der Monarchie in Deutschland im November 1918 im Prinzip wenig ändern. Zwar wurden im Laufe des 19. Jahrhunderts zunehmend bürgerliche Funktionsträger in den Adelsstand erhoben, konnten Adelsdiplome sogar käuflich erworben werden. Der »alte« Adel blieb dennoch eine soziale Elite, die direkt oder indirekt, sei es über Zugang zum Monarchen, sei es über die Ersten Kammern in den Parlamenten, erheblichen Einfluss auf die Entwicklung von Politik, Gesellschaft und auch Wirtschaft nehmen konnte. Dass dies möglich war, lag insbesondere daran, dass neben seiner politischen und gesellschaftlichen Bedeutung »nach

wie vor [...] Herrschaft über Grund und Boden und die darauf wirtschaftenden Menschen [...] den Rückhalt der sozialen Adelsstellung« (Wolfgang Zorn) bildeten.

## Klerus

Eine wichtige Rolle – bis zum Ende des Alten Reiches – spielte auch der katholische Klerus, der, mit absteigender Tendenz, weniger als ein Prozent der Bevölkerung ausmachte. Die Spaltung der Konfessionen im Zeichen der Glaubenskriege hatte jedoch dazu geführt, dass seine Bedeutung abnahm. Allein in den rein katholischen Gebieten spielte der Klerus, der zunächst ein Berufsstand, in zweiter Linie auch ein Personenstand war, weiterhin eine überragende Rolle – sei es über seine (Kur)Fürstbischöfe oder Fürstäbte in der Reichspolitik, als Besitzer von Grund und Boden oder schlichtweg als »Versorgungseinrichtung« für nicht erbberechtigte männliche oder auch weibliche Nachkommen adliger Häuser. Diese achteten daher in den katholischen Gebieten auch eifersüchtig darauf, dass

Die Vorderfront der Hauptkadettenanstalt in Berlin-Lichterfelde, Postkarte um 1900.

ihre Privilegien bei der Ämterbesetzung unangetastet blieben. Hinzu kam ihr beträchtlicher Einfluss in Bildung und Wissenschaft oder auch ihre Rolle in karitativen Einrichtungen. Aber auch im protestantischen Bereich konnten Superintendenten und Pröpste Einfluss gewinnen. Der Reichsdeputationshauptschluss, der alle kirchlichen Territorien säkularisierte, später die Auseinandersetzungen zwischen Staat und Kirche, beraubten den Klerus seines weltlichen Einflusses. Gleichwohl, gerade die Entwicklung des Katholizismus im ausgehenden 19. wie auch über viele Jahrzehnte des 20. Jahrhunderts, die nicht zu unterschätzende Bedeutung der »Volksfrömmigkeit«, und die Verbindung von Religion und Politik zunächst in der Gründung der Zentrumspartei, dann der CDU machten deutlich, dass der indirekte Einfluss auch im säkularen Zeitalter keineswegs gebrochen ist.

## Bürgerliche Schichten

Zu den bedeutendsten, wegen seiner Heterogenität freilich am schwierigsten zu beschreibenden Schichten gehört das Bürgertum, dessen Anteil zwischen 10 und 15 Prozent schwankte, je nachdem, welche Gruppe man noch mit einbezieht. Anders als der Adel oder der Klerus war das Bürgertum – sieht man vom alten Stadtpatriziat einmal ab – kein Herrschaftsstand. Erhebliche soziale, berufliche, ökonomische und bildungsmäßige Differenzierungen hatten bis zum 18. Jahrhundert eine vielfältige Gliederung dieser Schicht zur Folge: Handwerker, Kaufleute und Angehörige des Dienstleistungsgewerbes gehörten ebenso dazu wie Beamte, Juristen, Professoren und Manufakturunternehmer. Die Erosion der alten ständischen Ordnung und ihre Ablösung durch »Klassen« führte schließlich dazu, dass das Bürgertum nunmehr eine führende Rolle zu spielen begann, ja es gab dem 19. Jahrhundert als Epoche sogar seinen Namen: bürgerliches Zeitalter. Kennzeichen dieses Zeitalters waren die Bedeutung von Leistung und damit dem Streben nach sozialem Aufstieg, der Wille zu politischer Mitsprache sowie die Betonung der Gleichheit vor dem Gesetz, von der Freiheit der Person und von Rechtsstaatlichkeit. Dahinter stand nicht nur das Ideal einer »Eigentümergesellschaft« freier Bürger, sondern eng verknüpft damit war auch die Konzeption einer offenen, nicht einer Klassengesellschaft. Bürgerliche Parteien waren daher in ihrer Frühphase auch Integrations- und Weltanschauungs-, nicht aber Interessen- und Klassenparteien. Dies sollten sie wie das Bürgertum allgemein erst in der zweiten Hälfte des 19. Jahrhunderts, unter dem Druck der »sozialen« Frage, werden. Diese ließ Teile des Bürgertums nicht nur

Bürgerliche Wohnstube im Biedermeier: Die Familie des Berliner Schlossermeisters C. F. A. Hauschild, 1843, Oel auf Leinwand.

stärker an den Adel, an die alte Elite heranrücken, sondern gleichzeitig auch eine scharfe Frontstellung gegen jene Schicht – besser Klasse: die Arbeiterklasse – einnehmen, die ihr vermeintlich den »Krieg« erklärt hatte. Dennoch spielte innerhalb der Gesellschaft des Kaiserreichs wie auch in der Weimarer Republik das Bürgertum eine bedeutende Rolle im politischen, gesellschaftlichen und ökonomischen Gefüge. Es differenzierte sich unter dem Druck ökonomischer Entwicklungen weiter in Großbourgeoisie, Bildungsbürgertum und kleinbürgerliche Schichten, darunter die neue Schicht der Angestellten in den Büros der Unternehmen und des Staates mit ihrem eigenen Selbstbewusstsein, ihren Zielen und Organisationen. Dabei blieb seine Stärke mit etwa 15–20 Prozent, was ungefähr einem Sechstel der Bevölkerung entsprach, relativ konstant. Die vom Aufstieg des Bürgertums untrennbare Zielvision der »bürgerlichen Gesellschaft« verblasste freilich zunehmend. An dessen Stelle trat in der ersten Hälfte des 20. Jahrhunderts die Idee einer im Grunde totalitären sozialistischen Gesellschaft bzw. einer sozialromantisch verklärten »Volksgemeinschaft«. Die »schmähliche Kapitulation aller bürgerlichen Klassen vor den Anmaßungen des Hitlerregimes« – die zumindest stillschweigende Duldung der Verfolgung, Vertreibung und Ermordung jüdischer Angehöriger der eigenen Klasse – und der Zweite Weltkrieg erschütterten dann nicht nur das Bürgertum und seine Ideale vollständig, sondern auch die deutsche Sozialstruktur insgesamt in ihren Fundamenten.

## Bauern

Die übergroße Mehrheit der Bevölkerung lebte im 17., 18. und auch noch im 19. Jahrhundert auf dem Lande als Bauern oder Tagelöhner. Die Vielfalt der Rechtsverhältnisse, in die sie in Grund- oder Gutsherrschaften eingebunden waren, ist kaum zu überschauen. Leibeigenschaft wie in der ostelbischen Gutsherrschaft steht neben persönlicher Freiheit, die allerdings durch Feudalabgaben und Feudalleistungen nicht unerheblich eingeschränkt sein konnte. Bereits im 17. und 18. Jahrhundert hat es immer wieder Aufstände dagegen gegeben. Hinzu kamen die Aufklärer, die diesen Verhältnissen aus prinzipiellen Gründen, aber auch im Interesse einer Ankurbelung der Agrarkonjunktur ein Ende bereiten wollten. So wurden sowohl in den Habsburgerlanden als auch in Preußen auf den Krondomänen die Bauern im letzten Drittel des 18. Jahrhunderts bereits »frei«. Die Hofgröße dieser Bauern entschied über deren Sozialprestige und damit über deren Stellung im Dorf oder auch darüber hinaus. Den endgültigen Durchbruch brachten jedoch erst die Agrarreformen der napoleonischen Ära. »Gewinner« war zwar der Adel, allen voran die »berüchtigten« Großagrarier, die es bis in die ausgehende Weimarer Republik geschickt verstanden, ihre Interessen zu artikulieren und politisch durchzusetzen. Aber auch die Bauern haben davon, wenngleich in unterschiedlicher Weise, profitiert – freilich nur soweit sie ihr Land behalten konnten. Insten, Häusler und Büdner, Kossäten und Kätner hingegen fristeten trotz der eigenen Hütte, die sie besaßen, und des kleinen Stücks Landes, das sie bewirtschafteten, ein eher karges Dasein. Im Sommer mussten sie sich als Tagelöhner verdingen, im Winter wichen sie in das Heimgewerbe aus. Ihnen bot allerdings die industrielle Revolution völlig neue Perspektiven: Zu Tausenden wanderten sie in die boomenden industriellen Zentren jenseits der Elbe ab, verdingten sich in Fabriken, auf Baustellen oder im Dienstleistungssektor. Waren es 1882 noch 18,7 Millionen (41,4 Prozent) der Bevölkerung, die auf dem Lande lebten und arbeiteten, so reduzierte sich deren Zahl ein Vierteljahrhundert später auf nur noch 16,9 Millionen, was angesichts der gleichzeitig gestiegenen Einwohnerzahl des Reiches einem Anteil von 27,4 Prozent entsprach. An diesem Abwärtstrend sollte sich bis 1933/45 genauso wenig ändern wie an der sozialen Grundkonstellation. Großagrarier, die 25 Prozent des Bodens bewirtschafteten, bäuerliche Besitzklassen, Parzellisten mit Zwergstellen und sechs Millionen eigentumslose Landarbeiter, Knechte und Mägde standen sich in scharf voneinander getrennten Sozialmilieus gegenüber. Kennzeichen der weiteren Entwicklung war die Landflucht, die auch die ideologisch geprägte NS-Politik nicht stoppen konnte. Das Lohngefälle zwischen Land und Stadt war einfach zu groß, um die Landarbeiter in ihrer angestammten Heimat zu halten.

## Arbeiter

Mit der Industrialisierung einher ging die Bildung einer neuen sozialen Schicht, der Arbeiterschaft. Sie wuchs nach der Reichsgründung stetig an. Zwischen 1882 und 1907 – für diese Jahre liegen statistische Daten vor – stieg die Zahl der Arbeiter in der Industrie von 9,3 (34,8 Prozent aller Beschäftigten) auf 14,7 Millionen (42,2 Prozent). Damit stellten sie die Mehrheit der Beschäftigten.

Die Lebensbedingungen dieser Schicht waren jedoch über Jahrzehnte bedrückend. Die Arbeitszeiten waren extrem lang; nur allmählich gelang es, die Wochenarbeitszeit von 72 Wochenstunden (1871) über 61 (1900) auf schließlich 55,5 am Vorabend des Ersten Weltkrieges zu reduzieren. Die 48-Stundenwoche, d. h. der Acht-Stunden-Tag war hingegen erst das Ergebnis der Niederlage im Krieg. Aus Sicht der Arbeiter war diese Verkürzung der täglichen und wöchentlichen Arbeitszeit zweifellos ein großer Erfolg, der ihren Alltag erträglicher machte. Sie erhielten dadurch mehr Zeit, um sich erholen, vor allem aber ihr Leben nach der Arbeit selber gestalten und sich mehr um ihre Familien kümmern zu können. Für diese Verbesserung ihrer Lebensverhältnisse mussten die Arbeiter freilich hart kämpfen: Angeführt von den Gewerkschaften organisierten sie Hunderte von Streiks.

Auch hinsichtlich der Löhne verbesserte sich die Lage der Arbeiter nur langsam. Zwischen 1871 und 1913 stiegen die durchschnittlichen Nominallöhne von 493 auf 1083 Mark. Dieser Anstieg war sicherlich beträchtlich, es sollte dabei aber nicht vergessen werden, dass die Lohnentwicklung starken Schwankungen unterlag. Vor allem in den langen Zeiten wirtschaftlicher Krisen stagnierten die Löhne oder gingen sogar erheblich zurück. In Zeiten konjktureller Besserung stiegen sie allerdings auch häufig überproportional an.

Um zu ermessen, wie es den Arbeitern wirklich ging, müssen Nominallöhne und allgemeine Preisentwicklung zusammen betrachtet werden. Hier zeigt sich, gerade auch im europäischen Vergleich, dass die Entwicklung im Kaiserreich insgesamt positiv war. Zwischen 1871 und

1913 verdoppelte sich das real zur Verfügung stehende Einkommen. Das darf freilich nicht darüber hinweg täuschen, dass selbst in den letzten Friedensjahren gelernte Arbeiter nur etwa vier Fünftel (82 Prozent) ihres wöchentlichen Familienbudgets erarbeiten konnten, und selbst bei vergleichsweise gut bezahlten Formern (94 Prozent) und Schriftsetzern (90 Prozent) reichte das eigene Einkommen nicht aus. Viele Arbeiter waren daher auf einen Nebenerwerb sowie die Mitarbeit ihrer Ehefrau angewiesen, um die Familie durchzubringen.

Zumindest bis zum Ende des 19. Jahrhunderts war die Ernährungssituation vieler Familien daher problematisch; Unter- und Fehlernährung waren weit verbreitet, erst nach 1900 sollte dies nur noch für Randgruppen – Alte, Invalide oder nicht Erwerbstätige sowie Alleinstehende ohne Einkommen – gelten.

Nicht nur die schlechte Ernährung, sondern auch die katastrophalen Wohnverhältnisse waren lange Zeit ein Kennzeichen des Elends im Leben eines Arbeiters und seiner Familie. Die allgemeine Wohnungsnot, vor allem in der Zeit des Gründerbooms, zwang viele Arbeiterfamilien, Schlafgänger in ihren ohnehin zu engen Wohnungen aufzunehmen, um sie bezahlen zu können. 1871 wohnten durchschnittlich 4,01 Personen in einer Einraumwohnung in Berlin, im Jahre 1900 waren es immer noch 3,69. »Gewöhnlich«, so hieß es in einem zeitgenössischen Bericht, »schläft der Vater mit zwei Söhnen, die Mutter mit zwei Töchtern in einem Bett,

Wohnungsnot: Eine 13-köpfige Berliner Arbeiterfamilie in ihrer Wohnung 1907.

oder Vater und Mutter mit einem Kinde und die übrigen Kinder zusammen je in einem Bett, auf die Geschlechtsangehörigkeit wird wenig Rücksicht genommen, Jungen schlafen mit Mädchen, erwachsene Schwestern mit erwachsenen Brüdern zusammen.« Vor allem ärmere Arbeiter lebten in dunklen und feuchten Kellerwohnungen – in Berlin um 1900 immerhin noch acht Prozent.

Doch auch hier begannen sich die Verhältnisse allmählich zu verbessern. Die Zahl der Wohnungen mit mindestens zwei beheizbaren Zimmern nahm zu; dabei gilt es aber zu berücksichtigen, dass es die heute übliche Trennung in Wohn- und Schlafräume, Küche, Badezimmer und Toilette nur in Ausnahmefällen gab. In München hatten nach 1900 zwar 90 Prozent aller Wohnungen immerhin einen eigenen Wasseranschluss, aber nur 19 Prozent eine eigene Toilette.

Auf der »Habenseite« der Regierung, die die Arbeiterbewegung ansonsten mit allen Mitteln bekämpfte oder ausgrenzte, steht allein die Einführung eines auch im europäischen Vergleich modernen Sozialversicherungssystems in den 1880er Jahren. Arbeiter waren seitdem gegen Unfälle, Krankheit bzw. Invalidität versichert und erhielten sogar eine kleine Rente. Die Tatsache, dass Arbeiter nun einen Rechtsanspruch auf Leistungen hatten, war im Vergleich zum bisherigen Zustand ein großer Fortschritt. Mittelfristig half sie, die soziale und wirtschaftliche Lage der Arbeiter wie auch deren Gesundheit und die ihrer Familien zu verbessern – so prekär die Arbeiterexistenz im Einzelnen auch weiterhin war. Die Renten, auf die ein Anspruch ohnehin erst nach Ablauf des 70. Lebensjahres und dreißig Beitragsjahren bestand, waren niedrig: 1911 erhielt ein Altersrentner gerade einmal 165,27 Mark, ein Invalidenrentner 183,49 Mark jährlich. Es war daher verständlich, dass viele Arbeiter angesichts der ohnehin geringen Einkommen es zunächst sogar als Zumutung betrachteten, in eine Versicherung einzuzahlen, aus der sie erst nach dreißig und mehr Jahren etwas erhielten. Dennoch haben auch diese kleinen Beträge geholfen, das Problem der Altersarmut zu lindern oder zuvor häufige Konflikte zwischen den Generationen zu entschärfen.

In der Weimarer Republik änderte sich an diesen Verhältnissen strukturell nur wenig. Arbeiter und ihre Familien machten 1925 mit ca. 32 Millionen Menschen fast die Hälfte der Bevölkerung aus. Ihre Lebenssituation hatte sich – trotz des Aufschwungs in der Mitte der 1920er Jahre nur wenig verändert. Die Reallöhne stiegen nur langsam, lagen 1928 schließlich sogar um 20 Prozent über denen des Jahres 1913. Hinzu kamen Sozialleistungen wie preiswerte Werkswohnungen oder staatlich bzw. städtisch mitfinanzierte Neubauwohnungen. Dennoch mussten in mehr als der Hälfte der Arbeiterhaushalte weiterhin die Ehefrauen mitverdienen, um eine »zufriedenstellende Ernährung« zu gewährleisten. Die Weltwirtschaftskrise 1929 zerstörte dann auch die kleinsten Fortschritte; an deren Stelle trat eine »Fundamentalproletarisierung« (Hans Ulrich Wehler) ungeahnten Ausmaßes: 6 Millionen Arbeiter waren Anfang 1933 ohne Arbeit. Erniedrigende Bedürftigkeitsprüfungen, Schlangestehen vor dem Abstempeln der Arbeitslosenpapiere und die kärgliche Wochenhilfe wurden als Demütigung empfunden. Die Not und das Elend gerade von Familien nahmen fast unvorstellbare Ausmaße an. In Köln standen einer Arbeiterfamilie mit vier Kindern im Sommer 1932 gerade einmal 54 Reichsmark monatlich, d. h. 30 Pfennig pro Tag pro Kopf zur Verfügung; in Hamburg erhielt ein vollbeschäftigter Arbeiter angesichts der massenhaften Lohnkürzungen nur 110 Reichsmark, obwohl er eigentlich bei gleich gebliebenen Preisen 205 Reichsmark benötigte. Ohne diese Depressionserfahrung ist die »Sympathiemobilisierung« der Arbeiterschaft in der NS-Zeit infolge der schnell einsetzenden Vollbeschäftigung nicht zu erklären.

### Wandel

Die Nivellierung der Gesellschaft durch die von den Nationalsozialisten propagierten Volksgemeinschaft sowie die Erfahrungen im Zweiten Weltkrieg haben, wie schon erwähnt, die Sozialstruktur in Deutschland massiv erschüttert. Zerstörungen, Vertreibungen, Verluste an Besitz und Vermögen, Neuaufbau von Existenzen und schnelles Wirtschaftswachstum haben die Menschen sozial durcheinander gewirbelt. Die – wenn auch erst sehr allmählich erkennbare – Folge war eine Zunahme der Generationenmobilität, eine Zunahme der Karrieremobilität und eine Zunahme der Mobilität über die Schichten hinweg. Ob sich die alten Klassen und Schichten aber tatsächlich aufgelöst haben oder in Auflösung befinden, ist zurzeit zumindest in der Sozialstrukturforschung noch umstritten.

## Die andere Hälfte der Gesellschaft – Frauenrechte und Emanzipation

### »Tiefes Nachsinnen« schade »Ihrer Schönheit«

Nach dem »Sachsenspiegel« aus dem frühen 13. Jahrhundert war eine Frau nur die Hälfte eines Mannes wert. Auch spätere gesetzliche Regelungen einschließlich des als fortschrittlich geltenden Allgemeinen Preußischen Landrechts bewerteten die Stellung der Frau niedriger als die des Mannes. Zugleich hatte die Frau im Mittelalter aber im Rahmen des »ganzen Hauses« feste Aufgabenbereiche, die ihr innerhalb des Hauses, das sowohl Wohn- wie auch Produktionsstätte war, eine dem Mann gleichberechtigte Rolle zuwies. Mit der Trennung dieser Bereiche setzte sich im Verlauf der frühen Neuzeit die klare Unterordnung der Frau unter den Mann immer mehr durch. »Frau, oder Weib ist eine verehelichte Person,« so hieß es im Artikel »Frau« eines Universal-Lexicons aus dem Jahre 1735, »so ihres Mannes Willen und Befehl unterworfen, die Haushaltung führet, und in selbiger ihrem Gesinde vorgesetzt ist.« Auch bedeutende Aufklärer, die sich für die Emanzipation des Menschen eingesetzt haben, sahen dies nicht anders. Die Frau sei dazu da, dem Mann ein gemütliches Heim zu bereiten, und ihre Freiheit bestehe darin, nicht erwerbstätig sein zu müssen; »tiefes Nachsinnen« schade ihrer Schönheit, »mühsames Lernen oder peinliches Grübeln, wenn es gleich ein Frauenzimmer darin hochbringen sollte, vertilgen die Vorzüge [...] werden die Reize schwächer, wodurch sie ihre Gewalt über das andere Geschlecht ausüben«, meinte der – unverheiratete – Königsberger Philosoph Immanuel Kant 1798 in seiner »Anthropologie«. Verantwortlich für diese Haltung, die auch heute noch vielfach zu finden ist, war insbesondere die mit der Trennung des Privat- und Erwerbslebens einhergehende Vorstellung, dass der Ehemann seine Frau nach außen zu vertreten habe, der Gattin im Gegenzug dafür die unumschränkte Herrschaft zuhause zustehe. Damit verbunden war eine Geschlechtsvormundschaft, die sich noch in bundesdeutschen Gesetzen der 1950er Jahre findet. Erwerbstätigkeit wurde selbst 1957 einer Frau nur dann gestattet, wenn »dies mit ihren Pflichten in Ehe und Familie vereinbar ist«.

## Der lange Weg zur Emanzipation

Ausgelöst durch die Französische Revolution, in der erstmals mit Olympe de Gouges eine Frau behauptet hatte, »die Frau ist frei geboren und bleibt dem Manne ebenbürtig in allen Rechten« – dafür allerdings auch mit ihrem Leben bezahlt hatte –, traten Frauen seit den 1840er Jahren offen für ihre rechtliche und politische Gleichberechtigung ein und organisierten sich dafür in eigens gegründeten Frauenvereinen. Zugleich wandten sie sich gegen die unzureichenden Bildungs- und beruflichen Qualifikationsmöglichkeiten und die Festlegung auf die Rolle als Hausfrau und Mutter. Diese Rolle schloss freilich nicht aus, dass ein Teil der bürgerlichen, vor allem aber der Frauen aus Arbeiterfamilien unter einer Doppelbelastung litten und schlecht bezahlte Tätigkeiten übernehmen mussten, um die Familie ernähren zu können. Das höhere Schulwesen und die Universitäten blieben weiterhin den Söhnen vorbehalten. Mädchen aus den unteren Ständen hatten, abgesehen von dem Unterricht in den Volksschulen, kaum Bildungsmöglichkeiten.

Der harte Alltag vieler Frauen stand freilich in einem starken Gegensatz zu dem im 19. Jahrhundert dominierenden bürgerlichen Frauenbild. Es orientierte sich an den die Realität verklärenden mittelalterlichen und frühneuzeitlichen Vorstellungen von der Einheit von Arbeit und Wohnen. Der »Hausvater« war demnach das Oberhaupt der Familie, der Dienstboten und der dazu gehörigen Gesellen, die »Hausmutter« war zuständig für Kinder und Küche. Die Frau wurde so ausschließlich über ihre familiäre Funktion und besonders im Hinblick auf die Bedürfnisse des Ehemannes definiert. Selbst die Anfänge einer höheren Bildung für Frauen hatten nicht die weibliche Selbstverwirklichung als wesentliches Motiv, sondern die Erfordernisse an eine anregende Gesellschafterin und Gesprächspartnerin.

»Wohl auf denn, meine Schwestern, vereinigt euch mit mir, damit wir nicht zurückbleiben, wo alle und alles um uns und neben uns vorwärts drängt und kämpft. Wir wollen auch unser Teil fordern und verdienen an der großen Welt-Erlösung, welche der ganzen Menschheit, deren eine Hälfte wir sind, endlich werden muss«, schrieb **Louise Otto**, eine der Begründerinnen der deutschen Frauenbewegung in der ersten Nummer der »Deutschen Frauen-Zeitung« am 21. April 1849.

Bildung war daher bald eines der wichtigsten Ziele der Frauenbewegung. Der Weg in die Gymnasien und Universitäten war freilich weit. Erst 1896 machten die ersten sechs Schülerinnen in Berlin ihr Abitur, erst nach der Jahrhundertwende öffneten sich die Universitäten auch für Frauen. Langwieriger noch als der Weg der Gleichberechtigung in der Bildung war der Weg zum Frauenwahlrecht. Der legendäre SPD-Vorsitzende August Bebel hatte sich zwar schon früh in einem regelrechten Bestseller – »Die Frau und der Sozialismus« – für das Frauenwahlrecht eingesetzt, das aktive und passive Wahlrecht erhielten Frauen jedoch erst nach den Umbrüchen des Ersten Weltkrieges. Allein das Vereinsrecht war 1908 so weit novelliert worden, dass Frauen in Parteien und Gewerkschaften aktiv mitarbeiten konnten: Clara Zetkin, Rosa Luxemburg auf der linken, Helene Lange und Gertrud Bäumer auf der bürgerlichen Seite gehören zu denen, die dabei eine Vorreiterrolle übernahmen. Der Durchbruch schien 1919 mit dem Einzug von Frauen in die Nationalversammlung von Weimar geschafft: »Die Männer, die dem weiblichen Teile der Bevölkerung das bisher zu Unrecht vorenthaltene Staatsbürgerrecht gegeben haben, haben damit eine für jeden Demokraten selbstverständliche Pflicht erfüllt«, erklärte Marie Juchacz, einer der ersten weiblichen Abgeordneten am 19. Februar in der Nationalversammlung. Der Schein trog jedoch: Zwar gab es zahlreiche Frauen, die in den 1920er Jahren in Politik, Wissenschaft und Kultur in führende Positionen einrückten – 1933 praktizierten in Deutschland allein 3500 Ärztinnen –, doch auch weiterhin gab es gegenläufige Tendenzen. So wurden Beamtinnen trotz Verbots bei Heirat oder Schwangerschaft wie zuvor im Kaiserreich entlassen. Eine Art Anti-Doppelverdienergesetz legalisierte diese Praxis sogar 1923. Der Männerlohn reiche aus, Frauenarbeit raube »einem Familienvater Brot und Lebenshoffnung«, erklärte der Reichsarbeitsminister. Bis zum Ende der Weimarer Republik änderte sich daran nichts. Auch in der Weltwirtschaftskrise waren Frauen die ersten, die entlassen wurden. Dass Millionen, die aus schierer Not hinzuverdienen mussten, dadurch in die Heimarbeit gedrängt wurden, übersah man dabei geflissentlich. In das nationalsozialistische Frauenbild passten erwerbstätige und politisch mündige Frauen ohnehin nicht: »Das Ziel der weiblichen Erziehung hat unverrückbar die kommende Mutter zu sein«, hieß es in Hitlers »Mein Kampf«. Massive Werbung und vielfache Verbote sollten die Frauen zum Verzicht auf Berufstätigkeit und Studium bewegen – nicht ohne Erfolg: Günstige Ehestandsdarlehen veranlassten 380 000 berufstätige Frauen, aus ihrem Beruf auszuscheiden und »artgemäß« zu leben. Verheiratete Beamtinnen wurden zudem weiterhin entlassen, seit 1936 durften Frauen auch keine Richterinnen und Anwältinnen mehr werden. Geduldet waren allein Kindergärtnerinnen, Frauen in Pflegeberufen und in der Landwirtschaft. Die Zahl weiblicher Studierender war auf 10 Prozent aller Studienanfänger beschränkt. »Mutterkreuze« belohnten zudem bald jene, die dem »Führer« ein Kind »schenkten«. Die damit verbundenen Hoffnungen haben sich freilich nicht erfüllt: Die Geburtenrate änderte sich gegenüber der Zeit vor 1933 kaum. Im Zweiten Weltkrieg erwies sich dieses Frauenbild als geradezu zynische Illusion. Wie schon im Ersten Weltkrieg mussten sie bald in die Fabriken einrücken, um die Männer für den Krieg frei zu machen.

## Das Ende des Zweiten Weltkrieges – eine neue Chance für wirkliche Gleichberechtigung?

Das Bild der Frau nach 1945 geprägt von den Millionen »Trümmerfrauen«, die die deutschen Städte notdürftig wieder aufbauen, da ein Großteil der Männer gefallen oder in Gefangenschaft geraten war. Der starke Frauenüberschuss und die enorm gestiegene Verantwortung der Frauen für Familie, Gesellschaft und Wirtschaft stärkten zwar deren Selbstbewusst-

**Trümmerfrauen:** Berliner Frauen nach dem Kriegsende 1945 in ihrer Arbeitskleidung.

sein, mit dem Fortschreiten des Wiederaufbaus nach der Währungsreform traten sie jedoch erneut in die zweite Reihe zurück und übernahmen ihre traditionelle Rolle als Hausfrau und Mutter.

Wie schwer es war, alte Rollenverständnisse zu überwinden, zeigen die Diskussionen im Umfeld der Beratung des Grundgesetzes. Die Forderung, Frauen offiziell als in jeder Hinsicht gleichberechtigt anzuerkennen, fand anfänglich nicht die Zustimmung aller Mitglieder des Parlamentarischen Rates. An der traditionellen Festschreibung der bisherigen Rollen änderte sich dadurch zunächst wenig.

Die Familie war der Ort der Frau, und mit ihrer Politik versuchte die Bundesregierung diese Rolle zu stärken: »Für Mutterwirken gibt es nun einmal keinen vollwertigen Ersatz«, erklärte Bundesfamilienminister Franz-Josef Wuermeling. Dahinter stand nicht zuletzt die Überzeugung, Frauenarbeit würde dem Kommunismus den Weg bereiten und Mutterschaft sei mehr wert als Wohlstand.

In der DDR hingegen wurde die Rolle der Frau von Anfang an über ihre berufliche Stellung definiert: »Eine wirkliche Gleichberechtigung der Frau ist erst dann vorhanden, wenn sie einen Beruf erlernt hat und imstande ist, eine gesellschaftlich wirklich nützliche Arbeit zu leisten«, so Walter Ulbricht im Jahre 1949. Frauen wurden daher frühzeitig in den Produktionsprozess integriert, und das Familiengesetzbuch forderte bereits 1965 Männer dazu auf, ihre Beziehung so zu gestalten, dass Mutterschaft, berufliche und gesellschaftliche Tätigkeit der Frau miteinander vereinbart werden können. Ökonomische Sachzwänge und ideologische Motive sind hier kaum voneinander zu trennen.

Die Umbrüche in der Bundesrepublik in den späten 1960er Jahren trugen dazu bei, dass sich das bis dahin vorherrschende Verständnis von der Rolle der Frau änderte. Das Ehegesetz von 1957 wurde novelliert und zugleich die gleichberechtigte Verantwortung von Mann und Frau für Haushaltsführung und Unterhalt formuliert. Wie aktiv die Frauenbewegung inzwischen war, zeigten zudem der Kampf gegen den Paragrafen 218

(Schwangerschaftsabbruch), die allgemeine Enttabuisierung der Sexualität oder auch die zunehmende Akzeptanz eheähnlicher Gemeinschaften. Im Osten hingegen wurde immer deutlicher, dass die ursprüngliche Rechnung, Frauen voll in den Berufsalltag zu integrieren, gleichzeitig aber die Geburtenrate zu stabilisieren trotz erheblicher Investitionen in die Kinderbetreuung nicht aufging. Die Frage nach der grundsätzlichen Vereinbarkeit von Familie und Beruf, von gleichen Karrierechancen und gleicher Bezahlung ist trotz zahlreicher Maßnahmen und unübersehbarer Erfolge auch heute noch akut. Gleichwohl ist die Tatsache, dass 2005 mit Angela Merkel erstmals eine Frau zur Bundeskanzlerin gewählt und mit Gesine Schwan eine Frau als Kandidatin für das Amt der Bundespräsidentin vorgeschlagen wurde, ein unübersehbares Zeichen für einen fundamentalen Wandel nach Jahrhunderten der rechtlichen und politischen Diskriminierung sowie der sexuellen Ausbeutung.

Eine Demonstration gegen den § 218 in Bonn am 21. September 1975.

## Vom »Nachzügler« zum industriellen »Riesen«

Dass Deutschland eine der führenden Industrienationen der Welt ist, ist heute eine Selbstverständlichkeit. Historisch betrachtet war es jedoch ein »Nachzügler«. Ihren Anfang nahm die Industrialisierung in England im ausgehenden 18. Jahrhundert. Eine Fülle unterschiedlicher Faktoren – günstige politische, ökonomische und verkehrstechnische Rahmenbedingungen, das Vorhandensein von ausreichend Kapital, hohe Produktivität der Landwirtschaft als Voraussetzung für die Ernährung einer wachsenden Bevölkerung sowie einer ausreichenden Zahl von Arbeitskräften – hatte dazu beigetragen, dass England zur »Werkstatt der Welt« wurde. Leitsektor war zunächst die Textilindustrie, später abgelöst durch die Eisenindustrie. Damit einher ging der endgültige Durchbruch eines neuen Wirtschaftssystems, des Kapitalismus. Dieser löste im Laufe des späten 18., beginnenden 19. Jahrhunderts endgültig die über-

kommene feudalistische Agrarverfassung und Gewerbeordnung ab. Der
»Markt, auf dem das Angebot an Waren, Leistungen und Kapitalien der
Nachfrage« gegenübertrat wurde zum ausschlaggebenden »Regulator der
Produktions-, Konsum- und Lebenschancen der übergroßen Mehrheit«
der Bevölkerung (Hans Ulrich Wehler).

## Wüste Äcker, Höfe und Dörfer: Schwierige Startbedingungen

Am Ausgang des Dreißigjährigen Krieges bis weit ins 19. Jahrhundert hinein war Deutschland wie viele andere Länder Europas ein Agrarland. Am
Ende des 18. Jahrhunderts lebten etwa vier Fünftel der Bevölkerung auf
und von dem Lande – sei es als grundherrlicher, gutsherrlicher, kirch-
licher oder freier Bauer bzw. als einer der landarmen Kossäten, Gärtner,
Häusler, Einleger oder Tagelöhner. Unterschiedliche Rechtsverhältnisse –
die offenere Grundherrschaft westlich der Elbe, die das Leben der Bauern
stärker reglementierende preußische Gutsherrschaft östlich der Elbe –
kennzeichneten den Alltag der ländlichen Bevölkerung, hatten aber auch
erhebliche Auswirkungen auf die landwirtschaftliche Produktion. Fron-
dienste, Feudalrenten und Abgaben behinderten noch bis zu den großen
Reformen um die Wende des 18. zum 19. Jahrhundert die Entfaltung des
Marktes. Dieser Prozess der Modernisierung begann zwar bereits im letzten Drittel des 18. Jahrhunderts mit der Befreiung der Domänenbauern,
abgeschlossen war er jedoch erst in der Mitte des 19. Jahrhunderts, als im
Verlauf der 1848er Revolution endgültig alle feudalen Reste beseitigt wurden. Hinzu kam, dass es nach dem Ende des Dreißigjährigen Krieges trotz
gezielter Einwanderungspolitik mehr als ein halbes Jahrhundert dauern
sollte, bis der erhoffte Aufschwung, der ja mit der Zahl der Bevölkerung
unabdingbar verbunden war, in Gang kam. Selbst 1718 waren in Brandenburg-Preußen, wie Friedrich Wilhelm I. enttäuscht feststellte, »noch unzählige Äcker, Höfe und Dörfer wüste«. Erst Anfang des 18. Jahrhunderts
konnte zudem die lange »Stockungsspanne« auf dem Agrarmarkt überwunden werden. Bis dahin waren die Preise unablässig gefallen, da es
keine »Mäuler« zu stopfen gab. Erst im zweiten Drittel des 18. Jahrhunderts, mit dem Anstieg der Bevölkerung – allein die Preußens stieg zwischen dem Tod des Großen Kurfürsten 1688 und dem Regierungsantritt
Friedrichs des Großen 1740 von 1,4 auf 2,2 Millionen Einwohner –, änderte
sich dies grundlegend. Davon profitierte in hohem Maße die Landwirtschaft: »Im Zeichen hoher Preise für Agrarprodukte erlebte sie nun die
Blüte, die herbeizuführen die landesherrlichen Regierungen seit den ersten Nachkriegsjahren vergeblich versucht hatten« (Heinz Schilling).

Nicht nur der Binnenmarkt expandierte jetzt, sondern auch der Export; ostelbische Großbetriebe bestritten bis 1806 ca. 50 Prozent des britischen Getreideimports. Eine Verwissenschaftlichung der Anbaumethoden erhöhte zugleich die landwirtschaftlichen Erträge. Auch der Handel mit Gütern – ein unübersehbares Zeichen für die Auflösung der patrimonialen Verfassung auf dem Lande – kam in Gang. Bürgerliche Domänen- und Gutspächter wurden im ausgehenden 18. Jahrhundert, trotz aller noch bestehenden ständischen Schranken, Träger eines zukunftsträchtigen Agrarkapitalismus. Die Reformen, die in der napoleonischen Ära in allen deutschen Territorien eingeleitet wurden, schufen dann jedoch endgültig die Grundlagen für die Mobilisierung von ländlichen Besitztümern und Arbeitskräften. Die feudalrechtlichen, personalistischen, die freie rechtliche und wirtschaftliche Verfügungsgewalt behindernde Herrschaftsstruktur wurde durch die personen-, sachen- und schuldrechtlich definierte Ordnung einer modernen Eigentümergesellschaft abgelöst.

## Von Heimarbeit, Zunfthandwerk und Manufakturen. Der Weg zur modernen Wirtschaftspolitik

Ähnlich wie in der Landwirtschaft verlief auch die Entwicklung des Gewerbewesens. Um 1800 beschäftigte das Handwerk ca. 1,2 Millionen Arbeitskräfte, was einem Anteil von ca. 12 Prozent der erwerbstätigen Bevölkerung entsprach. Auch das Handwerk erlebte nach langen Phasen der Stagnation einen Aufschwung, der sich zunehmend beschleunigte. Im Gegensatz zum Mittelalter, wo Handwerker in der Regel in Städten gelebt hatten, gab es inzwischen auch ein blühendes Landhandwerk. Die Vorrechte der städtischen Zünfte waren in Preußen, aber auch anderswo aufgehoben worden, um den großen Gruppen Landarmer oder Landloser, die von der Landwirtschaft nicht leben konnten, einen Nebenerwerb zu ermöglichen. In Süddeutschland machte dieses Landhandwerk 50 Prozent, in Ostpreußen immerhin noch 33 Prozent aus. Die große Mehrzahl arbeitete für den »dreifachen Grundbedarf«, wie es hieß, an Kleidung, Nahrung und Wohnung. Zu diesen gehörten auch die in die Tausende (um 1800 ca. 315 000) gehende Zahl von Heimwebern – einer Gruppe, die im Zuge der Industrialisierung schnell verarmen sollte, da sie mit ihren Handwebstühlen mit den Maschinen nicht mehr mithalten konnten und deren Schicksal Gerhart Hauptmann in »Die Weber« eindringlich festgehalten hat. Daneben gab es jedoch bereits auch Handwerker, die für den Export arbeiteten – Metallhandwerker in Nürnberg oder Leinenweber in Schlesien, die seit längerem über Fernhandelskontakte verfügten.

Eine Heimarbeiterfamilie beim Korbflechten um 1913.

Im Gegensatz zu den Handwerkern in England, dem Mutterland der Industrie, waren die deutschen jedoch von jeher in Zünften organisiert. Diese regelten den Wettbewerb ihrer Mitglieder durch Eintrittsbarrieren und Kontrollmechanismen, griffen regulierend in die Geschäfte ein durch Festlegung der Höhe des Kapitals, das eingesetzt werden durfte, bestimmten die Technik des Gewerbes, die Art der Betriebsführung und die zunftkonforme Warenproduktion. Durch eine Fülle von Maßnahmen arbeiteten sie darauf hin, Marktschwankungen auszugleichen. Im Laufe des 18. Jahrhunderts verloren die Zünfte jedoch zunehmend an Einfluss. Erfolgreiche Handwerker ließen sich immer weniger einschränken, strebten danach, auch über ihre angestammte Position hinaus als Händler oder Verleger tätig zu sein. Die wachsende Zahl von Gesellen stellte um des eigenen Aufstiegs willen die überlieferte Hierarchie der Meister infrage. Deren Beharren auf der bisherigen Exklusivität der Meisterfamilie und deren Widerstand gegen neue Techniken und arbeitssparende Produktionsmethoden erwies sich jedoch immer weniger als erfolgreich.

Neben den in Zünften organisierten Handwerksbetrieben gab es in allen Territorien Manufakturen. Auch wenn diese Form der Herstellung von Gütern keine Erfindung der Neuzeit war, so erlebte sie doch ihre größte Blüte im ausgehenden 17. und im 18. Jahrhundert. Ende der 1670er Jahre entstanden die ersten in Preußen: Eine Wollmanufaktur, eine Zuckersiederei und eine Tabakspinnerei, später folgten Betriebe, die Luxuswaren – Porzellan (Königlich Preußische Porzellanmanufaktur), Spiegel, Glas oder Seidenstoffe – herstellten. In der Mitte des 18. Jahrhunderts entstanden zudem Kattundruckereien, die bereits aus eigenem Antrieb und mit eigenem Kapital arbeiteten. Vorbild dieser Gründungen war Frankreich. Im Zeichen einer merkantilistischen Wirtschaftspolitik dienten diese aus staatlicher, nicht privater Initiative entstandenen Unternehmen dazu, die heimische Wirtschaft durch Exporte – vor allem hochwertiger gewerblicher Produkte – bei gleichzeitiger Vermeidung von Importen anzukurbeln. Dahinter stand der Gedanke, dass die Steigerung staatlicher Macht und wirtschaftliche Expansion untrennbar miteinander verknüpft seien. Um dieses Ziel zu erreichen, erteilten die Regierenden daher gezielt Konzessionen, vergaben finanzielle Beihilfen und stellten Gebäude sowie Produktionsmittel zur Verfügung. Darüber hinaus versuchten sie Fachkräfte anzuwerben, die, wie die Hugenotten, ihr Know-how mitbrachten. Auch die Verbesserung der Infrastruktur und eine rigide Zollpolitik waren Bestandteile moderner Wirtschaftspolitik. Wirklich erfolgreich waren diese Manufakturen selten: 85 bis 90 Prozent aller Gründungen scheiterten, und auch ihr Beitrag zum Sozialprodukt war letztlich gering. Verantwortlich dafür war zum einen die Tatsache, dass sie zumeist »Treibhauspflanzen« waren, abhängig von der Initiative und Unterstützung des Monarchen. Zum anderen konnten sie dem technischen Vorsprung ausländischer Betriebe nicht standhalten. Der Übergang vom Protektionismus zum Freihandel im Zeichen einer liberalen Gewerbepolitik bedeutete für die große Mehrzahl schließlich das Aus.

## Industrieller Aufbruch

Auch wenn die vielfältigen Beschränkungen, die eine freie Entfaltung der »Marktkräfte« behinderten, zu Beginn des 19. Jahrhunderts in den deutschen Territorien aufgehoben wurden, erfolgte der Durchbruch der industriellen Revolution erst in den 1840er Jahren. Zwar fuhr bereits 1816 das erste Dampfschiff auf dem Rhein, 1817 begannen die Arbeiten, diesen im Interesse schnellerer Schiffsverbindungen zu begradigen, wurde 1835 die erste Eisenbahnlinie von Nürnberg nach Fürth eröffnet und gründeten Pioniere wie Friedrich Krupp in Essen 1811 oder Friedrich Harkort 1819 auf der Burg Wetter in den ersten Jahrzehnten des 19. Jahrhunderts kleine industrielle Unternehmen, bauten Hochöfen, Puddel- und Walzwerke; diese Entwicklungen und Gründungen blieben jedoch zunächst Einzelfälle. Die territoriale Zersplitterung, Zölle und Abgaben, unterschiedliche

Maß- und Münzeinheiten sowie ein Mangel an Kapital für Investitionen in industrielle Unternehmen waren dafür verantwortlich. Erst die Reformen in der Napoleonischen Ära, die Modernisierung der Landwirtschaft, die die notwendigen Kapitalien für Industriegründungen bereitstellte, das gleichzeitige Bevölkerungswachstum, das die notwendigen Arbeitskräfte zur Verfügung stellte und die Schaffung eines Binnenmarktes durch Gründung des Zollvereins sowie der Versuch, von England bewusst zu lernen, bereiteten schließlich auch der Industrialisierung in Deutschland allmählich den Weg. In Sachsen, im Großraum Berlin und im Ruhrgebiet, im Saarland und in Oberschlesien entstanden innerhalb weniger Jahre große industrielle Zentren. Hochöfen und Walzwerke, Maschinenbaufirmen, chemische Betriebe, aber auch große Textilunternehmen waren die Grundlage eines Wachstums, das Deutschland innerhalb weniger Jahrzehnte zu einer der führenden Industrienationen der Welt machen sollte. In einer sich immer schneller ausdehnenden Weltwirtschaft erlebte die Industrie seit 1850 eine nur kurzzeitig unterbrochene lange Aufschwungsphase, die als »Gründerzeit« bekannt geworden ist. Erst der Wiener Börsenkrach 1873 erteilte den damit verbundenen Hoffnungen auf dauerhafte Prosperität einen Dämpfer.

Die Ursachen für den Aufschwung der Industrie auf dem Gebiet des Deutschen Bundes – ohne Österreich –, dann des Deutschen Reiches waren vielfältig. Neue Finanzierungsmöglichkeiten schufen die Voraussetzung für die Einführung moderner Produktionsmethoden. Aktiengesellschaften, die in schneller Folge gegründet wurden, übernahmen dabei die Führung. Unterstützt wurden sie von Großbanken wie der »Schaaffhausenschen Bank AG« (1848), der »Berliner Discontogesellschaft« (1856), der »Bayerischen Vereinsbank« (1869), der »Deutschen Bank« (1870) sowie der »Dresdner Bank« (1872), die das notwendige Kapital aufbrachten. Hinzu kamen Erleichterungen im Geldverkehr. Wechsel wurden nunmehr überall als kaufmännische Zahlungs- und Kreditmittel akzeptiert, und auch das bargeldlose Scheckwesen gehörte bald zum Alltag bei wirtschaftlichen Transaktionen.

Darüber hinaus griff seit 1867 die Regierung des Norddeutschen Bundes, dann des Deutschen Reiches im engen Einvernehmen mit den Liberalen in den Markt ein. Wo notwendig schuf sie klare Regeln, um die Entfaltung der Wirtschaft voranzutreiben: 1867 wurde allgemeine Freizügigkeit gewährt, 1868 Maße und Gewichte vereinheitlicht, 1869 eine Gewerbeordnung und ein Handelsgesetzbuch verabschiedet. Die Aktienrechtsnovelle vom Juni 1870 hob die Konzessionspflicht für Aktiengesellschaften auf und löste damit ein wahres »Gründerfieber« aus. Das Münz-gesetz von 1871 vereinheitlichte schließlich die verschiedenen Währungen auf dem Gebiet des Deutschen Reiches.

## Die Revolutionierung des Transportwesens: Eisenbahn, Dampfschiff und Automobil

Die Dynamik der Industrialisierung wurde vor allem vom Bergbau und dem Hüttenwesen, dem Maschinenbau und der Metallverarbeitung getra-gen. Die wichtigste Rolle spielte dabei der Eisenbahnbau. Zwischen 1850 und 1873 vervierfachte sich die Länge des Streckennetzes der Eisenbahnen von 5875 auf 23 853 Kilometer; 1913 waren es schließlich 63 700 Kilometer. Parallel dazu stieg die Zahl der im Eisenbahnbau beschäftigten Arbeiter von 26 084 auf 396 000, in den Jahrzehnten danach pendelte sie sich bei 350 000 ein. Die Entwicklung des Eisenbahnbaus stimulierte nicht nur die Eisen- und Stahlindustrie, sondern trug auch zur Entwicklung leistungs- und international wettbewerbsfähiger großer nationaler Unternehmen wie Borsig, Kessler, Maffei oder Hentschel bei, die Lokomotiven, Waggons und Signale von hohem Standard herstellten. Wie bei einer Kettenreakti-on revolutionierte der Ausbau des Schienennetzes das Transportwesen.

Dichter Verkehr am Berliner Bahnhof Fried-richstraße: Eine Eisen-bahn auf der Brücke, darunter Kutschen und Omnibusse. Postkarte um 1910.

Zwischen 1850 und 1913 stieg die Transportleistung der Eisenbahnen von 0,23 Milliarden auf 67,7 Milliarden Tonnenkilometer im letzten Vorkriegsjahr; beim Personenverkehr von 0,56 Milliarden auf 41,4 Milliarden Personenkilometer. Durch diese Entwicklung wurden wiederum neue Märkte erschlossen, entsprechende Absatzmöglichkeiten geschaffen und das Wachstum weiterer Industriezweige angekurbelt und – bei zunehmend sinkenden Preisen – Güter ausgetauscht.

Neue technische Verfahren erhöhten die Produktivität der industriellen Fertigung. Der Dampfhammer, die Entwicklung des Siemens-Martin-Ofens und der Thomas-Birne verringerten die Produktionskosten bei der Eisen- und Stahlherstellung und machten damit die Massenproduktion von Stahl, einem der wichtigsten Rohstoffe der damaligen Zeit, erst möglich. Die Roheisenproduktion – um nur ein Beispiel zu geben – erhöhte sich zwischen 1870 und 1913 von 1,4 Millionen über 4,7 Millionen im Jahre 1890 auf 19,3 Millionen Tonnen. Damit war sie mehr als doppelt so hoch wie die in Großbritannien, dem Mutterland der Industrie.

Die Maschinenbauindustrie begab sich ebenfalls auf die »Überholspur«: Zwischen 1871 und 1875 war die Zahl der Betriebe allein von 1400 auf annähernd 10 000 gestiegen; in den 1880er Jahren kamen jährlich Tausende neue hinzu. Sie stellten Werkzeugmaschinen, landwirtschaftliche Maschinen und Lokomotiven, Schiffsantriebe, Apparate und Waffen her, in den 1880er Jahren kamen Automotoren und ganze Autos hinzu: 1897 baute Benz in Mannheim mit 500 Autos pro Jahr die meisten Autos in Europa; 1912 lieferten insgesamt 85 (!) Firmen 16 400 Personenwagen ab. Der Gesamtbestand an Autos näherte sich zugleich der 100 000-Marke. Zugleich waren in der Zwischenzeit 552 000 Motoren gebaut worden. Die Maschinenbauindustrie war schon damals in hohem Maße exportorientiert. Zwischen 1871 und 1913 stieg der Exportanteil um das Sechzehnfache auf mehr als 680 Millionen Mark; dies entsprach etwa 7 Prozent des deutschen Gesamtexports und, erstaunlich genug, 30 Prozent des Weltmaschinenexports. Damit überflügelte die deutsche Maschinenbauindustrie sogar die englische Konkurrenz.

## Chemie – und Elektroindustrie

Noch rasanter war der Aufstieg neuer Industrien, der chemischen Industrie und der Elektroindustrie. Entscheidend für den Aufstieg der chemischen Industrie war die Entwicklung von synthetischen Farbstoffen, von Arznei- und Düngemitteln. Hinzu kamen Fotofilme, Kunstfasern, erste Plastikstoffe und neue Sprengmittel. Eine Schlüsselrolle spielten dabei akademisch ausgebildete Chemiker, die in eigenen Laboratorien forschen konnten. Die Badische Anilin und Soda Fabrik (BASF) beschäftigte um 1900 230 akademisch ausgebildete Chemiker, die Frankfurter Hoechst Werke 165 und die Bayer-Werke in Leverkusen im Jahre 1914 sogar 600. Gezielte Marktanalysen, Werbe- und Marktstrategien trugen dazu bei, der chemischen Industrie schließlich die führende Stellung in der Welt zu verschaffen. 1913 setzten die deutschen Chemiewerke mit 2,4 Milliarden Mark Umsatz fünfzig Prozent mehr um als ihre schärfsten Konkurrenten in den Vereinigten Staaten.

Das schnellste Produktionswachstum wies allerdings die Elektroindustrie auf. Siemens und die Berliner Allgemeine Elektrizitätsgesellschaft stellten vor 1914 75 Prozent der elektrotechnischen Produktion her, ihr Umsatz von 1,3 Millionen Mark im Jahre 1913 umfasste ein Drittel der gesamten Weltmarktproduktion. Verantwortlich dafür war zunächst die Urbanisierung, in deren Folge immer mehr Städte öffentliche und private Beleuchtung einführten und elektrisch betriebene Straßenbahnen zur Verbesserung des öffentlichen Nahverkehrs bauten. Hinzu kam die Einführung des Elektromotors in vielen Betrieben als Ersatz stinkender Dampfmaschinen oder Benzinmotoren. 1913 verbrauchte Deutschland bereits 8 Milliarden Kilowatt Strom, d. h. 20 Prozent mehr als Großbritannien, Frankreich und Italien zusammen.

## »Exportweltmeister«

Der Binnenmarkt konnte schon bald nicht mehr alle produzierten Güter aufnehmen. Zwar importierte Deutschland zwischen 1880 (für 2803 Millionen Mark) und 1913 (für 10 770 Millionen Mark) in erheblichem Maße Genussmittel, Rohstoffe, Halb- und Fertigwaren, exportierte aber auch Güter und Nahrungsmittel in annähernd gleichem Umfang (1880 für 2923 Millionen Mark; 1913 für 10 097 Millionen Mark). Besonders rasant entwickelte sich dabei der Export von Halb- und Fertigwaren, die die Importe bald bei weitem überstiegen.

Dieses Wachstum des Handels beflügelte wiederum die Reedereien in den großen Seehäfen, allen voran Hamburg und Bremen. Sie beförderten Menschen, vor allem aber Waren, und je mehr sich das Deutsche Reich zu einer modernen Industrienation entwickelte, umso größer wurden ihre Flotten: Zwischen 1885 und 1914 wuchs die Zahl der Schiffe der »Hamburger Paketfahrt AG« von 25 auf 194, die des Bremer »Norddeutschen Lloyd« von 40 auf 124, die der gleichfalls in Bremen beheimateten »Hansa« von 13 auf 67.

Angesichts dieser Entwicklung war es nicht weiter erstaunlich, dass einzelne Konzerne alsbald als »global player« auftraten. Sie besaßen ihre eigenen Vertreter im Ausland, teilweise große Filialen oder sogar eigene Werke. Zu diesen Konzernen gehörte die Essener Fried. Krupp AG, die Eisenbahnschienen und andere Stahlprodukte, vor allem aber Waffen in alle Welt verkaufte. Vor allem letzteres galt bald als anrüchig und unpatriotisch. Auch Siemens und die AEG wurden »global player«: Zwischen 1901 und 1913 steigerten sie ihren Export in europäische Nachbarländer, aber auch nach Nord- und Südamerika sowie Ostasien von 44 Millionen auf 330 Millionen Mark. Siemens besaß darüber hinaus auch eigene Werke im Ausland oder war an ausländischen beteiligt, um seine Position auf dem dortigen Markt zu sichern.

Zu den »global playern« gehörten auch die Großbanken, allen voran die Deutsche Bank. Bereits unmittelbar nach ihrer Gründung eröffnete sie Filialen in Shanghai und Yokohama, 1874 übernahm sie die La Plata Bank, um, wie es im Geschäftsbericht hieß, den »größten Häutestapelplatz der Welt« mit dem »fabrikreichen Deutschland« zusammenzuschließen. Vor allem Staatsanleihen waren ein lukratives Geschäft. Hinzu kamen Firmenbeteiligungen wie an der Northern Pacific Railroad in den Vereinigten Staaten oder einer Ölgesellschaft in Rumänien. Am bekanntesten ist freilich das Engagement der Deutschen Bank beim Bau der politisch zwischen Deutschland und England umstrittenen Bagdad-Bahn.

Im Gegensatz zu dieser globalen Expansion ihrer Konkurrenten zogen es einige Bergbau- und Stahlkonzerne vor, nur im europäischen Ausland zu investieren; insbesondere in Frankreich, Belgien und Luxemburg erwarben der Duisburger Thyssen Konzern und die Oberhausener Gutehoffnungshütte Anteile an Berg- und Stahlwerken.

Zur Erschließung neuer Märkte beteiligten sich deutsche Firmen seit 1851 an den im Abstand von fünf Jahren stattfindenden Weltausstellungen. Dabei präsentierten sie Produkte aus Industrie und Gewerbe. Im Mittelpunkt standen dabei technische Neuerungen und Erfindungen. Im deutschsprachigen Raum fand die erste Weltausstellung 1873 in Wien statt. Die Regierungen der deutschen Staaten betrachteten diese Ausstellung wie die Unternehmer als Gelegenheit, die Leistungsfähigkeit der Nation nach der Einigung des Reichs unter Beweis zu stellen.

## Krisen

So glanzvoll die Wiener Weltausstellung letztlich verlief, so groß war die wirtschaftliche Krise, die fast zeitgleich in Wien ihren Anfang nahm und schließlich weltweite Ausmaße annahm. Ob es sich dabei um eine große Depression, eine lange Deflation oder nur eine in Wellen verlaufende Abbremsung und Konsolidierung des schnellen Wachstums vorangegangener Jahre handelte, ist bis heute umstritten. Dennoch waren die Auswirkungen unmittelbar spürbar. Viele Unternehmen gerieten in wirtschaftliche Schwierigkeiten, die Börsenkurse fielen ins Bodenlose, Aktienpakete verwandelten sich in wertloses Papier. Der durchschnittliche Indexwert sank von 200 im Jahre 1872 auf 80 1877. Betroffen waren Anleger aus allen Bevölkerungsschichten. Zahlreiche Banken und Industrieunternehmen gingen Bankrott. Massenentlassungen waren die Folge. Bei M.A.N. in Nürnberg sank die Zahl der Beschäftigten zwischen 1872 und 1879 von 4000 auf 800, der »Hoerder Verein« in Dortmund reduzierte seine Belegschaft im gleichen Zeitraum von 4709 auf 2640, der »Bochumer Verein« von 4077 auf 2507. Parallel verfielen die Preise, und auch die Löhne sanken um ein Drittel, wenn nicht die Hälfte des Niveaus von 1869/70. Dass die sinkenden Preise bei Konsumgütern, dann auch Lebensmitteln letztlich den Konsumenten zugute kamen, sollte sich erst später zeigen, als die Löhne wieder stiegen.

Die Krise löste in vielen Ländern ein wirtschaftspolitisches Umdenken aus. Der Freihandel wurde infolgedessen schrittweise aufgegeben; Schutzzölle sollten nun die heimische Industrie, aber auch die Landwirtschaft schützen.

## »Wirtschaftswunder«

Erst Mitte der 1890er Jahre sollte sich die Lage entspannen, löste eine lang andauernde Hochkonjunkturphase die Zeit des schwachen, stagnierenden bzw. rückläufigen Wachstums ab. Die deutsche Industrie machte einen regelrechten »Satz« nach vorn. Die Produktion des Ruhrbergbaus wuchs von 41 146 000 auf 110 765 000 Tonnen; die Eisenproduktion von 5 465 000 auf 19 312 000 Tonnen, die Stahlproduktion von 5 040 000 auf 16 200 000 Tonnen. Parallel dazu vervielfachte sich die Zahl der Beschäftigten: Von 154 702 auf 401 715 im Ruhrbergbau, von 23 412 auf 47 141 in der Eisenproduktion und von 112 352 auf 195 645 (1912) in der Stahlproduktion. Die Steigerungsraten in anderen Branchen waren ähnlich.

Zu Recht wird diese Entwicklung vor 1913 als »erstes deutsches Wirtschaftswunder« (Hans Ulrich Wehler) bezeichnet. »Wohin immer man auch blickt: Vor 1914 konnte kein Zweifel mehr daran aufkommen, dass die deutsche Industriewirtschaft nach einer furiosen Aufholjagd in das weltweit führende Spitzentrio vorgestoßen war, das jetzt aus den Verei-

nigten Staaten, Großbritannien und dem Deutschen Reich bestand.« Wie groß der damit verbundene Strukturwandel war, zeigt ein Blick auf die in Landwirtschaft, Industrie und Handel bzw. Verkehr beschäftigten Personen. Waren es 1882 noch 41, 34 bzw. 9,4 Prozent, so hatte sich das Verhältnis bereits 1907 grundlegend geändert: 28,4, 42,2 bzw. 12,9 Prozent der Erwerbstätigen waren nun in den entsprechenden Wirtschaftssektoren beschäftigt.

## Urbanisierung

Untrennbar verknüpft mit dem Aufstieg zum industriellen »Riesen« ist die Urbanisierung. Im 17., 18. und auch weit im 19. Jahrhundert spielte sich das Leben der Menschen in Dörfern oder kleinen Städten ab. Um 1800 gab es zeitgenössischen Schätzungen zufolge im Reichsgebiet 2300–2400 Städte unterschiedlicher Größe, 3000 Marktflecken, 90 000-100 000 Dörfer; hinzu kamen 30 000–40 000 Rittersitze sowie Stifte, Klöster und zahllose Einzelgehöfte. Allein Berlin und Hamburg hatten um 1800 mehr als 100 000 Einwohner, alle anderen (München 40 000; Breslau 57 570; Frankfurt am Main 48 000, Nürnberg 30 000) lagen weit darunter. Der Anstieg der Bevölkerung seit der Mitte des 18. Jahrhunderts änderte dies, wenn auch zunächst nur langsam. Die Rationalisierung der landwirtschaftlichen Produktion zwang die Menschen, ihr Auskommen in den Städten zu suchen, wo eine sich allmählich dynamisch entwickelnde Industrie sie aufnahm. Die Wanderungsbewegung, die in diesen Jahrzehnten vom Land in die Stadt verlief, das gleichzeitige Elend das damit häufig verbunden war, ist heute nur schwer nachvollziehbar. Ein Indiz für diese Dynamik ist jedoch das Wachsen der Städte. 1871 hatten Köln, Königsberg, Dresden, Breslau, Leipzig und München ebenfalls bereits mehr als 100 000 Einwohner, 1910 hatten sieben Großstädte sogar eine Bevölkerung von mehr als einer halber Million, Berlin sogar, einschließlich der Vorstädte, vier Millionen Einwohner. Die mit diesem Wandel verbunden Aufgaben waren gewaltig. Mietshäuser entstanden und ersetzten die anfänglich vorhandenen großen Elendssiedlungen an den Stadträndern, Straßen und Abwässerkanäle, Straßenbahnen und sonstige Versorgungseinrichtungen wie Gas- und Elektrizitätswerke wurden gebaut; zugleich versuchte eine sich immer weiter ausdifferenzierende städtische Bürokratie all der Aufgaben Herr zu werden, die der Ansturm der Massen mit sich brachte, den Alltag der »weithin im Wildwuchs« (Jürgen Kocka) entstandenen neuen Zentren zu »humanisieren«. Man darf die dabei vollbrachten Pionierleistungen nicht gering schätzen. Die kreative und professionelle

Ein 1,5 Tonnen Schmiedehammer bei der Firma Krupp in Essen um 1900.

Reaktion auf diesen Wandel war ohne Zweifel ein epochaler »Modernisierungserfolg« (Jürgen Kocka); die mit diesem Prozess verbundenen radikalen Wandlungen in Produktions- und Lebensweisen, die irreversiblen Veränderungen sozialer und gesellschaftlicher Verhältnisse konnten die Für- und Vorsorge der Verwaltungen nicht kaschieren. Der »Moloch« Großstadt wurde zum Symbol einer als »vermasst« und »proletarisiert« empfundenen Gegenwart.

## Kontinuitäten und Krisen

Der Erste wie auch der Zweite Weltkrieg mit ihren materiellen Schäden, ihren Reparationen und ihren enormen demografischen Verlusten haben die Rolle Deutschlands in der Weltwirtschaft nicht ernsthaft gefährden können. Die Mitte der 1920er Jahre waren Boomjahre – das Volkseinkommen stieg von 57 (1925) auf 71 Milliarden Mark (1928). Parallel dazu stieg der Privatkonsum von 5,19 auf 6,36 Milliarden, und die Industrieproduktion nahm um 46 Prozent zu. Ermöglicht wurde dieses Tempo, das dem der Hochkonjunkturphase vor 1914 glich, vor allem durch amerikanische Kredite. Wichtig in diesem Zusammenhang ist neben der Stabilisierung der Reallöhne auch die Erhöhung der Arbeitsproduktivität. Beeinflusst durch die Ideen des Amerikaners Frederick W. Taylor, dem Vater des »wissenschaftlichen Managements«, fanden Rationalisierungsschübe statt, die die industrielle Arbeitsproduktivität um 25 Prozent, die in der Roheisenindustrie sogar um 41 Prozent erhöhten. Mit dem »Schwarzen Freitag«, dem 24. Oktober 1929, geriet allerdings auch die deutsche Industrie in eine Schieflage, machte schließlich eine Wirtschaftskrise bisher ungekannten Ausmaßes durch. Allein zwischen September und Dezember 1929 stieg die Zahl der Arbeitslosen von 1,5 auf 2,9 Millionen, um sich Anfang 1933 bei 6 Millionen einzupendeln. Jeder Vierte war ohne Arbeit. Eine globale Agrarkrise, der Abzug der ausländischen Kredite und eine deutsche Bankenkrise, aber auch eine staatlicherseits nach den Erfahrungen der Hyperinflation als alternativlos angesehene, freilich in hohem Maße politisch motivierte Deflationspolitik verschärften die Situation zusätzlich. Diese Krise kann mit Recht als eine »Wasserscheide« in der Entwicklung des westlichen, auch des deutschen Industriekapitalismus angesehen werden. Als bittere »Generationenerfahrung« brannte sie sich tief ein. »Seit dem Herbst 1929 kann in der deutschen Geschichte der folgenden zehn Jahre fast nichts ohne die Schockwirkung dieser rund fünf Jahre anhaltenden Depression verstanden werden« (Hans Ulrich Wehler). Viele Zeitgenossen haben das »NS-Wirtschaftswunder« der 1930er Jahre –

# GELD OHNE WERT: DIE HYPERINFLATION DES JAHRES 1923

Der sich in atemberaubender Geschwindigkeit vollziehende Wertverlust der Reichsmark im Jahre 1923 gehört neben der Niederlage 1918 zu den traumatischen Erlebnissen vieler Zeitgenossen. Allein zwischen dem 15. Oktober und dem 2. November stieg der Wert des Dollars von 3769 auf 320 800 Milliarden Reichsmark. Ebenso erhöhten sich die Preise: Margarine kostete am 13. Oktober noch 500 Millionen Reichsmark, eine Woche später bereits 1860 Millionen. Verantwortlich dafür waren jedoch nicht allein die Regierungen der Weimarer Republik. Die Ursache war vielmehr in der Finanzpolitik der Reichsleitung zu sehen. Skrupellos hatte sie während des Ersten Weltkrieges die Kosten des Krieges mit Anleihen bzw. dem Laufenlassen der Notenpresse finanziert, in der Hoffnung, nach dem Sieg die Schulden den Verlierern aufbürden zu können. Mit der Niederlage waren diese Hoffnungen zerplatzt. Doch anstatt den Haushalt nach dem Krieg zu konsolidieren, nahmen alle Regierungen eine – wie sie meinten – kontrollierte Inflation in Kauf, um den Export anzukurbeln und damit die innenpolitisch wichtige Vollbeschäftigung zu sichern. Eine desolate Finanzlage erschien zudem als ein brauchbares Instrument im Kampf gegen die Reparationsforderungen der Alliierten. Seit Mitte 1921, nicht erst mit der Besetzung des Ruhrgebietes 1923 durch französische und belgische Truppen, begann die Inflation sich jedoch zu beschleunigen. 1923 galoppierte sie schließlich.

Zweihundert Milliarden Mark. Reichsbanknote vom 15. Oktober 1923.

Wer nicht rechtzeitig seine Papiermark in Sachwerte oder wertbeständige Zahlungsmittel getauscht hatte, verlor nahezu alles. Auch Arbeiter, Angestellte und Beamte gehörten zu den Verlierern. Gleiches gilt für die Bauern, die ihre Waren gegen wertlose Papiermark abgeben mussten. Die Großindustrie hingegen, die ihre Güter auf den Exportmärkten zu Dumpingpreisen verkaufen konnte, war der eigentliche Gewinner.

Den größten Schaden erlitt jedoch die politische Kultur der Weimarer Republik. »Der schwerste Verlust«, urteilte ein Sprecher des Mittelstandes im Dezember 1923, »ist, dass wir das Vertrauen zum Staat verloren haben.« Die Distanz zur Republik wuchs weiter, zumal jetzt auch diejenigen innerhalb des Bürgertums, die sie unterstützt hatten, auf Distanz gingen. Daran änderte auch die Einführung der Rentenmark am 15. November 1923 und die damit verbundene Stabilisierung nichts. Das Bild von den Bergen von Geldscheinen, die innerhalb von Stunden wertlos wurden, blieb haften.

vor diesem Hintergrund bestaunt, dabei allerdings sowohl übersehen, dass die Grundlagen dafür bereits zuvor gelegt worden waren und dass Hochkonjunktur und Vollbeschäftigung mit horrenden Kosten erkauft wurden, nämlich mit der Fehlleitung gewaltiger Ressourcen in die Aufrüstung, mit der Vorbereitung eines totalen Krieges, mit der zweiten vollständigen Zerrüttung der Währung.

Es war dann auch diese Erfahrung, die nach 1945/49 ganz anderen wirtschaftlichen Ordnungsvorstellungen den Weg ebnete. Während sich die staatliche Wirtschaft im Osten Deutschlands, die diese nach einem vorher festgelegten, in der Regel nach sowjetischem Vorbild fünf

Arbeitslosigkeit in der Weimarer Republik: Arbeitslose Männer warten vor dem Schalter einer Stempelstelle.

Jahre umfassenden Plan zu steuern versuchte, als Irrweg erwies, die DDR schließlich nicht nur vor dem politischen, sondern auch vor dem ökonomischen Bankrott stand, war die soziale Marktwirtschaft im Westen eine »Erfolgsgeschichte«. Die Bundesrepublik gehörte schon früh wieder zu den führenden Industrienationen der Welt – technologisch als auch hinsichtlich des industriellen Outputs; der gleichzeitige Gedanke des »sozialen« Ausgleichs verhinderte, dass wie in den Jahrzehnten zuvor, soziale Konflikte aufbrachen und die politische Kultur negativ beeinflussten. Wie die weitere Entwicklung im Zeichen der Globalisierung verlaufen wird, ob sie sich überhaupt »gerecht« gestalten lässt, was viele Arbeitnehmer bezweifeln, und ob sie, wie die Vertreter der Unternehmer behaupten, »Wohlstand und Arbeitsplätze« schaffen wird, bleibt abzuwarten. Die Tatsache, dass an der Herstellung einer einzelnen Zahnbürste in Deutschland Firmen aus 11 Ländern beteiligt sind, illustriert den Wandel, der zwischen 1648, dem Ausgangspunkt unserer Betrachtung, als das Dorf und die Stadt mit ihren kleinen Handwerksbetrieben, in denen – fast – alles hergestellt wurde, den Horizont von Arbeit und Wirtschaft umfassten, und 2008, dem Ende des zu beschreibenden Zeitraums. Die Landwirtschaft hingegen, die zu Beginn unserer Epoche dominierte, spielt heute nur noch eine marginale Rolle: Der Anteil der dort Erwerbstätigen beträgt gerade noch 2,7 Prozent.

# ■ Freizeit

Freizeit ist eine Erscheinung des industriellen Zeitalters. Bis dahin dominierten die Wirtschaftssektoren Handwerk und Landwirtschaft, die
die Trennung von beruflicher und privater Sphäre noch nicht kannten.
Die rationelle Organisation der Fabriken und Büros schied die Zeit der
Arbeit jedoch ausdrücklich von der Zeit der Muße. Die blieb angesichts
langer Arbeitszeiten und Sechstage-Woche zwar anfänglich gering, mit
dem Übergang vom Zwölf- zum Zehnstundentag um 1900 begann die
Freizeitkultur jedoch zum Massenphänomen zu werden. Wie zuvor im
18. und 19. Jahrhundert, als nur reiche Adelige oder wohlhabende Bürgerliche wie der Dichter Johann Wolfgang von Goethe ihre Cavaliers- und
Bildungsreisen entlang des Rheins, vornehmlich aber nach Italien un-
ternahmen, sich Kuren in mondänen Bädern wie Baden-Baden, Karlsbad
oder Bad Ems bzw. sonstige Freizeitvergnügungen leisten konnten, blieben große oder auch kleinere Reisen in die deutschen Seebäder oder in
die Alpen ein Privileg der gehobenen Schichten. Allein Angehörige des
Adels oder des Bürgertums hatten ausreichend Geld und auch bezahlten
Urlaub (!) für derartige Vergnügungen. Kirchliche, Schützen- und staatliche Feste wie Denkmalsenthüllungen oder der Sedanstag, später kam
der – nichtstaatliche »Maispaziergang« der Arbeiter hinzu – sowie der berühmte »Sonntagsspaziergang« lockerten den von Arbeit geprägten Alltag der großen Mehrheit der Bevölkerung ein wenig auf. Daneben gab es

Urlaubsstimmung auf Helgoland: »Dolce far niente auf der Düne«. Holzstich nach einer Zeichnung von Emil Limmer, 1887.

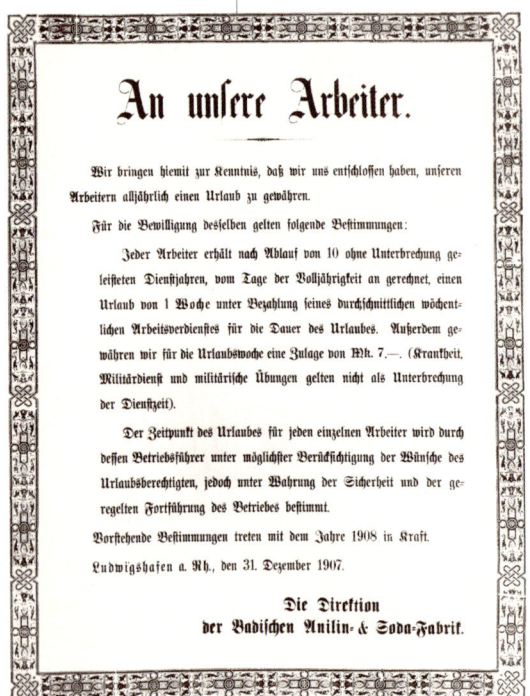

## An unsere Arbeiter.

Wir bringen hiemit zur Kenntnis, daß wir uns entschlossen haben, unsern Arbeitern alljährlich einen Urlaub zu gewähren.

Für die Bewilligung desselben gelten folgende Bestimmungen:

Jeder Arbeiter erhält nach Ablauf von 10 ohne Unterbrechung geleisteten Dienstjahren, vom Tage der Volljährigkeit an gerechnet, einen Urlaub von 1 Woche unter Bezahlung seines durchschnittlichen wöchentlichen Arbeitsverdienstes für die Dauer des Urlaubes. Außerdem gewähren wir für die Urlaubswoche eine Zulage von Mk. 7.—. (Krankheit, Militärdienst und militärische Übungen gelten nicht als Unterbrechung der Dienstzeit).

Der Zeitpunkt des Urlaubes für jeden einzelnen Arbeiter wird durch dessen Betriebsführer unter möglichster Berücksichtigung der Wünsche des Urlaubsberechtigten, jedoch unter Wahrung der Sicherheit und der geregelten Fortführung des Betriebes bestimmt.

Vorstehende Bestimmungen treten mit dem Jahre 1908 in Kraft.

Ludwigshafen a. Rh., den 31. Dezember 1907.

Die Direktion
der Badischen Anilin- & Soda-Fabrik.

Zum Jahresende 1907 teilte die BASF in Ludwigshafen ihren Arbeitern durch ein Plakat die Einführung von Urlaub für das Jahr 1908 mit.

bald eine blühende Vereinskultur – Sport-, Kegel und Gesangsvereine waren beliebte Orte der Geselligkeit. Auch Museen und Theater, Ausstellungen und erste Zoos wie Hagenbeck in Hamburg zogen Tausende an, die sich bilden oder auch nur einfach vergnügen wollten.

An diesem »Muster« änderte sich auch im 20. Jahrhundert nur wenig. Gesetzlich festgelegte und bezahlte Urlaubstage – acht bis zwölf bei Arbeitern und Angestellten – ermöglichten es nun auch Arbeitern, »frei« zu nehmen, und, soweit finanziell möglich, in die »Sommerfrische« zu fahren. Fernreisen, wie sie die großen Reedereien auf ihren bunten Plakaten anboten, blieben jedoch ein Luxus, den sich nur wenige leisten konnten. Kinos und Sportvereine – allen voran die Fußball-, Radfahrervereine und Wandervereine – boten jedoch immer mehr Menschen Möglichkeiten der Zerstreuung. Das Bedürfnis, nach Freizeit und Entspannung versuchte auch das NS-Regime sich zunutze zu machen. Jeder Betriebsangehörige erhielt nun zwei bis drei Wochen Urlaub. Dabei ging es allerdings weniger darum, ihnen mehr Zeit für sich und ihre Familien zu gewähren. Hauptziele waren einerseits die Integration der Arbeiter in die »Volksgemeinschaft« durch Gestaltung und Überwachung ihrer Freizeit, andererseits der Wille, durch die im Urlaub wieder gewonnene »Kraft« die Volkswirtschaft anzukurbeln. Die Freizeitorganisation des Regimes hieß daher auch »Kraft durch Freude«. Sie organisierte bunte Abende, Schachturniere, Konzerte und Reisen in eigens gebaute große Freizeitanlagen wie das Seebad Prora auf Rügen oder auf eigenen Kreuzfahrtschiffen wie der »Wilhelm Gustloff«.

Die schlechten Erfahrungen mit »organisierter« Freizeit wie auch die langen Arbeitstage, die Trennung vieler Familien durch Abwesenheit des Vaters als Soldat und in der Gefangenschaft, der Söhne und Töchter durch Evakuierungen bzw. Ausbombung hatten in den 1950er Jahren zunächst einen weit verbreiteten Rückzug ins Privatleben zur Folge. Auch das Anwachsen des Wohlstandes änderte dies kaum. Allein Sportvereine und

Kinos blieben Orte der Zerstreuung. Zwar stieg die Zahl der Urlaubstage allmählich, Urlaubsreisen waren jedoch weiterhin selten. In den 1950er Jahren konnte sich nur ein Fünftel, um 1960 ein Drittel der Bevölkerung – darunter allerdings nur ein Viertel der Arbeitnehmerhaushalte – einen Urlaub leisten. Der typische Italienurlaub, als Tausende in ihren Autos über die Alpen zogen, ist insofern eher ein Phänomen der 1960er, nicht wie häufig behauptet, der 1950er Jahre. Seitdem entwickelten sich die (West-)Deutschen zu jenen »Reiseweltmeistern«, als die sie auch heute noch gelten, wobei sie nicht nur immer häufiger, sondern auch immer weiter reisen.

Im Osten Deutschlands war die Mauer eine unüberwindliche Barriere für Reisen; Anfang der 1970er Jahre wurde aber auch die DDR ein Land des Massentourismus. Dieser beschränkte sich allerdings auf die sozialistischen Bruderländer. Zudem spielten bei der Zuteilung der knappen Urlaubsplätze staatliche Institutionen, Betriebe und Massenorganisationen eine wichtige Rolle. Sie verteilten annähernd drei Viertel der vorhandenen Plätze. Das teurere, freilich weniger reglementierte Camping erfreute sich daher besonderer Beliebtheit. Daneben spielte die berühmte »Datsche« eine besondere Rolle bei der Freizeitgestaltung. Sie war Fluchtpunkt in einer Welt unwirtlicher Städte und Wohngebiete, übermäßiger Politisierung und staatlicher Belehrung, von Versorgungsmängeln und dem Fehlen einer kommerziellen Freizeitkultur.

Die Entwicklung einer kommerziellen Freizeitkultur übte jedoch einen großen Einfluss auf die Bevölkerung

Familien in der DDR machen Campingurlaub auf dem Zeltplatz eines Zelthotels in Jessern bei Lübben, 15. Juli 1967.

im Westen aus: Freizeitparks schossen bald wie Pilze aus dem Boden, Pop- und Musikfestivals, Tanz- und Sportveranstaltungen, die immer neue Dimensionen erreichten, eroberten die Unterhaltungsindustrie. Kaum zu überschätzen ist zudem – in beiden deutschen Staaten – der Stellenwert des Fernsehens, das – neben dem Auto – in den 1960er Jahren eine immer bedeutendere Rolle im Familienleben wie auch generell in der Freizeit spielte. Hinzu kam in den 1980er Jahren eine Welle neuen Freizeitverhaltens aus den Vereinigten Staaten: Es fing an mit Aerobic, heute »joggen« und »walken« Tausende in den Naherholungsgebieten, um ihre Jugendlichkeit und Fitness bis ins hohe Alter zu bewahren.

## ▪ Kulturnation: Von Goethe zu Grass

Wer an »Kultur« in Deutschland denkt, dem fallen unweigerlich Johann Wolfgang von Goethe und Friedrich Schiller, Thomas und Heinrich Mann, Berthold Brecht, Heinrich Böll und Günter Grass, aber auch Ingeborg Bachmann oder Christa Wolf ein. Sie alle stehen für die Entwicklung einer Literatur, die schnell Weltruhm erworben hat. In ihren Erzählungen und Novellen, ihren Gedichten, Dramen und Romanen behandelten sie Themen, die die Menschen in ihrer Zeit, aber auch weit darüber hinaus aufgrund ihrer Inhalte – Schiller galt bereits bei Zeitgenossen als Dichter der Freiheit, Brecht als Anwalt sozialer Gerechtigkeit, Böll als literarisches Gewissen nach den Schrecken des Zweiten Weltkrieges – »ansprachen«.

### Schulen und Universitäten, Lesegesellschaften, Bildungsvereine und Zeitungen

Dass die Werke Goethes, Schillers und Brechts überhaupt rezipiert werden konnten, lag insbesondere daran, dass bereits im 17. Jahrhundert ein im europäischen Vergleich modernes Volks- und Höheres Schulwesen aufgebaut wurde. Seit 1619 gab es die allgemeine Schulpflicht in Weimar, seit 1649 in Württemberg und seit 1717 – um ein letztes Beispiel zu geben – in Preußen. Der Unterricht war oft rudimentär, beschränkte sich auf die Wintermonate, und wenn Schüler nicht erschienen, blieb dies meist folgenlos. Ausgebildete Lehrer gab es erst im Laufe des 19. Jahrhunderts, bis dahin, aber auch lange darüber hinaus übernahm der örtliche Geistliche oder Küster den Unterricht. Höhere Schulen und Universitäten waren bis weit ins 20. Jahrhundert hinein ohnehin den höheren »Ständen« bzw. gut betuchten Schichten und Klassen vorbehalten. Nur sie konnten das notwendige Schul- oder Hörergeld aufbringen. Dass sich dahinter auch ein Mittel der bewussten sozialen Auslese verbarg, sei hier nur am Rande erwähnt. Dennoch waren auch die unteren und mittleren Schichten von »Bildung« und »Kultur« nicht ausgeschlossen. In Lesegesellschaften und Bildungsvereinen und mithilfe von Zeitungen eröffnete sich ihnen eine neue Welt, lernten sie neue Ideen kennen oder wurde ihnen schlichtweg das notwendige »Wissen« vermittelt, um aufsteigen zu können.

»Lesekabinett«.
Gemälde um 1840
von Arnoto.

Die im 18. Jahrhundert sich verdichtende öffentliche Kommunikation spiegelt sich nirgendwo sonst so wider wie in dem Anstieg der Buchproduktion. Waren es im ganzen 17. Jahrhundert »nur« 200 000 Bücher, im 18. Jahrhundert schon 500 000 Bücher, so belief sich die Zahl der gedruckten Titel 1913 allein auf 34 800. Ähnlich rasant war der Aufschwung der Zeitungen: Die erste Tageszeitung erschien in der Mitte des 17. Jahrhunderts, in der Mitte des 18. waren es bereits 200 bis 250, 1918 schließlich mehr als 4000. Neue Drucktechniken, die schnellere und billigere Auflagen ermöglichten und andererseits der Wegfall der lähmenden Zensur, vor allem eine in ihrer Bedeutung nicht hoch genug geschätzte »Leserevolution« haben zu diesem Erfolg beigetragen. In der zweiten Hälfte des 20. Jahrhunderts sollten Radio, Fernsehen und Internet die Lesegewohnheiten verändern; der »Hunger« nach Informationen blieb derselbe.

## Vereine, Theater und Kino

Ausdruck einer lebendigen Kultur sind schließlich auch die vielen Vereine, Theater und Kinos. Sie erlebten seit dem 18. Jahrhundert einen rasanten, auch von der Zensur letztlich nicht zu stoppenden Aufschwung. In ihnen versammelten sich Menschen aller Stände und Schichten, um gemeinsam zu feiern, aber auch um sich zu bilden. Nicht umsonst gehör-

# DIE »GOLDENEN ZWANZIGER«

Hunger und Arbeitslosigkeit, Inflation und politische Krisen sowie die für viele traumatische Erfahrung der Niederlage kennzeichneten das Leben vieler Menschen nach 1918. Erst allmählich, nach 1924, trat mit der Stabilisierung der Reichsmark und einer allmählichen wirtschaftlichen Aufwärtsentwicklung, einer Beruhigung im Innern sowie einer allmählichen Entspannung in der Außenpolitik eine Besserung ein. Dieser »Aufschwung« in nahezu allen Bereichen, der sich nicht auf Deutschland beschränkte, wird in einem weiteren Sinne als die Zeit der »Goldenen Zwanziger Jahre« bezeichnet. Im engeren Sinne ist darunter die Entwicklung von Film und Kino, Radio, Kunst und Kultur, aber auch schlichtweg ein »Lebensgefühl« zu verstehen.

Der Film wurde zum Massenmedium, täglich gingen mehr als zwei Millionen Menschen in die Kinos, um sich dort deutsche, aber auch erste Hollywood-Produktionen anzusehen. Zu den bekanntesten deutschen Filmen – der zugleich auch das Ende der Epoche markiert – gehört Josef von Sternbergs »Der blaue Engel« (1929/30) mit Marlene Dietrich. Der Berliner Broadway mit seinen Theatern, Bars und Nachtclubs oder dem UFA-Palast gehörte zu den bedeutendsten damaligen »Szenetreffs«. In der Kunst zeigten sich die Vertreter der »Neuen Sachlichkeit« politisch interessiert und engagiert. Max Beckmann, Otto Dix oder George Grosz verarbeiteten in ihren Gemälden eigene Kriegserfahrungen, das Leben in der Großstadt oder die Kluft zwischen Reich und Arm.

In der Mode war die Kleidung insgesamt legerer, teilweise auch provokativ wie der Bubikopf der Damen oder die als Accessoire begehrte endlose Zigarettenspitze; die Männer trugen den berühmten »Stresemann«, einen leicht taillierten Tagesanzug, oder auch Knickerbocker und Schirmmütze. Im Sport zogen Flugtage, Autorennen, Turnfeste, Boxen und Sechstagerennen Massen an.

Die von den Vereinigten Staaten ausgehende Wirtschaftskrise beendete 1929 die »Goldenen Zwanziger«: Wie zu Beginn des Jahrzehnts dominierten wieder politische und ökonomische Krisen den Alltag der Menschen.

Das »Großstadt«-Triptychon von Otto Dix fängt die Stimmung der Goldenen Zwanziger mit ihrer Ausgelassenheit, Lebensfreude und Dekadenz ein. Öl auf Holz 1927/28, Mittelteil.

te das Recht auf freie Vereinigung seit den Tagen der französischen Revolution zu den wichtigsten Forderungen eines selbstbewussten Bürgertums. Gleiches galt für die Theater. Auch wenn sie anfänglich reine Hoftheater waren, dem Vergnügen des Adels dienten, so wandelten sie sich im Laufe der Zeit zu Einrichtungen, in denen man sich nicht nur »traf«, sondern die auch im besten Sinne des Wortes »belehrten«, indem sie, wie mit Gerhart Hauptmanns »Die Weber«, Stücke aufführten, die aufrütteln, nachdenklich stimmen sollten. Dass sie diese Funktion erfüllten, zeigt nicht zuletzt die Tatsache, dass Kaiser Wilhelm II. aus Protest sein Theaterabonnement aufkündigte. Den größten Erfolg gerade auch bei den Massen hatte das Kino. Es ermöglichte ein vergleichsweise billiges Vergnügen, eröffnete durch seine »Filme« wie auch seine »Wochenschauen« eine ganz andere Art der Zerstreuung. 1910 gab es 480 Kinos, 1915 waren es bereits 3700. Wie rasant der Aufstieg dieses Mediums war, belegen insbesondere die Besucherzahlen: 1925 waren es zwei Millionen täglich, 1939 624 Millionen im Jahr. Ähnlich rasant war auch der Aufstieg des Rundfunks in den 1920er, dann des Fernsehens seit den 1950er Jahren – trotz der anfänglich sehr erheblichen Kosten. Der Empfang zuhause – sei es am Radio, dann am eigenen Fernseher war nicht nur ein Stück »Lebensqualität«, sondern auch – zumindest zu Beginn – ein Zeichen des Wohlstands. Nicht vergessen werden sollte dabei die Kommerzialisierung der Kultur, die freilich kein neues Thema war: Bereits Goethe verdiente mit seinen Werken außerordentlich gut, seine literarischen Nachfolger standen ihm diesbezüglich nichts nach, auch wenn die Summen schließlich in astronomische Höhen schnellten. Gleichwohl: Trotz der Kommerzialisierung, des Wandels von Lern-, Lese und Sehgewohnheiten und jenseits aller staatlichen Versuche, Kultur zu missbrauchen, hat die »Kultur« trotz der finanziellen Kürzungen, mit denen sie immer wieder zu kämpfen hat, einen hohen Stellenwert in der Gesellschaft.

# Im Westen angekommen

*Der »Weg nach Westen« war lang, letztlich aber erfolgreich. Heute gehören die Bundesrepublik Deutschland und ihre Bürgerinnen und Bürger zu den tragenden Säulen der westlichen Wertegemeinschaft.*

»Deutschlands Weg nach Westen war lang und auf weiten Strecken ein Sonderweg« – so schrieb zu Recht einer der bekanntesten deutschen Historiker, Heinrich August Winkler, in seiner monumentalen Studie über die deutsche Geschichte zwischen 1806 und der Wiedervereinigung. 1648 hatte das Alte Reich zunächst einen Tiefpunkt erreicht. Weite Regionen waren verwüstet, große Teile von fremden Mächten besetzt, die Fürsten vermeintlich so stark, dass der Gesamtverband kaum mehr als ein brüchiges Gehäuse zu sein schien. Die Balance zwischen ständischer Libertät, kaiserlicher Autorität und gemeinsamen Institutionen wurde gleichwohl schneller als erwartet gefunden. Das Reich, das u. a. ein auf Tradition und Konsens, ein auf der persönlichen Loyalität zwischen dem Kaiser und den Fürsten sowie ein Friedens- und Rechtswahrungsverband war, erwies sich zunächst doch als stabiler als erwartet. Erst im 18. Jahrhundert, als sich seine wichtigsten Glieder – Österreich und Preußen – dynamisch entwickelten, sich schließlich als eigenständige Großmächte und nicht mehr als Teil eines Ganzen begriffen, war der Untergang kaum zu vermeiden. So symbolträchtig Franz II. sich am 14. Juli 1792, dem Jahrestag der französischen Revolution, hatten krönen lassen, so undramatisch legte er sie angesichts des Drucks des Überwinders dieser Revolution, Napoleon I., 1806 nieder.

Es folgte der Deutsche Bund, der die alten Territorien des Reiches, die nun zu modernen Staaten geworden waren, zusammenschloss. Er konnte

Der Reichstag, seit 19. April 1999 auch Sitz des deutschen Bundestages, ist für das Volk geöffnet. Bereits am ersten Tag drängten sich Zehntausende durch das Portal.

angesichts des unübersehbaren Wandels, der stattgefunden hatte, nur ein Provisorium bleiben. Die Ideen von 1789, das nicht mehr zu vermeidende Ende der ständischen Ordnung und der Übergang in ein neues, bürgerliches Zeitalter mit all seinen neuen rechtlichen, politischen und gesellschaftlichen Normen und Wertvorstellungen waren nicht mehr aus der Welt zu schaffen. Hinzu kam die Sprengkraft sozialer Entwicklungen, die sich immer stärker Bahn brachen.

Als wenn die damit verbundenen Herausforderungen nicht schon genug gewesen wären, verkomplizierte die Forderung nach nationaler Einheit die Lage vollends. Der Versuch, Einheit und Freiheit 1848/49 zu verwirklichen, scheiterte an der Fülle der Probleme und, nicht zu vergessen, im Kugelhagel der erstarkten Gegenrevolution. Im Verlauf dieser Revolution war allerdings eines deutlich geworden: Die Deutschen, die in einem modernen Nationalstaat leben wollten, mussten sich nun endgültig entscheiden, ob Österreich, die alte Ostmark, dazugehören sollte oder nicht. 1849 lehnte der preußische König das nach langen Debatten an ihn herangetragene Angebot der Krone eines »Kleindeutschlands« ab; eine Generation später sollte Preußen jedoch selber die Initiative ergreifen und Österreich aus machtpolitischen, nicht aus nationalen Erwägungen aus Deutschland herausdrängen. Der alte Dualismus, den gerade auch die Großmächte 1815 im Interesse einer stabilen, allerdings auch nicht zu großen Mitte des Kontinents hatten einhegen wollen, brach damit noch einmal auf. Im Gegensatz zum 18. Jahrhundert, als lang andauernde Kriege keine Entscheidung herbeigeführt hatten, fiel die Entscheidung dieses Mal unerwartet schnell. Am 3. Juli 1866, nur wenige Wochen nach Kriegsbeginn, mussten sich die österreichischen Truppen bei Königgrätz geschlagen geben. Österreich schied damit aus dem alten Verband endgültig aus, und die Großmächte nahmen es hin, da Bismarck, der Architekt der preußischen Politik, sich maßvoll verhielt. Der Nationalstaat, das 1871 im Spiegelsaal von Versailles gegründete Deutsche Reich, war nicht nur eine halbhegemoniale Macht auf dem Kontinent, sondern in seinem Gehäuse entwickelte sich auch eine Industrie, die zu den erfolgreichsten seiner Zeit gehörte. Dass die Verwerfungen in der Innenpolitik nicht überwunden werden konnten, war freilich eine schwere Hypothek für die Zukunft.

Der Erste Weltkrieg, die »Urkatastrophe des 20. Jahrhunderts« (George F. Kennan), die von deutscher Seite mehr als grob fahrlässig herbeigeführt wurde, ließ das Kaiserreich keine fünfzig Jahre nach seiner Gründung, auf den Status einer Mittelmacht absinken. Aus der Monarchie wurde eine Republik. Sie »litt« allerdings daran, dass es zu wenige Republikaner gab, die sie stützten. Nicht vorhersehbare Belastungen wie die Weltwirtschaftskrise und eine Mischung anderer Faktoren stärkten schließlich diejenigen, die die Republik zerstören wollten. Dennoch: Unvermeidbar war der Weg in die Katastrophe nicht. Was dann folgte, sprengte das Vorstellungsvermögen vieler Zeitgenossen. Mit einer Brutalität sondergleichen wurden Gegner verfolgt und vernichtet, alte Institutionen abgeschafft, Rechte eingeschränkt und schließlich ein Raub- und Eroberungskrieg zur Schaffung von »Lebensraum« ausgelöst. Dieser »Sündenfall« der Heimat Friedrichs des Großen und Goethes, der Demokraten von 1848/49 und 1918/19, ja selbst Bismarcks war unvorstellbar. Mit diesem tiefen Fall korrelierte dann auch das Ausmaß der Niederlage. Nicht ein »germanisches Großreich«, sondern die Zerschlagung des zerstörten Landes mit Millionen Toten, geflüchteten und vertriebenen Deutschen in zwei Teile war das Ergebnis. Diese Teile entwickelten sich im Zeichen des Kalten Krieges in gänzlich verschiedene Richtungen. Im Westen entstand endlich ein freiheitliches Deutschland, das sich den Traditionen von 1848 und 1919 verpflichtet fühlte, das sich – zunächst bescheiden – in die westliche Normen- und Wertegemeinschaft einfügte und schließlich im Rahmen dieses Prozesses zu einem geachteten, politisch wie wirtschaftlich bedeutenden Mitglied des neuen West-Europa wurde. Im Osten hingegen wurde der Versuch unternommen, von der sowjetischen Variante des Kommunismus zu lernen und eine sich daran orientierende Staats-, Gesellschafts- und Wirtschaftsordnung aufzubauen. Das Ergebnis war eine neue Diktatur mit totalitären Zügen. Ob dieser Weg von Dauer sein würde, war angesichts der weltpolitischen Konstellation im Zeichen des Kalten Krieges, aber selbst auch in der Zeit der Entspannung letztlich ungewiss: Im Herbst 1989 fegte eine friedliche Revolution ein System, das mit Gewalt versuchte, seinen Bewohnern die ureigensten Menschenrechte im Namen einer vermeintlich heilsbringenden Ideologie zu verweigern, hinweg. Aus zwei deutschen Staaten wurde unter dem Druck der Massen ein freiheitliches Deutschland in einem vereinten Europa. Ein langer Weg, zweifellos, aber am Ende, trotz aller Schwierigkeiten, Irr- und Umwege, zweier Weltkriege und großer sozialer wie auch mentaler Umbrüche ein erfolgreicher. Dass damit allerdings auch eine größere Verantwortung in Europa und der Welt verbunden ist, wird manchen erst langsam klar; gleichwohl: Die Entwicklung nach 1945 hat gezeigt, dass die Deutschen es trotz aller Schwierigkeiten letztlich doch gelernt haben, aus ihrer Geschichte zu lernen.

## ■ Weiterführende Literatur

Bauernkämper, Arnd: Die Sozialgeschichte der DDR, München 2005

Bender, Peter: Deutschlands Wiederkehr. Eine ungeteilte Nachkriegsgeschichte 1945–1990, Stuttgart 2007

Birke, Adolf M.: Die Bundesrepublik Deutschland. Verfassung, Parlament und Parteien, München 1976

Borgstedt, Angela: Das Zeitalter der Aufklärung, Darmstadt 2004

Botzenhart, Manfred: 1848/49: Europa im Umbruch, Paderborn 1998

Botzenhart, Manfred: Deutsche Verfassungsgeschichte 1806–1949, Stuttgart 1993

Bracher, Karl-Dietrich u. a.: Geschichte der Bundesrepublik Deutschland, 5 Bde., Stuttgart 1983–1987

Burgdorff, Stephan/Pötzl, Nobert F./Wiegrefe, Klaus (Hrsg.): Preußen. Die unbekannte Großmacht, München 2008

Canis, Konrad: Bismarcks Außenpolitik 1870-1890. Aufstieg und Gefährdung, 2. Aufl. Paderborn 2008

Clark, Christopher: Preußen. Aufstieg und Niedergang. 1600–1947, 4. Aufl. München 2007

Duchhardt, Heinz: Das Zeitalter des Absolutismus, 3. Aufl. München 1998

Epkenhans, Michael/ Seggern, Andreas v.: Leben im Kaiserreich. Deutschland um 1900, Stuttgart 2007

Fehrenbach, Elisabeth: Vom Ancien Régime zum Wiener Kongress, München 2001

Frie, Ewald: Das deutsche Kaiserreich, Darmstadt 2004

Gall, Lothar: Bismarck. Der weiße Revolutionär, Frankfurt/M. 1980

Gall, Lothar: Von der Ständischen zur bürgerlichen Gesellschaft, München 1993

Gotthard, Axel: Das Alte Reich 1495–1806, 3. Aufl. Darmstadt 2006

Halder, Winfried: Innenpolitik im Kaiserreich 1871–1914, Darmstadt 2003

Heydemann, Günther: Die Innenpolitik der DDR, München 2003

Hildebrand, Klaus: Das vergangene Reich. Deutsche Außenpolitik von Bismarck bis Hitler, Stuttgart 1995

Kolb, Eberhard: Die Weimarer Republik, 6. Aufl. München 2002

Kunze, Rolf-Ulrich: Nation und Nationalismus, Darmstadt 2005

Lappenküper, Ulrich: Die Außenpolitik der Bundesrepublik Deutschland 1949 bis 1990, München 2008

Möller, Horst: Fürstenstaat oder Bürgernation? Deutschland 1763–1815, Berlin 1994

Mühlhausen, Walter: Friedrich Ebert 1871–1925, Bonn 2006

Nipperdey, Thomas, Deutsche Geschichte 1800–1918, 3 Bde., München 1990–1998

Pröve, Ralph: Militär, Staat und Gesellschaft im 19. Jahrhundert, München 2006

Ritter, Gerhard A./Tenfelde, Klaus: Arbeiter im Deutschen Kaiserreich 1871 bis 1914, Bonn 1992

Salewski, Michael: Der Erste Weltkrieg, Paderborn 2003

Schaser, Angelika: Frauenbewegung in Deutschland 1848-1933, Darmstadt 2006

Schildt, Gerhard: Die Arbeiterschaft im 19. und 20. Jahrhundert, München 1996

Schilling, Heinz: Höfe und Allianzen. Deutschland 1648-1763, Berlin 1989

Scholtysek, Joachim: Die Außenpolitik der DDR, München 2003

Schreiber, Gerhard: Kurze Geschichte des Zweiten Weltkrieges, München 2005

Schulz, Andreas: Lebenswelt und Kultur des Bürgertums im 19. und 20. Jahrhundert, München 2005

Siemann, Wolfram: Gesellschaft im Aufbruch 1849–1871, Frankfurt/M. 1990

Siemann, Wolfram: Vom Staatenbund zum Nationalstaat. Deutschland 1806–1871, München 1995

Stollberg-Rilinger, Barbara: Das Heilige Römische Reich Deutscher Nation. Vom Ende des Mittelalters bis 1806, 3. Aufl. München 2007

Thamer, Hans-Ulrich: Verführung und Gewalt. Deutschland 1933–1945, Berlin 1986

Ullmann, Peter: Politik im deutschen Kaiserreich 1871–1918, München 1999

Ullrich, Volker: Die nervöse Großmacht 1871–1918. Aufstieg und Untergang des deutschen Kaiserreiches, Frankfurt/M. 1997

Wehler, Hans Ulrich: Deutsche Gesellschaftsgeschichte 1700–1949, 4 Bde., München 1988–2003

Winkler, Heinrich August: Der lange Weg nach Westen. 2 Bde., München 2000

Wirsching, Andreas: Die Weimarer Republik, München 2000

## Bildnachweis